배워서 바로 써먹는

데이터 분석

with 파이썬

생능북스

배워서 바로 써먹는
데이터 분석 with 파이썬

초판 1쇄 발행 2022년 4월 15일
초판 2쇄 발행 2023년 1월 5일

지은이 | 설진욱
펴낸이 | 김승기
펴낸곳 | ㈜생능출판사 / **주소** 경기도 파주시 광인사길 143
브랜드 | 생능북스
출판사 등록일 | 2005년 1월 21일 / **신고번호** 제406-2005-000002호
대표전화 | (031) 955-0761 / **팩스** (031) 955-0768
홈페이지 | www.booksr.co.kr

책임편집 | 유제훈 / **편집** 신성민, 이종무, 김민보
마케팅 | 최복락, 심수경, 차종필, 백수정, 송성환, 최태웅, 명하나
인쇄 | 교보 P&B / **제본** | 일진제책사

ISBN 978-89-7050-540-4 93000
값 26,000원

머리말

여러분은 바야흐로 지금은 무수히 많은 데이터가 생성되는 시대에 살고 있습니다. SNS 및 스마트 기기들의 많은 발전으로 인하여 대량의 데이터들이 무수히 많이 생성되고 있고, 이러한 데이터를 이용한 데이터 분석 기술은 계속해서 발전해 나가고 있습니다. 또한 데이터 분석을 선도하는 기업들은 비즈니스에 유용한 가치들을 많이 창출하고 있습니다. 하지만 현재까지 데이터 분석에 대한 영역은 데이터 분석 전문가가 아닌 일반 사용자들이 접근하기에는 진입 장벽이 다소 높았습니다.

다행스럽게도 일반 컴퓨터 사용자들이 쉽게 데이터 분석을 할 수 있는 여러 방법이 존재합니다. 그 중 프로그래밍 언어 중의 하나인 파이썬이 있습니다. 파이썬을 사용하면 데이터 처리 및 분석 작업을 좀 더 효율적으로 수행할 수 있습니다. 파이썬은 사용 가능한 외부 라이브러리들이 많아지면서, 사용자가 급격히 늘어나고 있습니다.

파이썬과 관련된 문법들은 다른 언어에 상대적으로 비하여 간결하고, 접근성이 좋은 프로그래밍 언어입니다. 프로그래밍을 처음 접하는 분들이 그나마 쉽게 접근 가능할 정도로 쉽고 빠르게 배워 나갈 수 있습니다. 또한 PC만 있으면 무료로 사용할 수 있습니다.

이 책은 파이썬을 처음 접하는 초보자들이 데이터 분석을 어떻게 하는 것이 좋은지를 알려 주기 위하여 집필되었습니다. 이 책의 예제들을 하나씩 따라 하다 보면 파이썬의 기본적인 내용을 익힐 수 있을 뿐만 아니라 실무에 필요한 데이터 분석 방법까지 익힐 수 있습니다. 이전에 수작업으로 진행하였던 데이터 관련 작업을 컴퓨터 프로그램을 이용하여 빠르고 정확하게 수행할 수 있게 될 것입니다. 이 책에서 배운 내용을 활용하여 자신의 업무를 하나씩 자동화하다 보면 업무들은 더욱 똑똑해지고 마음의 여유가 생길 것입니다.

항상 제가 잘 되기를 진심으로 기도해주는 아내와 장인어른 그리고 하늘에 계신 부모님과 장모님께도 고마운 마음을 전해 드립니다. 이 책이 나오기까지 오랜 기간 열심히 도와주신 생능출판사 유제훈 차장님을 비롯한 편집부 여러분들에게 진심으로 감사의 말씀을 전해 드립니다.

지은이 설진욱

이 책의 구성

1장 ▪▪▪▪▪▪▪▪▪▪▪▪▪

준비하기

데이터 분석의 개념과 파이썬 및 오라클 프로그램 설치 과정에 대하여 언급합니다.

2장 ▪▪▪▪▪▪▪▪▪▪▪▪▪

파이썬 다루기

파이썬의 기초 문법과 자주 사용되는 주요 내장 함수 및 클래스의 사용법에 대하여 상세히 다룹니다. 그리고 텍스트 형식의 파일을 다루는 방법과 모듈 및 예외 처리를 다루는 방법에 대하여 살펴봅니다.

3장 ▪▪▪▪▪▪▪▪▪▪▪▪▪

데이터 분석을 위한 라이브러리

배열을 다루기 위한 넘파이, 데이터 분석을 위한 중요한 부분인 판다스에 대하여 살펴봅니다. 그리고 데이터 분석을 좀 더 수월하게 하기 위한 시각화 도구인 맷플롯립 라이브러리에 대하여 다룹니다.

4장 ▪▪▪▪▪▪▪▪▪▪▪▪▪

크롤링

문자열을 잘 다루기 위한 정규 표현식과 함께 웹 페이지를 활용한 크롤링 및 Beautiful Soup 라이브러리의 사용법을 다뤄 봅니다.

5장 ▪▪▪▪▪▪▪▪▪▪▪▪▪

데이터 수집, 전처리, 시각화

크롤링을 통해 치킨 매장 정보를 수집하고, 이에 대한 전처리 작업 및 지도에 매장 정보를 출력해주는 기능들을 구현해 봅니다.

6장 ▪▪▪▪▪▪▪▪▪▪▪▪▪

자연어 처리

워드 클라우드를 구현하기 위한 텍스트 마이닝을 다뤄 봅니다. 이를 기반으로 대통령 취임사 연설문을 이용하여 워드 클라우드를 구현해 봅니다.

7장 ▪▪▪▪▪▪▪▪▪▪▪▪▪

데이터의 유형에 따른 데이터 분석

정형, 반정형, 비정형 데이터들에 대하여 데이터 처리 기법에 대하여 살펴봅니다. 또한 공공 데이터를 이용하여 데이터를 수집하는 방법도 다뤄 봅니다.

이 책의 특징

1 파이썬 기초를 다룸으로써 파이썬을 모르는 초보자도 기초부터 학습하면서 데이터 분석까지 도전해볼 수 있습니다.

2 챕터마다 [기초학습] → [연습문제] → [프로젝트] 순으로 구성하여 기초를 다진 후 실제로 배운 것을 응용해볼 수 있습니다.

3 네이버 만화 사이트, 치킨 매장 정보, 테러 및 범죄 데이터, 연설문, 공공 데이터 등을 다뤄봄으로써 주변에서 쉽게 접할 수 있는 데이터를 가지고 데이터 분석을 진행해볼 수 있습니다.

예제 파일 다운로드

- 본문에서 사용된 예제 소스 파일은 생능출판사 홈페이지에서 다운로드할 수 있습니다.
- 다운로드 방법 : 생능출판사 홈페이지(https://booksr.co.kr/)에서 '데이터 분석'으로 검색 → 해당 도서명을 찾아 클릭 → [보조자료]에서 다운로드

목차

C H A P T E R

6

자연어 처리

C H A P T E R

7

데이터의 유형에 따른 데이터 분석

Data Analysis

1

C H A P T E R

준비하기

CHAPTER

1

준비하기

최근 IT 업계에도 많은 변화가 일어나고 있습니다. 네트워크 환경이 복잡해지고, 엄청나게 많은 자료가 인터넷 등을 통해 유통되고 있으며, 이전에는 존재하지 않던 빅데이터라는 용어도 새로 생겼습니다. 이러한 빅데이터 시대에는 프로그래밍 언어 역시 변화해야 합니다. 빅데이터를 위한 핵심적인 프로그래밍 언어가 바로 파이썬입니다. 이번 장에서는 파이썬 프로그래밍을 위해 프로그램을 설치하고, 데이터베이스 프로그래밍을 위해 오라클 데이터베이스도 설치해보겠습니다.

1.1 데이터 분석이란?

데이터 분석은, 다방면의 출처에서 무의미한 데이터를 수집한 다음 재가공 처리를 수행함으로써 유의미한 의미를 데이터로 가치를 창출하는 과정이라고 할 수 있습니다.

1.1.1 데이터 분석의 일반적인 절차

데이터 분석을 위한 일반적인 절차는 다음과 같습니다.

요구사항 파악

가장 먼저 어떠한 데이터에 대해 분석을 할 것인지를 결정해야 합니다. 요구사항이 무엇인지, 어떤 종류의 데이터 분석을 할 것인지를 결정해야 합니다.

데이터 수집

요구사항 파악에 따른 데이터는 수집이라는 과정을 거쳐야 합니다. 통상적으로 한 개인이 모든 데이터를 보유하고 있는 경우는 거의 없습니다. 최근에는 공공 기관들이 일반적으로 널리 사용할 수 있는 보편적인 데이터를 제공하는 경우가 많습니다. 또한 일부 데이터는 저작권 문제와 개인정보 문제로 인하여 온라인으로 제공을 허락하지 않는 데이터도 있습니다. 이러한 데이터는 해당 기관을 직접 방문하여 데이터를 열람하거나 분석 결과만을 수집할 수 있습니다.

데이터 전처리

다양한 방법을 통하여 수집된 데이터는 분석의 근본적인 목적과 연관성이 없거나 경우에 따라서는 유용하지 않을 수 있으므로 데이터를 정리해야 합니다. 예를 들어 데이터가 중복되거나, 누락 또는 오류를 포함할 수도 있습니다. 이러한 잘못된 데이터는 데이터 분석을 수행하기 전에 전처리가 되어야 합니다. 잘못된 데이터를 이용한 분석은 다른 사용자 및 참고자에게 오해를 일으키는 소지를 줄 수 있습니다.

데이터 분석

데이터 수집·정리 및 전처리가 완료되었으면 이제 분석 준비가 완료됩니다. 데이터 전처리 시 추가적으로 필요한 정보를 더 얻어 내야 한다거나 더 많은 데이터를 수집해야 하는 경우도 발생할 수 있습니다. 이 단계에서는 요구사항을 이해하고 해석하며 결론을 도출하는 데 도움이 되는 데이터 분석 도구와 소프트웨어를 사용할 수도 있습니다.

데이터 시각화

텍스트 형식의 데이터를 사용하는 경우 눈에 확 띄지 않는 경우가 다반사입니다. 이러한 경우 데이터 시각화를 사용하면 조금 더 확실하게 데이터에 대한 내용을 전달할 수 있습니다. 데이터 시각화는 그래프의 형태로 나타납니다. 데이터 시각화는 알려지지 않은 사실과 경향 등을 발견하고자 할 때 요긴하게 사용되고 있습니다. 예를 들면 특정 데이터 집합에서 이상치(outlier)를 찾아내는 데 사용될 수 있습니다.

1.1.2 데이터 분석의 사례

데이터 분석의 사례를 살펴보도록 하겠습니다. 다음 예시들은 서울특별시 빅데이터 캠퍼스 사이트에서 제공하는 데이터 분석 사례 예시입니다.[1]

사례 01 　서울시 공공 와이파이 우선 입지 선정

서울시의 지역별 특성을 행정동 단위로 고려했을 때 공공 와이파이가 우선적으로 입지해야 할 위치가 어디인지를 제안해주는 사례입니다. 공공 와이파이 사업에 관한 여론 조사를 통하여 데이터를 수집하였습니다. 행정동별 와이파이 개수/평균 소득/생활인구/접근성/정보화 수준 점수 등을 통하여 데이터를 수집 및 가공하고, 전처리하였습니다.

---

1) 참조 사이트 : https://bigdata.seoul.go.kr/noti/selectPageListTabNoti.do?r_id=P260

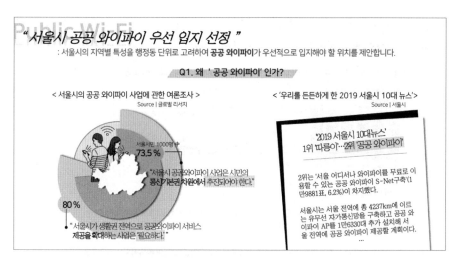

사례 02 서울시 초등돌봄교실 공급 확대 우선 지역 선정

여성의 경제 활동 참여 증가, 핵가족화 등 사회 변화로 자녀들에 대한 돌봄 정책의 필
요성이 증대하였고, 어느 지역을 우선적으로 공급 확대해야 할 것인지를 분석한 사례
입니다.

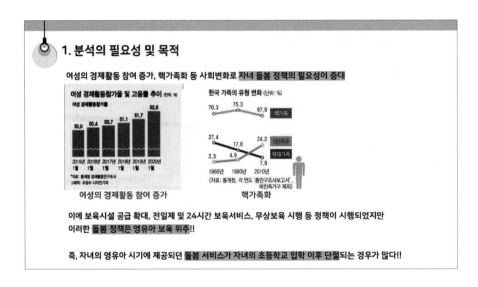

1.1.3 이 책에서 다룰 내용

네이버 만화 사이트 크롤링

• 네이버 만화 사이트에 들어 있는 정보(타이틀 번호, 요일, 제목, 링크)를 사용하여
   CSV 파일을 생성해 봅니다.

- 카툰 각각의 이미지 파일들을 요일별 폴더에 다운로드받습니다.
- 파일 저장 시 파일 이름에 대한 전처리 작업을 진행합니다.
- 파일 입출력을 위하여 파이썬 os 모듈을 사용하도록 합니다.
- 전처리를 위하여 문자열 함수 및 정규 표현식들을 적절히 활용합니다.

치킨 매장 정보에 대한 전처리

- 전국에 배치된 치킨 매장들의 브랜드와 상호, 위치 정보 및 전화번호 정보들을 수집합니다.
- 테스트용 데이터 및 웹 개발자의 오류 등으로 인한 데이터는 분석에서 배제할 수 있도록 전처리를 진행합니다.
- 데이터를 병합하기 위하여 Pandas 라이브러리를 활용합니다.
- 지역별 매장 정보에 대한 시각화로 folium 라이브러리를 사용하여 지도를 그려 봅니다.
- 브랜드별 매장 정보를 확인하기 위하여 데이터에 대한 그룹핑 기능을 사용합니다.
- 브랜드별 매장 정보를 그래프로 시각화합니다.

연설문에 대한 워드 클라우드 및 시각화

- 비정형 데이터의 하나인 연설문에 많이 사용된 단어에 대한 워드 클라우드를 그려 봅니다.
- 사용자 지정 이미지를 이용한 워드 클라우드를 그려 봅니다.
- 대통령 연설문에 대하여 텍스트 마이닝(단어 빈도 분석)을 수행합니다.
- 대통령 연설문에 대하여 워드 클라우드를 그려 봅니다.

정형 & 반정형 & 비정형 데이터를 사용한 시각화

- 정형 데이터를 다뤄 보기 위하여 오라클 데이터베이스를 사용해 봅니다.
- 테러 데이터를 벌크 로딩을 다뤄 봅니다.
- 범죄 빈도 상위 Top 10 국가에 대한 막대 그래프를 그려 봅니다.
- 테러 범죄가 많은 3개 국가에 대한 막대 그래프를 그려 봅니다.

공공 기관 데이터 수집 및 현황

- 공공 기관 데이터를 사용하여 반정형 데이터를 다뤄 봅니다.
- '부산광역시 병원 현황'을 JSON 형태로 다뤄 봅니다.
- '울산광역시 자전거 도로 목록'을 XML 파일 형태로 다뤄 봅니다.

1.2 파이썬 준비하기

파이썬(파이썬)은 네덜란드 출신 프로그래머인 귀도 반 로섬(Guido van Rossum)이 1991년에 발표한 프로그래밍 언어입니다. C언어, 자바(Java) 등과 비슷한 시기에 개발되었지만, 상대적으로 실행속도가 느려 하드웨어 사양이 좋지 않았던 당시에는 주목받지 못하다가 최근 들어 인공지능과 빅데이터가 이슈화되면서 가장 관심을 받는 언어로 자리 잡게 되었습니다.

1.2.1 파이썬의 특징

파이썬은 문법이 쉽고 간결하여 빠르게 학습할 수 있으며, 개발 속도가 빠르고, 무료 입니다. 다음은 우리가 프로그래밍을 위해 알아야 할 파이썬의 주요 특징들입니다.

대화형 인터프리터 방식으로 코드를 변환합니다.

입력한 코드를 출력한 결과가 바로 나옵니다. 입력과 출력이 번갈아 이어지는 것이 마치 대화하는 것과 같다고 하여 '대화형' 인터프리터라고 합니다.

모듈(module) 단위로 파일을 읽거나 씁니다.

모듈(파일 1개를 모듈이라고 부름) 단위로 파일 읽기 또는 쓰기 작업을 수행합니다.

객체 내의 멤버에 대한 접근 제한이 없어 접근성이 좋습니다.

일부 멤버(예 private 멤버)를 제외한 대부분 멤버에 대한 접근성이 좋습니다.

소스 코드가 실행될 때 자료형을 검사하는 동적 타이핑을 수행합니다.

파이썬은 코드 실행 시 동적 타이핑(dynamic typing)을 수행하므로 자료형을 명시하지 않아도 변수를 선언할 수 있는 유연성을 제공합니다.

높은 수준의 자료형을 제공합니다.

데이터를 효율적으로 저장하고 접근할 수 있도록 해주는 list, tuple, set, dict라는 4가지 자료형이 제공됩니다.

프로그래머가 별도의 메모리 관리를 수행할 필요가 없습니다.

프로그램이 원하는 크기만큼 메모리 영역이 할당되며(동적 메모리 할당), 할당했던 메모리 영역이 필요 없게 된다면 해당 영역에서 자동으로 제거합니다(가비지 컬렉션). 그러므로 프로그래머가 별도의 메모리 관리를 수행할 필요가 없어 생산성이 향상됩니다.

다른 언어와의 결합도가 높은 우수한 확장성을 갖고 있습니다.

다른 언어나 라이브러리에 쉽게 접근해 사용할 수 있습니다.

1.2.2 파이썬의 용도

일반적으로 파이썬은 다음과 같은 용도로 많이 사용되고 있습니다.

용도	설명
수치 연산 처리	행렬 및 통계 연산을 수행할 수 있는 넘파이(NumPy)라는 수치 연산 모듈을 제공합니다.
GUI 프로그래밍	Tkinter(기본 내장), wxPython, pyQt 등의 모듈을 사용하여 화면에 창(window)을 만들고 내부에 메뉴, 버튼, 그림 등을 추가한 프로그램을 만들 수 있습니다.
데이터베이스 프로그래밍	• sqlite, Oracle, Myql, MariaDb, Sybase, Informix 등의 RDBMS에 접근을 수행하기 위한 도구를 제공합니다. • sqlite는 기본으로 내장되어 있는 모듈입니다.
네트워크 제어	네트워크 관련 모듈을 사용하여 하드웨어 장치를 제어할 수 있습니다.
웹 프로그래밍	플라스크(Flask)나 장고(Django) 등의 파이썬 웹 프레임워크를 사용하여 웹 사이트를 제작하는 웹 프로그래밍을 구현할 수 있습니다.
빅 데이터/인공지능	데이터 분석을 위한 판다스(Pandas), 인공지능을 위한 텐서플로(Tensorflow) 및 케라스(Keras) 등의 모듈을 사용할 수 있습니다.
텍스트 처리	KoNLPy 등 텍스트와 자연어 처리 모듈을 사용하여 텍스트 마이닝을 구현할 수 있습니다.

1.2.3 파이썬 설치하기

파이썬을 위한 설치 방법은 크게 2가지 방법이 있습니다. 먼저 파이썬 기본 개발 툴(IDLE)만 설치한 다음, 필요한 라이브러리를 추가로 설치하는 방법과 아나콘다(Anaconda)라고 하는 과학, 수학, 데이터 분석을 위한 라이브러리들이 포함된 배포판을 설치하는 방법이 있습니다. 2가지 방법 중에서 우리는 첫번째 방식으로 설치를 하겠습니다.

파이썬 기본 개발 툴(IDLE) 설치하기

먼저 파이썬 홈페이지(https://www.python.org)에 접속합니다. 아래 그림처럼 [Downloads] 버튼을 클릭하여 파이썬 기본 개발 툴(IDLE)의 최신 버전을 다운로드할 수 있습니다. 이 프로그램은 윈도우 10 이상의 64비트 운영체제에서만 작동합니다. 이 조건에 맞지 않는다면 [All releases] 버튼을 클릭하여 조건에 맞는 프로그램을 다운 로드합니다. 참고로 윈도우 7 이하 버전에서는 3.9.x 이상의 버전이 지원되지 않습니다. 대신 3.8.x 버전을 설치하면 됩니다.

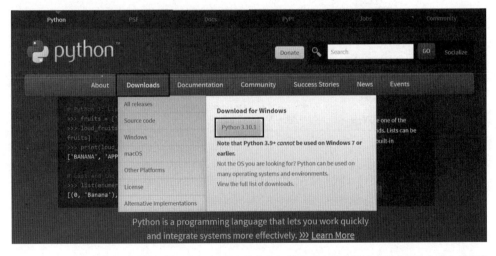

※ 파이선의 버전은 계속 업데이트되고 있으며, 최신 버전이라면 이 책의 버전과 달라도 대부분의 경우 학습하
　는데 문제가 없습니다. 최신 버전을 설치해주세요.

프로그램을 다운받았다면 해당 파일을 실행하여 순서대로 설치를 진행하면 됩니다. 설치 폴더는 파이썬 프로그램 설치 과정에서 제공하는 기본 폴더를 사용할 수도 있습니다. 자신이 원하는 폴더에 설치할 수도 있는데, 본문에서는 설치 폴더를 임의로 지정하기 위하여 아래 그림과 같이 [Customize installation]을 선택합니다.

관련 문서 및 **pip** 등에 대한 체크 박스에 모두 체크하고 [Next] 버튼을 클릭하여 다음 단계로 이동합니다. 참고로 **pip**는 파이썬을 위한 패키지 설치 프로그램(package installer)입니다.

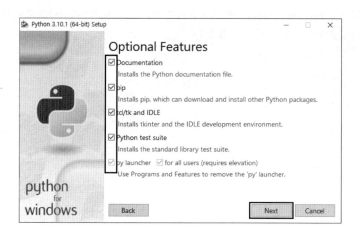

설치할 폴더를 지정하는 화면입니다. 한글 이름 폴더 또는 띄어쓰기가 된 폴더에 설치해도 되지만, 필자의 경험으로는 패키지나 외부 모듈 설치 시 문제가 발생할 수 있습니다. 따라서 아래 그림과 같은 경로에 설치하도록 하겠습니다.

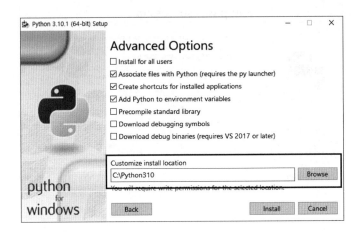

설치가 정상적으로 진행된다면 아래 그림과 같이 진행바(progress bar)가 보입니다.

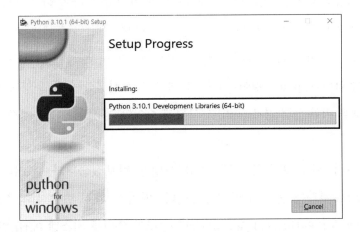

프로그램 설치가 완료되었습니다. [Close] 버튼을 클릭하여 프로그램 설치를 마무리
합니다.

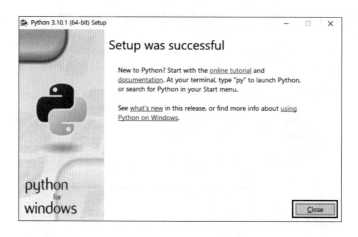

환경 변수 설정하기

환경 변수란 프로그램의 경로에 대한 정보를 저장하고 있는 변수입니다. 그리고 환
경 변수에 필요한 이러한 경로 설정을 하는 것을 '환경 변수 설정'이라고 합니다. 지금
까지는 가장 기본적인 파이썬 프로그램만 설치하였습니다. 이후에 넘파이, 맷플롯립
(Matplotlib) 등 파이썬 외부(third party) 라이브러리를 사용하려면 pip라는 프로그램
을 설치해야 합니다. pip 명령어는 cmd 창에서 주로 실행하는 데, 운영체제에서 파이
썬 프로그램을 위한 폴더 경로(path)를 설정해 주어야 사용하는 데 문제가 없습니다.

그럼 지금부터 '환경 변수 설정'을 위한 세팅을 해보겠습니다. 우리는 파이썬을
C:\Python310이라는 폴더에 설치했습니다. 따라서 환경 변수 설정 영역에 'C:\
Python310'과 'C:\Python310\Scripts'라는 2개의 폴더를 시스템 Path 변수에 경로
를 추가해 주면 됩니다. 다음과 같은 순서대로 진행하면 됩니다.

윈도우 키를 누른 후 윈도우의 〈시스템 속성〉 창을 호출하는 명령어 'sysdm.cpl'를 입력하고, 다시 엔터 키를 입력합니다.

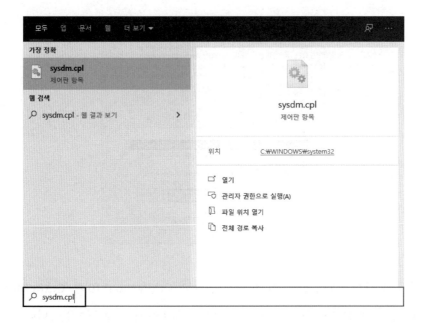

[고급] 탭으로 이동하여 [환경 변수] 버튼을 클릭합니다.

[시스템 변수] 항목에서 'Path'를 선택하고 [편집] 버튼을 클릭합니다.

아래 그림과 같이 [새로 만들기] 버튼을 누르고 'C:\Python310'과 'C:\Python310\Scripts'를 추가합니다. 이미 추가되어 있다면 다시 추가할 필요는 없습니다.

'C:\Python310'과 'C:\Python310\Scripts' 항목을 선택한 후 [위로 이동] 버튼을 클릭하여 가장 위로 이동시킵니다.

이것으로 파이썬 실습을 할 수 있는 기본적인 준비 과정이 모두 끝났습니다.

정상적으로 설정되었는지 확인하려면 다음과 같이 cmd 창을 이용하여 확인할 수 있습니다. cmd 창에서 'path' 입력 후 다시 엔터 키를 입력하여 아래 화면과 같이 PATH의 가장 맨 앞에 'C:\Python310;C:\Python310\Scripts'으로 설정되어 있는지 확인합니다.

● cmd 창에서 확인하기

```
Microsoft Windows [Version 10.0.18363.1379]
(c) 2019 Microsoft Corporation. All rights reserved.

C:\Users\[윈도우 사용자 이름]>path
PATH=C:\Python310;C:\Python310\Scripts;C:\oraclexe\app\oracle\
product\11.2.0\server\bin;C:\SDK\Zulu\zulu-15-jre\bin\;C:\WINDOWS\
system32;C:\WINDOWS;C:\WINDOWS\System32\Wbem;C:\WINDOWS\System32\
WindowsPowerShell\v1.0\;C:\WINDOWS\System32\OpenSSH\;C:\SDK\
Zulu\jdk11.0.10\bin\;C:\Users\ugcadman\AppData\Local\Microsoft\
WindowsApps;;C:\Users\ugcadman\AppData\Local\Programs\MicrosoftVSCode\
bin;C:\Program Files\JetBrains\PyCharm Community Edition 2021.1.1\bin;
```

여기까지 성공적으로 진행하였다면 파이썬 실습이 가능합니다.

파이참 설치하기

파이참(PyCharm)은 파이썬 기본 개발 툴(IDLE)보다 사용이 더 간편한 개발 툴(IDE)입니다. 파이썬 기본 개발 툴(IDLE)만 사용해도 좋으나 편리함을 위해 파이참도 설치하겠습니다.

파이참 홈페이지(https://www.jetbrains.com/pycharm/)에 접속합니다. 참고로 파이참에 대한 세부적인 내용을 알고 싶다면 파이참 가이드 웹페이지[2]를 확인하기 바랍니다. 우측 상단의 [다운로드] 버튼을 클릭하여 다음 페이지로 이동합니다.

---

2) https://www.jetbrains.com/help/pycharm/quick-start-guide.html

상용 버전이 아닌 무료 버전 Community 항목의 [다운로드] 버튼을 클릭하고, 다음 페이지로 이동합니다.

아래 웹페이지로 이동하면서 컴퓨터가 자동으로 설치 프로그램을 다운로드받습니다.

다운로드된 설치 프로그램을 더블 클릭하여 설치를 시작합니다. [Next] 버튼을 눌러서 다음 페이지로 이동합니다.

설치 경로를 선택하는 화면입니다. 기본 설치 경로만 확인하고 [Next] 버튼을 눌러서 다음 과정으로 이동합니다.

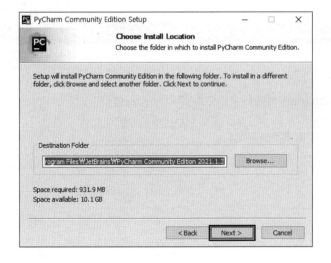

설치와 관련된 부가적인 옵션입니다. [Add launchers dir to PATH]에 체크한 후 [Next]
버튼을 눌러서 다음 과정으로 이동합니다.

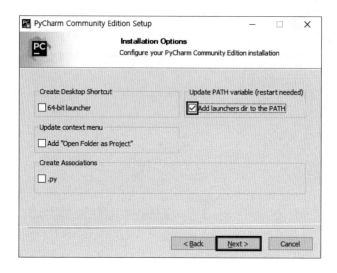

시작 메뉴에 보여지는 프로그램 이름을 설정하는 화면입니다. 'JetBrains'라는 이름을
사용자가 알아 보기 쉽게 변경할 수 있습니다. 기본값으로 남겨 두고 [Install] 버튼을
눌러서 다음 과정으로 이동합니다.

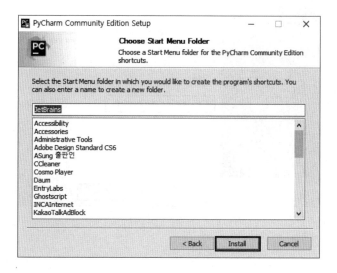

설치가 진행되며, 아래 그림과 같이 진행바(Progress Bar)가 보입니다.

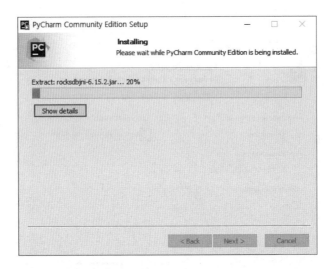

설치가 완료되면 아래 그림과 같이 보입니다. [I want to manually reboot later]를 선택한 후 [Finish] 버튼을 눌러서 설치 과정을 마무리합니다.

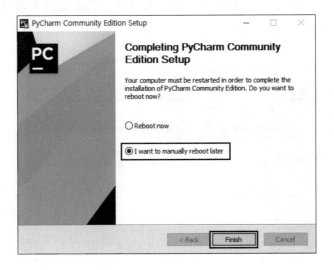

파이참 실행하기

이제 파이참을 실행해보겠습니다. 처음 실행하면 다음과 같은 화면이 로딩됩니다. 프로그램 사용 정책에 대한 확인 대화 상자입니다. 체크 박스에 체크하고, [Continue] 버튼을 눌러 계속 진행합니다.

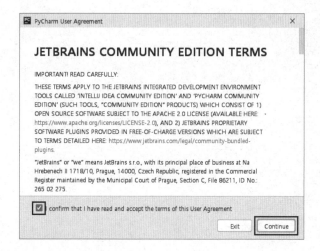

최초로 실행된 화면입니다. 새로운 프로젝트를 생성하기 위하여 [New Project]를 클릭합니다.

프로젝트의 소스 코드가 저장될 경로를 지정합니다. 경로를 지정한 후 아래 그림처럼
체크하고 [Create] 버튼을 눌러서 다음으로 진행합니다.

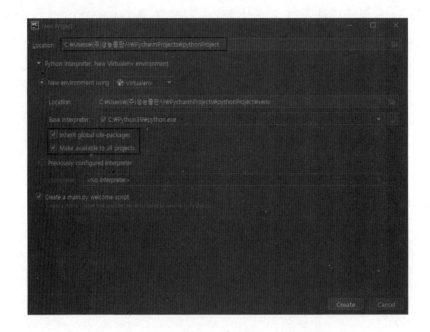

프로그램을 시작할 때마다 도움말(tips)을 볼 것인지를 지정하는 항목입니다. [Next
Tip]을 클릭하면 다음 도움말을 확인할 수 있습니다. 개인적으로 잘 쓰지 않는 기능이
므로 [Don't show tips]에 체크한 후 [Close] 버튼을 클릭하여 창을 닫습니다.

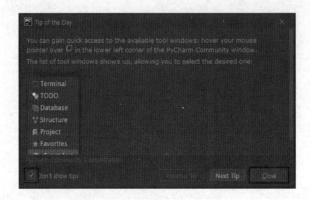

다음 그림과 같이 main.py라는 파일이 코딩되어 있습니다. 해당 소스의 임의의 위치에서 마우스 우측 클릭을 하면 그림처럼 팝업 메뉴가 보입니다. [Run 'main']이라는 메뉴를 클릭하면 하단 콘솔 창에 결과물이 출력됩니다.

파이참 설정하기

이제 파이썬 코딩을 위한 기본적인 몇 가지 설정을 해보겠습니다. 많은 설정들이 있으나, 일반적으로 자주 쓰는 기능들에 대한 설정만 살펴보겠습니다. 우선 화면이 어둡게 느껴진다면 밝은 화면으로 변경해 보겠습니다.

설정을 위한 화면으로 들어가기 위한 메뉴입니다. [파일] 메뉴에서 [Settings…] 메뉴를 클릭하거나 단축키 Ctrl+Alt+S를 눌러서 들어갈 수 있습니다.

[Appearance] 메뉴에서 테마를 'Windows 10 Light'로 변경하면 밝은 화면을 볼 수 있습니다. 여러 테마 중 선호하는 테마를 사용하면 됩니다.

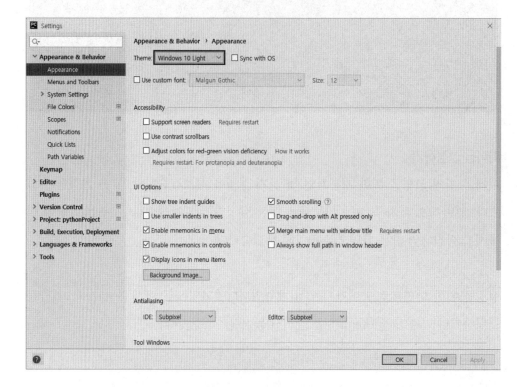

다음은 글꼴을 지정하는 메뉴입니다. 개인적으로 선호하는 글꼴과 적절한 크기를 입력하면 됩니다. 아래 그림에서는 저자가 선호하는 글꼴인 Consolas, 글꼴 크기는 14로 설정하였습니다.

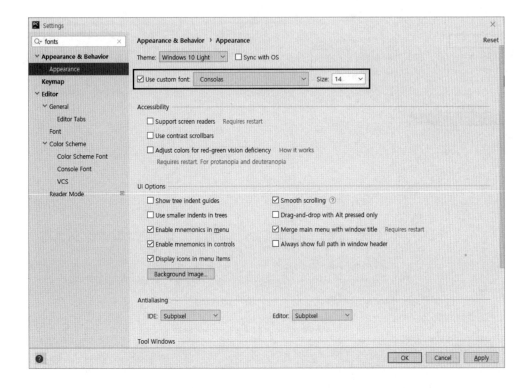

다음은 문자열 인코딩에 대한 메뉴입니다. 찾기 어렵다면 좌측 상단의 검색창에서 'encoding'으로 검색하면 됩니다. 다국어 지원 및 한글 글자 깨짐 방지를 위해 'UTF-8' 으로 지정합니다.

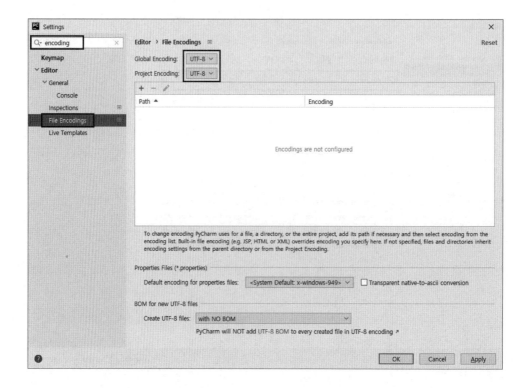

[Keymap] 메뉴는 단축키를 재지정해주는 메뉴입니다. 개인적으로 자주 쓰는 단축키가 있으면 설정하면 됩니다. 단, 동일한 단축키를 2군데 이상 중복할 수 없습니다.

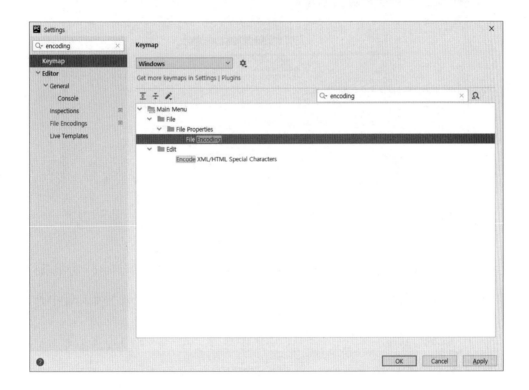

코딩해보기

드디어 기본적인 설정이 끝났습니다. 직접 코딩해보고 실행해 보겠습니다. 왼쪽 트리메뉴에서 프로젝트를 선택한 후 [File] → [New] 메뉴를 클릭하면 로딩되는 화면입니다. [Python file]을 클릭하고, 파일 이름을 'first test'로 입력합니다. 그러면 first test.py 파일이 자동으로 생성됩니다.

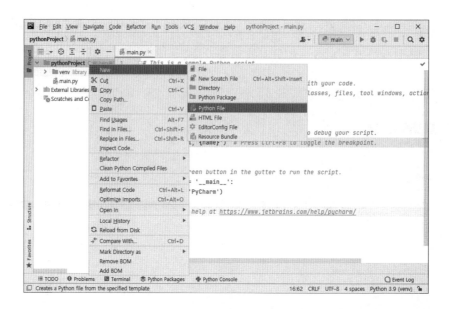

코딩을 완료한 후 마우스 오른쪽 버튼을 클릭하면, 아래 그림과 같은 화면이 보입니다.

[Run 'first test'] 메뉴를 클릭하면, 코드의 실행 결과가 하단의 Console 창에 보입니다.

1.2.4 외부 라이브러리 설치하기

기본적으로 제공하는 파이썬 프로그램 외에 라이브러리(library)는 별도로 설치해야 합니다. 이때 사용되는 패키지 설치 프로그램을 pip라고 하며 파이썬으로 외부에서 작성된 패키지 소프트웨어를 설치·삭제할 수 있습니다. 설치 방법에는 커맨드 창을 이용하는 방법과 파이참을 이용하는 방법이 있습니다. 우리는 파이참을 사용하고 있으므로, 커맨드 창을 잘 쓰지는 않을 겁니다. 하지만 저자의 경험으로 보면 파이참으로 잘 안되는 경우가 가끔 발생하여 애를 먹은 적이 좀 있었습니다. 여기서 2가지 모두 실습해보겠습니다. 전제 조건은 '환경 변수 설정'이 잘 되었다는 가정하에 시작합니다.

커맨드 창 사용하기

커맨드 창을 사용법은 다음과 같습니다. 라이브러리를 설치하는 경우 install, 삭제하는 경우 uninstall 명령어를 사용하면 됩니다.

● pip를 사용한 라이브러리 설치 및 삭제 명령어

```
pip install(또는 uninstall) 라이브러리 이름
```

예를 들어, 배열/행렬을 사용한 수치/통계/계산 등을 수월하게 해주는 라이브러리를 설치하고, 제거해 보겠습니다. 다음 구문은 넘파이를 설치하고 있는 화면입니다. 참고로 첫 번째 줄은 파이썬의 pip 프로그램이 들어 있는 경로로 이동하는 명령어입니다. pip 프로그램의 위치는 '파이썬 설치경로\Scripts' 폴더입니다.

```
● 넘파이 설치하기

C:\Users\ugcadman>cd \Python310\Scripts


C:\Python310\Scripts>pip install numpy
Collecting numpy
  Downloading numpy-1.20.1-cp39-cp39-win_amd64.whl (13.7 MB)
  |███████████████████████████████| 13.7 MB 6.4 MB/s
Installing collected packages: numpy
Successfully installed numpy-1.20.1.
```

현재 설치된 외부 라이브러리 목록 조회는 **pip list** 명령어를 사용하면 됩니다. 목록
을 알파벳 순으로 정렬하여 보여주고 있습니다. 넘파이도 보입니다.

```
● 라이브러리 목록 보기

C:\Python310\Scripts>pip list
Package                Version
---------------------- ----------
argon2-cffi            20.1.0
async-generator        1.10
attrs                  20.3.0
backcall               0.2.0
beautifulsoup4         4.6.0
...
numpy                  1.20.1
webencodings           0.5.1
widgetsnbextension     3.5.1
wordcloud              1.8.1
```

다음 구문은 넘파이 라이브러리를 제거하는 구문입니다. 다만 우리는 나중에 넘파이
를 사용해야 하므로 삭제하지 말고 아래처럼 삭제 방법만 이해하면 됩니다. **install**
대신 **uninstall** 명령어를 사용하면 됩니다. 삭제 중간에 "Proceed (y/n)?"라는 구문
을 만나면 y를 입력하고, 엔터 키를 누르면 됩니다.

```
● 넘파이 삭제하기

C:\Python310\Scripts> pip uninstall numpy
Found existing installation: numpy 1.20.1
Uninstalling numpy-1.20.1:
  Would remove:
    c:\python310\lib\site-packages\numpy-1.20.1.dist-info\*
    c:\python310\lib\site-packages\numpy\*
    c:\python310\scripts\f2py.exe
Proceed (Y/n)? y
  Successfully uninstalled numpy-1.20.1
```

파이참 설정하기

파이참을 사용한 라이브러리 설치 방법은 다음과 같습니다. 풀다운 메뉴에서 [Settings]
메뉴로 이동합니다.

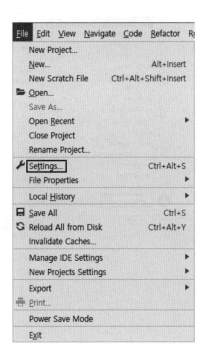

① 해당 프로젝트의 [Python Interpreter] 메뉴를 클릭합니다.

② 설치된 패키지 목록이 보이는데, 상단의 [+] 버튼을 클릭합니다. 참고로 [-] 버튼은 삭제 버튼입니다.

③ 이용 가능한 패키지 목록이 보이는데, 바로 위의 검색 창에 'numpy'라고 입력하고 엔터 키를 입력하면 라이브러리가 검색됩니다.

④ 목록 중 선택하고, [Install Package] 버튼을 클릭합니다.

⑤ 성공적으로 설치가 완료되었음을 확인한 다음 [OK] 버튼을 눌러서 종료합니다.

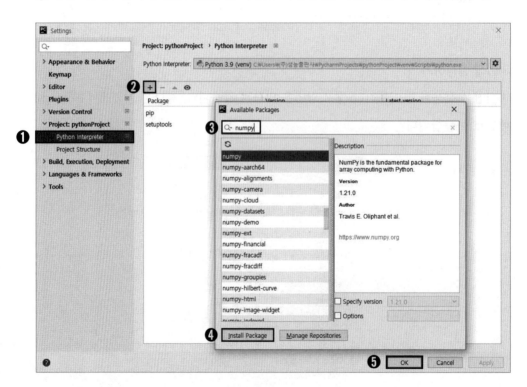

주요 라이브러리

다음은 본문에서 사용되는 파이썬의 주요 라이브러리입니다.

한글(영문)	설치할 라이브러리 이름	설명
넘파이(NumPy)	numpy	배열을 사용하는, 수치 연산을 위한 라이브러리입니다.
판다스(Pandas)	pandas	데이터 분석을 위한 라이브러리입니다.
맷플롯립 (Matplotlib)	matplotlib	데이터 시각화를 위한 라이브러리입니다.
뷰티풀 수프 (Beautiful Soup)	beautifulsoup4	html/xml 등의 문서에서 데이터를 읽어 오기 위한 라이브러리입니다.
포리움(Folium)	folium	지도(map)를 그려 주는 라이브러리입니다.
워드 클라우드 (Word cloud)	wordcolud	단어의 사용 빈도를 이용하여 그림을 그려주는 라이브러리입니다.
셀레늄 (Selenium)	selenium	동적인 기능을 추가하여 웹페이지를 크롤링하는 데 사용되는 라이브러리입니다.
오라클(Oracle)	cx-oracle	오라클 데이터베이스와 관련된 라이브러리입니다.
코엔엘파이 (KoNLPy)	konlpy	한국어 자연어 처리를 위한 라이브러리입니다. 이 라이브러리를 사용하기 위해서는 먼저 Jpype(수동 설치 권장)라는 라이브러리를 설치해야 합니다.

요점정리

- **파이썬(Python)**은 귀도 반 로섬이 발표한 대화형 인터프리터 언어입니다.
- **아나콘다**는 과학, 수학, 데이터 분석 목적의 라이브러리를 포함한 배포판입니다.
- 환경 변수에 필요한 경로 설정을 하는 것을 **환경 변수 설정**이라고 합니다.
- **파이참(PyCharm)**은 파이썬 코딩을 좀더 수월하게 할 수 있도록 지원해주는 개발 툴 (IDE)입니다.
- 외부 라이브러리를 설치해주는 프로그램은 **pip**입니다.

연습문제   ※ 연습문제 정답은 생능출판사 홈페이지에 게시되어 있습니다.

01 파이썬의 용도를 5가지 이상 서술해 보세요.

-
-
-
-
-

02 다음 빈칸에 적절한 내용을 채워 넣으세요.

- 외부 라이브러리를 설치해주는 pip라는 프로그램은 (_____)에 존재합니다.
- 외부 라이브러리 설치는 (_____)이라는 명령어를 사용합니다.
- 외부 라이브러리 삭제는 (_____)이라는 명령어를 사용합니다.

1.3 오라클 준비하기

파이썬 내부 라이브러리 중에서 sqlite3라는 소형 데이터베이스가 있습니다. 저자는 본문에서 대용량 데이터를 처리할 수 있는 대형 데이터베이스인 오라클(Oracle)을 실습용으로 사용하겠습니다. 다만 본문을 실습하기 위한 용도 외에 데이터베이스에 대한 세부적인 내용은 다루지 않으니 자세한 내용은 별도로 학습하세요.

먼저 오라클 프로그램을 설치하겠습니다. 그리고 오라클에서는 'SQL Command Line'이라고 하는 커맨드 기반의 도구를 제공하고 있습니다. 추가로 좀더 유용하게 사용할 수 있는 GUI 기반의 그래픽 도구로 'sql-developer'라는 도구가 제공되고 있습니다. 우리는 'SQL Command Line'이라는 도구를 사용하도록 하겠습니다.

1.3.1 오라클 다운로드

데이터베이스를 학습하기 위하여 우선 데이터베이스 관리 시스템(DataBase Management System, DBMS)을 설치해야 합니다. 오라클 제품군은 여러 가지가 있는데, 시스템에 큰 무리를 주지 않고, 용량이 상대적으로 적은 Oracle Database 11g Express Edition 버전을 사용하기로 합니다. 이 버전은 개발자가 무료로 사용할 수 있고, 일반 기업용 오라클 버전과 기능상에 큰 차이가 없습니다. 윈도우 환경에서 Oracle Database 11g Express Edition 버전의 설치는 단순합니다. setup.exe 파일을 더블 클릭하여 설치 마법사를 이용하면 됩니다.

먼저 오라클 홈페이지[3]에 접속하고, 운영체제에 맞는 프로그램의 [Download] 버튼을
클릭합니다.

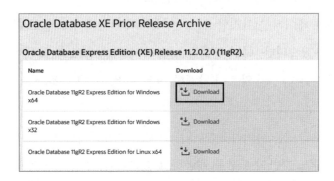

라이선스 계약에 동의하기 위하여 체크 박스에 체크하고 하단의 다운로드 버튼을 클
릭합니다. 다만 로그인이 필요할 수 있습니다. 오라클 계정이 없다면 회원가입이 필
요합니다.

3) https://www.oracle.com/database/technologies/xe-prior-release-downloads.html
   * 이 링크는 변경될 수 있습니다.

오라클에 접속하기 위해 로그인합니다. 계정이 없으면 [계정 만들기] 버튼을 클릭해서
계정부터 생성합니다. 로그인하면 설치 프로그램은 자동으로 다운로드됩니다.

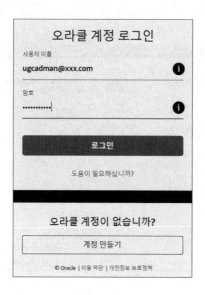

다운로드받은 파일을 아래 그림과 같이 압축을 해제합니다.

1.3.2 오라클 설치하기

setup.exe 파일을 더블 클릭하면 오라클 설치 마법사가 시작됩니다. [Next] 버튼을 누릅니다.

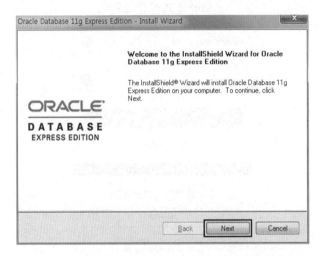

[I accept ~]을 선택하여 라이센스 계약에 동의하고 [Next] 버튼을 클릭합니다.

기본 설치 경로를 확인하고(가급적 변경하지 않음) [Next] 버튼을 클릭합니다.

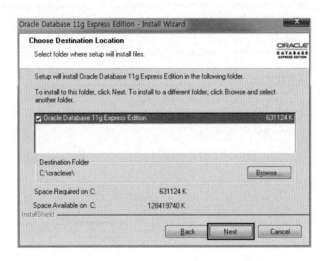

시스템 관리자의 비밀번호를 편의상 "oracle"로 지정합니다. 물론 비밀번호는 원하는 값으로 지정해도 됩니다. [Next] 버튼을 클릭합니다.

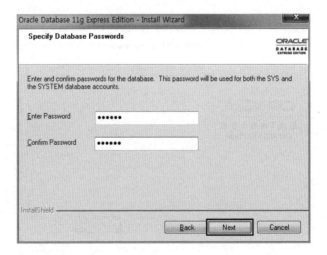

설치를 위한 기본 설정 정보를 미리 보여주고 있습니다. [Install] 버튼을 클릭합니다.

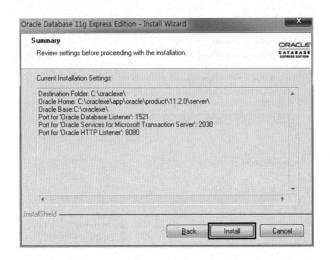

잠시 설치가 진행되고 설치가 완료되면 아래 그림과 같은 화면이 나옵니다. [Finish]
버튼을 클릭하여 설치를 마칩니다.

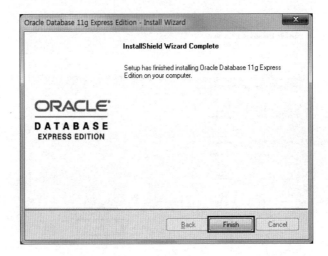

1.3.3 SQL 커맨드 라인 사용하기

오라클을 설치할 때 관리자용 비밀번호를 'oracle'로 설정하였습니다. 이 계정 정보를 이용하여 데이터베이스에 접속해보겠습니다. 데이터베이스 접속 테스트는 오라클 프로그램에서 제공하는 SQL Command Line을 사용하면 됩니다.

SQL Command Line에서 관련 구문들을 실습할 수 있습니다. 오라클에서 하이픈(-) 2 개는 실행과는 관련이 없는 주석 역할을 합니다. 관리자의 아이디는 'sys'(설치 시 자동으로 지정됨)이고, 비밀번호는 'oracle'입니다. 다음과 같이 실습을 진행하고, 결과로 5가 나오면 데이터베이스 접속 테스트가 성공한 것입니다.

● 접속 테스트 및 간단한 산술 연산

```
-- 관리자로 접속합니다.
-- sysdba는 데이터베이스 관리자 권한을 의미합니다.
conn sys/oracle as sysdba

-- 2 더하기 3은 5입니다.
select 2 + 3 from dual ;
5
```

마무리

요점정리

- **sqlite3**라는 데이터베이스는 파이썬에서 기본으로 제공되는 라이브러리입니다.
- 오라클에서는 '**SQL Command Line**'이라고 하는 커맨드 기반의 도구가 제공됩니다
- 오라클 설치 시 관리자의 기본 아이디는 '**sys**'로 자동 지정됩니다.
- 관리자로 오라클에 접속하기 위한 명령어는 '**conn sys/oracle as sysdba**'입니다.

연습문제

01 관리자로 오라클에 접속하여 5의 3제곱이 얼마인지 출력하는 프로그램을 작성해
보세요.

● 접속 테스트 및 간단한 산술 연산

-- 관리자로 접속

(_____)

-- 5*5*5는 125입니다.

(_____)

CHAPTER

2

파이썬 다루기

CHAPTER

2

파이썬 다루기

이번 장에서는 크롤링을 통해 수집한 데이터나 텍스트 등을 전처리하기 위한 파이썬 기초 문법에 대한 학습을 진행합니다. 먼저 입출력 함수, 형 변환, % 키워드 및 format() 함수를 알아보고, 흐름 제어를 위한 if 문과 for 문도 알아보겠습니다. 그리고 집합형 자료형인 list, tuple, dict에 대해서도 간단히 알아보겠습니다.

2.1 기초 문법

이번 절에서는 본문에서 활용되는 파이썬 기초 문법에 대해서만 다루겠습니다. 세부적인 내용은 다른 파이썬 입문 도서를 참조하길 바랍니다.

2.1.1 자료형과 입출력

데이터 크롤링이나 외부 파일을 사용하는 경우 데이터의 유형을 변경하는 일이 많은데, 파이썬에서 기본으로 내장된 자료형을 사용한 형 변환에 대하여 알아보겠습니다. 그리고 가장 기본적인 입출력 함수에 대하여 알아보겠습니다.

데이터의 형 변환

서로 다른 유형의 데이터는 연산이나 출력 등의 작업을 수행할 때 반드시 형 변환 (type casting)이 필요합니다. 형 변환을 이용하여 숫자 형식으로 되어 있는 2개 이상 의 문자열에 대한 산술 연산을 다음과 같이 수행해보겠습니다. 이런 경우 형 변환을 해야 하는데, 아래 그림에서는 문자열을 문자열 '12.345'를 float() 함수를 통해 실 수형 데이터 12.345로 변경하는 예시입니다.

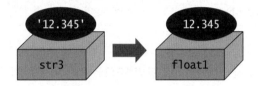

float1 = float(str3) 형 변환

숫자 형식으로 되어 있는 문자열 변수를 정의하고 값을 대입합니다. 아래 예제에서 변수 str1과 변수 str2는 정수 형태의 문자열을, 변수 str3는 실수 형태의 문자열을 값으로 가지고 있습니다. 참고로 int(정수), str(문자열), float(실수)는 파이썬에서 사용하는 자료형을 의미하는 키워드입니다.

code: typeCasting.py

```
02  str1 = '100'
03  str2 = '200'
04  str3 = '12.345'
```

데이터 유형에 맞도록 형 변환을 수행합니다. 예를 들면 '바꿀 타입의 변수명 = 바꿀 타입(타입을 바꿀 변수명)'의 형식으로 코딩하면 됩니다. 문자열 str1을 정수형으로 변경하려면 int1 = int(str1)처럼 코딩합니다.

```
07   int1 = int(str1)
08   int2 = int(str2)
09   float1 = float(str3)
```

데이터의 유형에 대한 비교는 == 연산자를 사용하면 됩니다. str은 파이썬에서 문자열을 의미하는 키워드입니다.

```
12   print(int1 == str)    # int1 변수는 문자열인가?
```

실행 결과
```
False
```

정수형이나 실수형 문자열이 제대로 형 변환되었는지 확인하기 위해 산술 연산을 수행해 봅니다.

```
14   sum = int1 + int2
15   print('출력1 : ', sum)
16
17   float2 = float1 + 35.2
18   print('출력2 : ', float2)
```

실행 결과
```
출력1 :   300
출력2 :   47.545
```

데이터의 타입을 확인하려면 type() 함수를 사용합니다. <class 'str'>는 데이터의 자료형이 문자열이라는 의미입니다. <class 'int'>는 정수형, <class 'float'>는 실수형입니다.

```
22   print(type(str1))
23   print(type(int1))
24   print(type(float1))
```

실행 결과
```
<class 'str'>
<class 'int'>
<class 'float'>
```

입출력 함수 사용하기

파이썬에서 문자열을 입력받으려면 input()을 사용합니다. input()이 실행된 다음, 입력을 받는 콘솔 창에서 문자열을 입력받게 됩니다.

input() 함수와 print() 함수를 사용하여 이름과 나이를 입력받아 출력하는 프로그램을 만들어보겠습니다. 먼저 input() 함수를 사용하여 사용자에게 이름을 입력받아 변수 name에 저장합니다. 여기서 input() 함수의 기본 반환 타입은 문자열이므로, 숫자 형식의 데이터는 int()라는 형 변환 키워드를 이용하여 코딩해야 합니다.

code: inputOutput.py

```
01  name = input('이름 입력 : ')
02  age = int(input('나이 입력 : '))
```

이제 문자열을 출력하기 위해 % 기호와 포맷 코드(format code)에 대해 알아보겠습니다. 포맷 코드는 특정 문자열을 어떤 형식으로 출력할 것인가를 표현하기 위한 기호입니다. 자주 사용되는 포맷 코드는 다음과 같습니다.

포맷 코드	설명
%s	문자열(string)로 치환됩니다.
%c	1개의 문자(character)로 치환됩니다.
%d	정수 값(decimal)으로 치환됩니다.
%f	소수점을 가진 실수 값(float)으로 치환됩니다.

적절한 포맷 코드를 사용하여 다음과 같이 출력하도록 합니다. 이름은 문자열이므로 '%s'를, 나이는 숫자형이므로 '%d'를 사용하여 다음과 같이 코딩합니다.

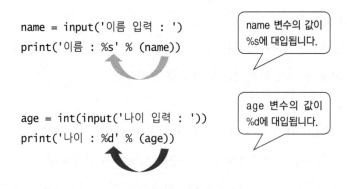

name = input('이름 입력 : ')
print('이름 : %s' % (name))

> name 변수의 값이 %s에 대입됩니다.

age = int(input('나이 입력 : '))
print('나이 : %d' % (age))

> age 변수의 값이 %d에 대입됩니다.

자료형에 적합한 출력 방법

이제 % 기호와 포맷 코드를 사용하여 출력해봅니다. 파이썬에서 출력은 print() 함수를 사용합니다.

04	`print('이름 : %s' % (name))`
05	`print('나이 : %d' % (age))`

📑 실행 결과

```
이름 : 정수민
나이 : 40
```

format() 함수 사용하기

앞에서 보았듯이 %d, %s 등의 포맷 코드는 문자열 안의 특정 위치에 특정 값을 삽입하기 위해 사용합니다. 유사한 기능을 하는 format() 함수를 사용하면 좀 더 발전된 스타일로 문자열 포맷을 지정할 수 있습니다.

다음 예제를 보고 살펴보겠습니다. 우리 매장에는 판매 가능한 커피가 3잔 있습니다. 단가가 2,000원이고, 고객으로부터 금액을 입력받은 다음, format() 함수를 사용하는 출력하는 프로그램을 만들어 봅니다.

format() 함수의 앞에 있는 기호 {}는 어떠한 값으로 치환되는 부분입니다. 예제에서 문자열 "우리 매장에 커피 {}잔이 있습니다."에는 {} 기호가 1개 있으므로, 값이 대입되려면 숫자 1개가 필요합니다. 동일한 개념으로 문자열 "{}를 입금하셨습니다." 역시 {} 기호가 1개 있습니다. 각각 변수 coffee와 money의 값이 치환됩니다.

```
coffee = 3 # 판매 가능한 커피 개수
print("우리 매장에 커피 {}잔이 있습니다.".format(coffee))
money = int(input("돈을 넣어주세요 : ")) # 3000
print("{}를 입금하셨습니다.".format(money))
```

code: formatTest01.py

```
01   coffee = 3         # 판매 가능한 커피 수
02   price = 2000       # 커피의 단가
03
04   print("우리 매장에 커피 {}잔이 있습니다.".format(coffee))
05
06   money = int(input("돈을 넣어주세요 : "))    #3000
07   print("{}원을 입금하셨습니다.".format(money))
```

📋 **실행 결과**

우리 매장에 커피 3잔이 있습니다.
돈을 넣어주세요 : 3000
3000원을 입금하셨습니다.

{} 기호가 2개 있는 경우에는 값의 대입이 순차적으로 이루어집니다. 예시에서 '{}
원'에는 변수 change의 값이, '커피 {}잔'에는 정수 1이 대입됩니다. 마지막으로 남
은 커피의 양은 현재 값에서 1을 뺀 값(coffee-1)이 대입되고 있습니다.

09	change = money - price
10	print("거스름돈은 {}원이며, 커피 {}잔을 판매합니다.".format(change, 1))
11	print("남은 커피의 양은 {}잔입니다.".format(coffee-1))

2.1.2 조건 판단문

파이썬으로 표현되는 식은 참과 거짓으로 평가할 수 있습니다. 값이 0이거나 비어 있
는 문자열 등은 거짓 값으로 판단이 되고, 그렇지 않은 경우에는 참 값으로 판단이 됩
니다. 파이썬에서 특정 표현식이 참인 경우에만 특정 코드 블록을 실행하는 방법으로
if 문이 있습니다. 수식에서 elif 문은 판단식이 여러 개인 경우 여러 번 사용이 될
수 있으며, 이것도 저것도 아닌 경우에는 else 문으로 처리합니다.
if 문의 사용 형식은 다음과 같습니다.

```
● if 문 기본 사용 형식

if 판단식01 :
    문장01
[elif 판단식02 :
    문장02]
[elif 판단식03 :
    문장03]
[...]
[else :
    문장n ]
```

세금 계산하기

월급을 입력받아 세금을 계산해주는 프로그램을 작성하되, 연봉 및 세금 공식은 다음과 같습니다. 월급 500(만 원)이상은 고연봉자라고 가정하고, 12배를 곱하겠습니다. 월급 500 미만은 저연봉자라고 가정하고, 13배를 곱해준다고 가정하겠습니다.

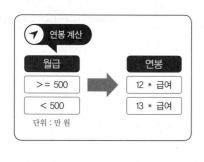

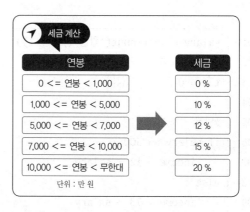

월급, 연봉, 세금 간의 관계식

다음 그림은 해당 월급에 따른 연봉과 세금에 대한 출력 예제입니다. 월급 600을 연봉으로 환산하면 12배인 7,200이고, 이에 대한 세금은 15%를 적용합니다. 급여 300에 대한 연봉은 13배인 3,900이고, 이에 대한 세금은 10%를 적용합니다.

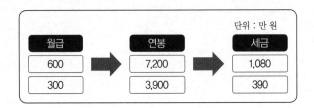

급여, 연봉, 세금 간의 관계식을 이용한 예시

월급을 입력받고, 연봉과 세금을 저장할 변수를 정의합니다. 요구사항에서 연봉은 월급이 500 이상인지를 판단하여 처리하면 되므로, if 문으로 판단하여 '연소득'을 계산하면 됩니다.

code: calcIncome.py

```
01  salary = int(input('월급 입력 : '))
02  income = 0    # 연봉
03  tax = 0       # 세금
04
05  #연봉 구하기
06  if salary >= 500 :
07      income = 12 * salary
08  else :
09      income = 13 * salary
```

📋 **실행 결과**
월급 입력 : 300

구해진 '연봉'을 이용하여 '세금'을 구합니다.

```
11   #세금 구하기
12   if income >= 10000 :
13       tax = 0.2 * income
14   elif income >= 7000 :
15       tax = 0.15 * income
16   elif income >= 5000 :
17       tax = 0.12 * income
18   elif income >= 1000 :
19       tax = 0.1 * income
20   else :
21       tax = 0
```

관련된 결괏값들을 출력합니다.

```
23   print('월급 : %d' % (salary))
24   print('연봉 : %.2f' % (income))
25   print('세금 : %.2f' % (tax))
```

📋 **실행 결과**
연봉 : 3900.00
세금 : 390.00

2.1.3 집합 자료형

집합(iterable) 자료형은 요소 1개가 아닌 여러 개의 데이터를 처리하기 위한 자료형을
의미합니다. **'반복될 수 있는, 반복 가능한'** 등의 의미로 iterable이라는 용어를 사용하
고 있습니다. 집합 자료형은 크게 다음과 같이 리스트, 튜플, 딕셔너리 등으로 구성이
됩니다. 이번 절에서는 이러한 자료형의 사용법을 알아보겠습니다.

자료형	관련 함수	데이터 중복 가능	순서 있음	요소 개수를 반환하는 함수	사용 기호
리스트	list()	○	○	len()	[ ]
튜플	tuple()	○	○	len()	( )
딕셔너리	dict()	키 ×, 값 ○	×	len()	{ }

리스트

리스트(list)는 순서가 있는 여러 데이터를 묶어서 관리할 수 있는 자료형입니다. 예제에서는 1차원 형식의 리스트를 만들고 데이터를 추출하기 위한 인덱싱과 슬라이싱을 사용한 읽기와 쓰기를 위한 실습을 해보겠습니다. 인덱싱(indexing, 가리킴)과 슬라이싱(slicing, 잘라냄)은 요소마다 0부터 번호를 매겨 한 개(인덱싱) 또는 여러 개(슬라이싱)의 값을 추출하는 방법입니다. 대괄호([])를 사용하고, 요소들을 콤마(,)로 연결하면 리스트가 됩니다. 내장 함수 list()를 사용해도 동일한 결과를 출력할 수 있습니다.

다음은 7명의 회원 정보를 리스트 형태로 만드는 예제입니다.

code: listBasic01.py

```
01  somelist = ['김의찬', '유만식', '이영철', '심수련', '윤기석', '노윤희', '황우철']
02  print(somelist)
```

📋 **실행 결과**

```
['김의찬', '유만식', '이영철', '심수련', '윤기석', '노윤희', '황우철']
```

리스트는 대괄호를 사용하여 인덱싱과 슬라이싱이 가능합니다. 대괄호 안에 들어 있는 숫자를 색인 또는 인덱스(index)라고 부릅니다. 아래 그림처럼 리스트는 0번째 요소부터 시작합니다. 예를 들어 4번째 요소인 '윤기석'에 접근하려면 somelist[4]라고 표현합니다.

0	1	2	3	4	5	6
김의찬	유만식	이영철	심수련	윤기석	노윤희	황우철

다음 코드는 4번째 색인의 값을 출력합니다.

```
04   print('앞에서 4번째 요소만 출력')
05   print(somelist[4])
```

> **📋 실행 결과**
> 앞에서 4번째 요소만 출력
> 윤기석

0	1	2	3	4	5	6
김의찬	유만식	이영철	심수련	윤기석	노윤희	황우철

색인의 값이 음수인 경우에는 뒤쪽에서 검색을 수행합니다. 뒤쪽에서의 인덱스는 1부터 시작하므로 -2는 뒤에서 2번째 요소를 의미합니다.

```
06   print('뒤에서 2번째 요소만 출력')
07   print(somelist[-2])
```

> **📋 실행 결과**
> 뒤에서 2번째 요소만 출력
> 노윤희

0	1	2	3	4	5	6
김의찬	유만식	이영철	심수련	윤기석	노윤희	황우철

슬라이싱은 전체 데이터에서 일부분을 얻어 내는 과정입니다. somelist[1:4]는 1번째 요소부터 3번째 요소까지 슬라이싱됩니다. 주의할 것은 4번째 요소가 아닌 3번째 요소까지만 슬라이싱된다는 것입니다. 즉, 종료 인덱스의 원소는 포함되지 않고 바로 앞 원소까지만 포함됩니다.

```
10   print('1번째부터 3번째까지 출력')
11   print(somelist[1:4])
```

> **📋 실행 결과**
> 1번째부터 3번째까지 출력
> ['유만식', '이영철', '심수련']

0	1	2	3	4	5	6
김의찬	유만식	이영철	심수련	윤기석	노윤희	황우철

somelist[4:]는 4번째 요소부터 마지막 요소까지 슬라이싱을 수행합니다.

```
13   print('4번째부터 끝까지 출력')
14   print(somelist[4:])
```

📋 **실행 결과**
4번째부터 끝까지 출력
['윤기석', '노윤희', '황우철']

0	1	2	3	4	5	6
김의찬	유만식	이영철	심수련	윤기석	노윤희	황우철

내장 함수 len()은 요소의 개수를 구해주는 함수입니다. len(somelist)는 리스트 somelist의 요소의 개수를 구합니다. 홀수 번째만 출력하려면 슬라이싱할 때, step(간격)을 2로 지정하면 됩니다. somelist[1:length:2]는 1부터 시작하여 2씩 커지면서 전체 길이에 해당하는 색인까지 슬라이싱을 수행합니다.

```
16   length = len(somelist)
17   print('홀수 번째만 출력')
18   print(somelist[1:length:2])
```

📋 **실행 결과**
홀수 번째만 출력
['유만식', '심수련', '노윤희']

0	1	2	3	4	5	6
김의찬	유만식	이영철	심수련	윤기석	노윤희	황우철

짝수 번째만 출력하는 것은 초기 값이 0인 것을 제외하면 홀수 번째만 출력하는 방법과 동일합니다.

```
20   print('짝수 번째만 출력')
21   print(somelist[0:length:2])
```

📋 **실행 결과**
짝수 번째만 출력
['김의찬', '이영철', '윤기석', '황우철']

0	1	2	3	4	5	6
김의찬	유만식	이영철	심수련	윤기석	노윤희	황우철

3의 배수만 출력하려면 초기 값을 0, step(간격)을 3으로 지정하면 됩니다.

```
23   print('3의 배수만 출력')
24   print(somelist[0:length:3])
```

📋 **실행 결과**

3의 배수만 출력
['김의찬', '심수련', '황우철']

0	1	2	3	4	5	6
김의찬	유만식	이영철	심수련	윤기석	노윤희	황우철

튜플

튜플(tuple)은 리스트처럼 순서가 있는 여러 데이터를 묶어서 관리할 수 있는 자료형입니다. 다만 튜플과 리스트의 가장 큰 차이점은 값을 변경할 수 있는가의 여부입니다. 프로그램이 실행되는 동안 어떠한 값이 항상 변하지 않기를 바란다면 튜플을 사용해야 합니다. 튜플을 사용하기 위해서는 **tuple()**라는 내장 함수를 사용하여 소괄호(())를 사용하면 됩니다.

간단한 튜플 사용법을 알아보겠습니다.

code: tupleExam01.py

```
01   tuple01 = (10, 20, 30)
```

+ 연산자를 사용하면 이전 튜플에 새로운 값을 추가할 수 있습니다. (40)은 정수 값 1개로 인식을 하므로 (40,)과 같이 콤마(,)를 추가해야 튜플로 인식됩니다.

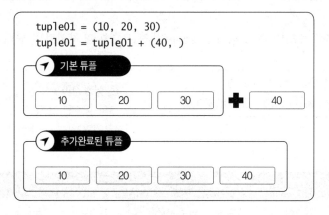

튜플을 추가하는 방법

```
03   tuple01 = tuple01 + (40, )
04   print('print tuple :', tuple01)
```

📋 **실행 결과**

```
print tuple : (10, 20, 30, 40)
```

튜플을 생성하는 다른 방법은 콤마로 연결하는 것입니다. 그리고 리스트를 이용하여 튜플을 생성할 수 있습니다. 튜플 간의 비교는 == 연산자를 사용하면 됩니다.

```
06   tuple02 = 10, 20, 30, 40    # 단순 콤마 연결
07
08   mylist = [10, 20, 30, 40]
09   tuple03 = tuple(mylist)
10
11   if tuple02 == tuple03 :
12       print("component equal")
13   else :
14       print("component not equal")
```

📋 **실행 결과**

```
component equal
```

리스트처럼 튜플에도 연산자 +와 *를 사용할 수 있습니다. + 연산자는 두 튜플을 병합해

주는 역할을 하며, * 연산자는 해당 튜플을 정수 배수만큼 반복해주는 역할을 합니다.

```
16   tuple04 = (10, 20, 30)
17   tuple05 = (40, 50, 60)
18
19   print('+ 연산자는 2개의 튜플을 합치는 역할을 합니다.')
20   tuple06 = tuple04 + tuple05
21   print(tuple06 )
22
23   print('* 연산자는 튜플을 지정한 정수만큼 반복시키는 역할을 합니다.')
24   tuple07 = tuple04 * 3
25   print(tuple07 )
```

> 📋 **실행 결과**
>
> + 연산자는 2개의 튜플을 합치는 역할을 합니다.
> (10, 20, 30, 40, 50, 60)
> * 연산자는 튜플을 지정한 정수만큼 반복시키는 역할을 합니다.
> (10, 20, 30, 10, 20, 30, 10, 20, 30)

두 개의 변수의 값을 교환하는 기능을 swap이라고 합니다. 다음은 swap 기법을 적용

하여, 변수 a와 b의 값을 교환하는 내용입니다.

```
27   print('튜플을 사용하면 변수들을 swap 시킬 수 있습니다.')
28   a, b = 11, 22
29   a, b = b, a
30
31   print('a=', a, ', b=', b)
```

> 📋 **실행 결과**
>
> 튜플을 사용하면 변수들을 swap 시킬수 있습니다.
> a= 22 , b= 11

튜플도 인덱싱과 슬라이싱을 수행할 수 있습니다.

```
33   # 슬라이싱
34   tuple08 = (11, 22, 33, 44, 55, 66)
35   print(tuple08[1:3])
36   print(tuple08[3:])
```

📋 **실행 결과**

```
(22, 33)
(44, 55, 66)
```

튜플은 요소의 개수를 늘리거나 줄일 수는 있지만, 값을 수정하는 것은 불가능합니다. 튜플은 읽기 전용이므로, 다음과 같이 수행하면 문장 오류가 발생합니다.

```
39   # tuple08[0] = 100
40   # TypeError: 'tuple' object does not support item assignment
```

딕셔너리

딕셔너리(dictionary, 사전)는 키(key)와 값(value)이 1대1 대응 관계를 가지고 있는 자료형입니다. 예를 들어 '이름:김철수', '생일:12/25' 등 같이 대응 관계를 나타낼 수 있습니다. 딕셔너리는 중괄호({})를 사용하고, 요소들은 콜론(:)을 중심으로 좌측/우측에 '키'와 '값'을 표현하고 다른 요소들과 콤마(,)로 구분하면 됩니다.

딕셔너리 관련 함수들을 사용하여 3명의 나이 데이터를 표현해 보겠습니다.

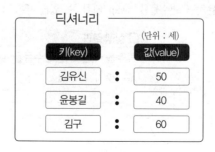

딕셔너리의 예시

code: dictionaryExam01.py

```
01    dictionary = {'김유신':50, '윤봉길':40, '김구':60}
02    print('사전 내역 : ', dictionary)
```

keys() 함수는 키 목록을 보여주는 함수입니다. 키 목록이므로 for 문을 이용하여 출력할 수 있습니다.

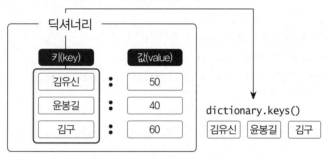

딕셔너리와 key() 함수

```
04    print('\nkeys() 메소드는 사전의 key 목록을 보여 줍니다.')
05    for key in dictionary.keys():
06        print(key)
```

values() 함수는 값 목록을 보여주는 함수입니다. 역시 for 문을 이용하여 출력할 수 있습니다.

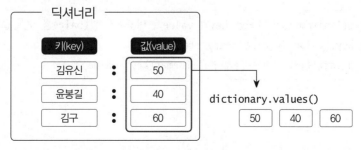

딕셔너리와 values() 함수

```
08  print('\nvalues() 메소드는 사전의 값들의 목록을 보여 줍니다.')
09  for value in dictionary.values():
10      print(value)
```

일반적으로 키와 값은 한 쌍으로 묶어서 데이터를 표현합니다. 다음은 keys()를 이용
한 값을 출력하는 일반적인 패턴입니다. 'mydict[key]' 구문은 해당 키를 이용하여
값을 읽어 오는 구문입니다.

```
12  print('\nkeys()를 이용한 value 검색하기')
13  for key in dictionary.keys():
14      print('{}의 나이는 {}입니다'.format(key, dictionary[key]))
```

items() 함수를 사용하면 키와 값을 한 쌍으로 반환합니다.

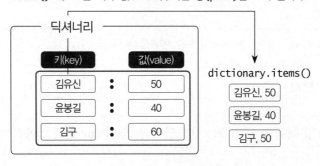

딕셔너리와 items() 메소드

```
16  print('\nitems() 메소드는 key와 value로 이루어진 쌍(pair)을 보여 줍니다.')
17  for key, value in dictionary.items():
18      print('{}의 나이는 {}입니다'.format(key, value))
```

in 키워드를 사용하면 딕셔너리 내부에 찾고자 하는 키를 확인할 수 있습니다. if 분기 처리 구문을 이용합니다.

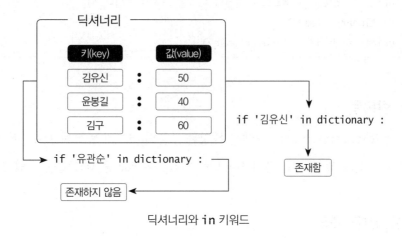

딕셔너리와 in 키워드

```
20   print('\nin은 키의 존재 여부를 확인해줍니다.')
21   findKey = '유관순'
22   if findKey in dictionary :
23       print(findKey + '(은)는 존재합니다')
24   else:
25       print(findKey + '(은)는 존재하지 않습니다')
```

pop() 함수는 키를 찾아서 해당 값을 반환해주는 함수입니다. 딕셔너리의 내부 요소가 제거되므로 유의하여 사용해야 합니다.

```
27   print('\npop()를 이용한 데이터 끄집어 내기')
28   # 팝업된 정보의 value가 result에 대입된다.
29   result = dictionary.pop('김구')
30   print('pop 이후의 사전 내용 : ', dictionary)
31   print('pop된 내용 : ' , result)
```

clear() 함수는 딕셔너리에 들어 있는 요소들을 완전히 비우는 함수입니다.

```
33  print('\nclear() 메소드는 사전의 내용을 모두 비웁니다.')
34  dictionary.clear()
35  print('사전 내역 : ', dictionary)
```

2.1.4 반복문

반복문은 프로그램 소스 코드 내에서 특정한 부분의 코드가 반복적으로 수행될 수 있도록 하는 구문을 말합니다. 많이 사용되는 반복문은 for 문, while 문 등입니다.

for 문과 문자열 조작

예제 프로그램을 통해 반복문인 for 문을 사용해보겠습니다. 특정 문자열을 단어별로 분리한 다음, 각 단어에 대하여 짝수 번째 문자열은 대문자로, 홀수 번째 문자열은 소문자로 변경하는 실습을 해보도록 합니다. 해당 문자열들을 샵(#) 기호를 사용하여 문자열 결합을 수행해보겠습니다.

다음은 문자열 조작 관련 함수 목록입니다.

항목	설명
문자열.split(sep)	문자열을 분리하여 리스트형을 만들어 주는데, sep의 기본값은 공백입니다.
문자열.upper()	문자열 목록을 모두 대문자로 바꿔줍니다.
문자열.lower()	문자열 목록을 모두 소문자로 바꿔줍니다.
문자열.replace(oldstr, newstr)	특정 문자열에서 oldstr을 newstr로 치환합니다.
'joinstr'.join(iterable)	반복되는 요소인 iterable(리스트, 튜플 등)에 대하여 'joinstr' 문자열을 사용하여 결합된 결과를 반환합니다.

해당 문자열에 대하여 split() 함수를 적용하면 공백(스페이스)을 기준으로 문자열을 나누어 리스트에 저장됩니다. for 문과 if 문을 사용하여 각각 홀수와 짝수일 때 해당 문자열을 각각 대문자와 소문자로 바꿔 줍니다.

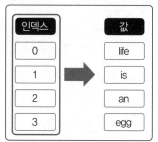

```
mystring = 'life is an egg'
mylist = mystring.split()
```

split() 함수의 사용 예시

code: forWithString.py

```
01  mystring = 'life is an egg'
02  mylist = mystring.split()
```

len() 함수는 요소의 개수를 출력하는 함수입니다. mylist 리스트의 요소 개수는 4입니다. 그리고 파이썬에서 반복문을 사용하기 위해서는 정수형 데이터를 range 문과 같이 사용해야 합니다. len() 함수는 정수형 값을 반환해주므로 다음과 같이 range 문과 동시에 사용할 수 있습니다. 아래 예제에서 idx는 임의의 이름이며, 사용자가 마음대로 지정할 수 있습니다. idx가 취할 수 있는 값은 0부터 3까지입니다.

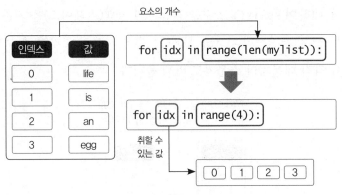

range() 함수와 len() 함수

idx 값이 홀수일 경우 소문자로, 짝수일 경우 대문자로 변경할 예정이므로 다음과 같
이 if~else 문 및 upper() 함수와 lower() 함수를 사용하여 적용하면 됩니다.

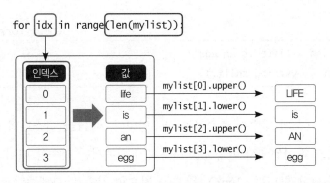

upper() 함수와 lower() 함수

```
04   for idx in range(len(mylist)):
05       if idx % 2 == 0:
06           mylist[idx] = mylist[idx].upper()
07       else :
08           mylist[idx] = mylist[idx].lower()
```

join() 함수를 이용하여 문자열을 합쳐 줍니다. '#'.join(mylist)는 mylist에 대하여 구분자로 '#' 기호를 넣어주는 코드입니다.

| LIFE | is | AN | egg |

result = '#'.join(mylist)

LIFE#is#AN#egg

join() 함수를 이용한 문자열 합치기

```
10   print('join() 함수를 이용하여 문자열 합치기')
11   result = '#'.join(mylist)
12
13   print('결과 리스트 :', result)
```

> **📋 실행 결과**
> join() 함수를 이용하여 문자열 합치기
> 결과 리스트 : LIFE#is#AN#egg

while 문 사용하기

예제 프로그램을 통해 반복문인 while 문을 사용해보겠습니다. 현재 우리 매장에는 가격이 2,000원짜리인 커피 3잔이 있습니다. while 문을 사용하여 커피를 모두 판매하는 프로그램을 만들어보겠습니다. 다만 고객 한 명이 임의의 금액을 지불하고 커피 1잔씩 구매한다고 가정합니다.

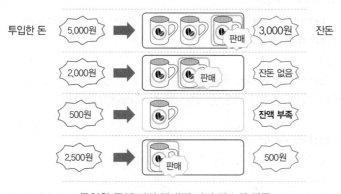

투입한 돈에 따라 판매된 커피 잔수와 잔돈

매장의 커피 잔수와 단가를 각각 coffee 변수와 price 변수에 값을 지정하고, 두 변수의 값을 출력해 봅니다.

code: coffeeSales.py

```
01  coffee = 3
02  price = 2000
03
04  print("판매 가능한 커피 잔량 : %d" % (coffee))
05  print("단가 : %d원" % (price))
```

📋 **실행 결과**

판매 가능한 커피 잔량 : 3
단가 : 2000원

반복문인 while 문을 이용하여, 커피가 모두 팔릴 때까지 판매를 계속합니다. 입력한 돈이 커피 한 잔의 값과 비교하여 큰지 작은지를 판단합니다. 남은 커피의 수가 0이면 품절되었음을 사용자에게 알리고, 해당 while 문을 종료합니다. break문은 무한 루프인 while 문을 완전히 빠져나가기 위한 탈출(escape) 구문입니다.

```
06  while True:
07      money = int(input("돈을 넣어주세요: "))
08      if money == price:
09          print("커피를 팝니다.")
10          coffee -= 1
11      elif money > price:
12          print("거스름돈 {}를 주고, 커피를 팝니다.".format(money - price))
13          coffee -= 1
14      else:
15          print("돈을 다시 돌려주고, 커피를 팔지 않습니다.")
16      print("남은 커피의 양은 {}개입니다.".format(coffee))
17
18      if coffee == 0:
19          print("커피가 다 떨어졌습니다. 판매를 중지합니다.")
20          break
```

📋 **실행 결과**

돈을 넣어주세요: 5000
거스름돈 3000를 주고, 커피를 팝니다.
남은 커피의 양은 2개입니다.

돈을 넣어주세요: 2000
커피를 팝니다.
남은 커피의 양은 1개입니다.

돈을 넣어주세요: 500
돈을 다시 돌려주고, 커피를 팔지 않습니다.
남은 커피의 양은 1개입니다.

돈을 넣어주세요: 2500
거스름돈 500를 주고, 커피를 팝니다.
남은 커피의 양은 0개입니다.

커피가 다 떨어졌습니다. 판매를 중지합니다.

리스트 컴프리헨션

리스트 컴프리헨션(list comprehension)이란 반복(iterable)할 수 있는 오브젝트(리스트, 튜플 등)를 생성하기 위한 유용한 문법입니다.

다음은 range 문과 for 문을 사용하여 요소가 5개인 리스트를 생성하는 구문입니다.

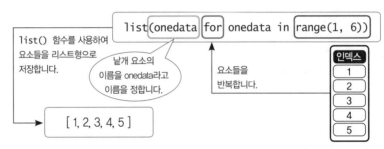

리스트 컴프리헨션 예시1

code: `listComprehension.py`

```
01   mylist01 = list(onedata for onedata in range(1, 6))
02   print(mylist01)
```

📋 실행 결과
```
[1, 2, 3, 4, 5]
```

다음은 이전 예제의 값에 각각 10을 곱하여 리스트를 만들어 주는 예제입니다.

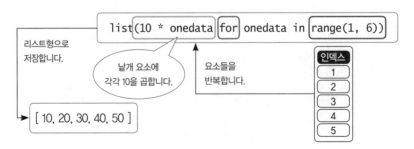

리스트 컴프리헨션 예시2

```
04   mylist02 = list(10 * onedata for onedata in range(1, 6))
05   print(mylist02)
```

📋 실행 결과
```
[10, 20, 30, 40, 50]
```

다음 예제는 리스트의 요소 중에서 짝수인 항목들만 추출하여 각각의 제곱의 값들을
이용하여 새로운 리스트를 만들어 주는 예제입니다.

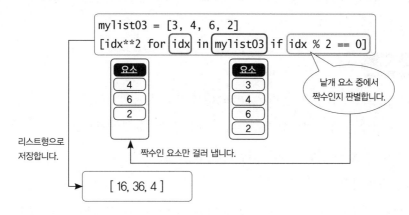

리스트 컴프리헨션 예시3

```
07   mylist03 = [3, 4, 6, 2]
08   result = [idx**2 for idx in mylist03 if idx % 2 == 0]
09   print(result)
```

📋 실행 결과
[16, 36, 4]

요점정리

- 입력은 **input()** **함수**를, 출력은 **print()** **함수**를 사용합니다.
- **type()** **함수**는 해당 변수의 유형(자료형)이 어떠한 유형인지 알려 주는 함수입니다.
- 서로 다른 유형의 자료형들은 연산이나 출력 등의 작업을 수행할 때 반드시 형 변환이 필요합니다.
- **format()** **함수**는 기호 {}를 특정한 값으로 치환하는 데 사용되는 함수입니다.
- **조건 판단문**에는 if~elif~else 구문이 있습니다.
- 집합 자료형에는 **리스트**, **튜플**, 딕셔너리 등이 있습니다.
- 내장 함수 **len()**은 요소의 개수를 구해주는 함수입니다.
- 딕셔너리의 **keys()** **함수**는 key 목록을 보여주는 함수입니다.
- 딕셔너리의 **values()** **함수**는 값(value) 목록을 보여주는 함수입니다.
- **반복문**에는 for 문 또는 while 문 등이 존재합니다.
- 리스트 컴프리헨션이란 반복(iterable)할 수 있는 오브젝트(list, tuple 등)를 생성하기 위한 유용한 문법입니다.

연습문제

01 2개의 정수를 입력받아 덧셈을 수행하는 프로그램을 작성해 보세요.

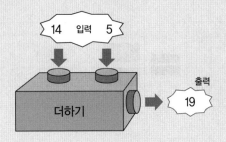

02 품목 이름과 수량과 단가를 입력받아 총 금액을 구하는 프로그램을 작성해 보세요.

03 정수 1개를 입력받아서, 짝수이면 제곱을, 홀수이면 3제곱을 출력하는 프로그램을 작성해 보세요.

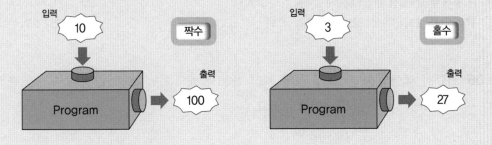

04 + 연산자를 사용하면 2개의 리스트를 합칠 수 있습니다. 리스트를 합쳐 새 리스트를 생성한 후, 요소의 값을 3으로 나누었을 때 1인 요소들만 출력하는 프로그램을 작성해 보세요.

05 다음 리스트를 이용하여 딕셔너리 mydict를 만들어보세요.

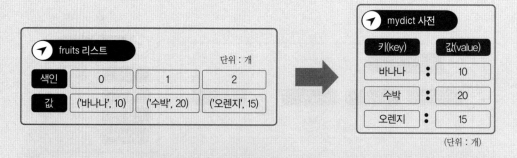

● 실행 결과 예시

fruits = [('바나나', 10), ('수박', 20), ('오렌지', 15)]

단, 출력 순서는 실행 시마다 다르게 출력될 수 있습니다.
{'바나나':10, '수박':20, '오렌지':15}

06 입금한 금액만큼 한 번에 커피 여러 잔을 판매할 수 있도록 본문에서 사용한 coffeeSales.py 파일을 수정해 보세요.

2.2 내장 함수와 클래스

파이썬의 내장 함수 중에서 정렬을 수행하는 sorted() 함수와 코드를 간결하게 작성할 수 있는 lambda() 함수, 그리고 클래스에 대하여 다루어 보겠습니다.

2.2.1 내장 함수

앞에서 print, type 등의 내장 함수를 배웠습니다. 내장 함수는 모듈이나 패키지를 가져오지 않고 바로 사용할 수 있는 함수입니다. 즉, import가 필요하지 않기 때문에 아무런 설정 없이 바로 사용할 수 있습니다. 파이썬 언어를 설계할 때 자주 사용되는 함수를 포함시켜 놓았기 때문입니다.

sorted() 함수 사용하기

sorted() 함수는 입력값을 정렬한 후 정렬된 결괏값을 '리스트'로 반환합니다. 다음 예제를 살펴보겠습니다. 가전제품 판매 현황 데이터가 있습니다. 이 데이터와 sorted() 함수를 사용하여 데이터를 정렬하는 방법을 살펴보겠습니다. 아래 그림은 판매 수량이 높은 것부터 정렬한 그래프입니다.

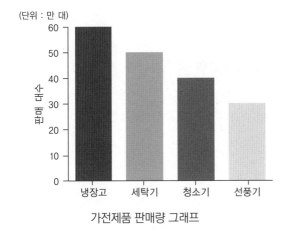

(단위 : 만 대)

가전제품 판매량 그래프

키	0 세탁기	1 선풍기	2 청소기	3 냉장고
값	50	30	40	60

가전제품 종류별 판매량 원본 데이터

```
01  wordInfo = {'세탁기':50, '선풍기':30, '청소기':40, '냉장고':60}
```

myxticks 변수는 값의 크기가 큰 것부터 정렬한 후의 키를 반환합니다. sorted() 함수의 2번째 매개변수인 key는 각 원소를 비교하기 위한 함수를 명시해주면 됩니다. 일반적으로 매개변수(parameter)는 함수를 정의할 때 사용되는 변수를 의미합니다. 앞으로 자주 등장하는 용어이므로 알아두는 것이 좋습니다. wordInfo 딕셔너리의 get 함수는 값들을 얻어 오는 함수입니다. 따라서 값을 토대로 역순으로 정렬 후 키를 출력합니다. 참고로 sorted() 함수는 결괏값을 리스트형으로 반환합니다.

	0	1	2	3
키	냉장고	세탁기	청소기	선풍기
값	60	50	40	30

판매 대수 순으로 키가 정렬됩니다.

sorted() 함수에 의한 판매 대수 순 정렬

```
03  # 값의 크기가 큰 것부터 정렬한 후의 키를 반환합니다.
04  myxticks = sorted(wordInfo, key=wordInfo.get, reverse=True)
05  print(myxticks)
```

reverse_key 변수는 키를 가나다 역순으로 정렬한 결과입니다. 역순이므로 '청소기'~'세탁기' 순으로 출력됩니다.

	0	1	2	3
키	청소기	세탁기	선풍기	냉장고

이름의 역순으로
정렬됩니다.

sorted() 함수에 의한 이름 역순 정렬

```
07   # 키에 대하여 역순으로 정렬합니다. 이건 문제 없습니다. 키가 맞습니다.
08   reverse_key = sorted(wordInfo.keys(), reverse=True)
09   print(reverse_key)
```

chartdata 변수는 값의 크기 순으로 정렬한 결과입니다.

	0	1	2	3
값	60	50	40	30

판매 대수 순으로
값이 정렬됩니다.

sorted() 함수에 의한 이름 역순 정렬

```
11   # 값에 대하여 역순으로 정렬합니다.
12   chartdata = sorted(wordInfo.values(), reverse=True)
13   print(chartdata)
```

lambda() 함수 사용하기

람다 함수(람다식)에 대한 예제입니다. 람다 함수의 사용법을 설명하기 전에 동일한
기능을 수행하는 일반 함수부터 먼저 사용해보겠습니다. 두 개의 정수에 대하여 앞의
숫자에는 곱하기 3을, 뒤의 숫자에는 곱하기 2를 수행한 다음 최종적으로 덧셈을 수
행해주는 일반 함수를 구현합니다. 두 개의 정수를 매개변수로 설정하고, 함수를 호
출하여 해당 결과를 출력하고 있습니다.

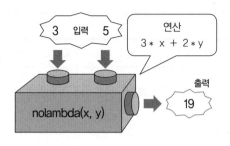

일반 함수의 구조

code: lambdaExam01.py

```
01  def nolambda(x, y):
02      return 3 * x + 2 * y
03
04  x, y = 3, 5
05
06  result = nolambda(x, y)
07  print('일반 함수 방식 : %d' % (result))
```

이번에는 동일한 기능을 수행하는 람다 함수를 정의해보겠습니다. 람다 함수의 이름을 yeslambda라고 정하겠습니다. 파이썬에서 함수의 이름은 정해진 규칙에만 맞는다면 어떠한 이름이어도 상관이 없습니다. 콜론 뒤에 있는 내용이 처리해야 할 내용입니다. 두 숫자를 이용하여 연산을 수행하고 있습니다.

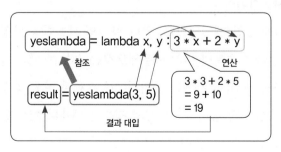

람다 함수의 구조

```
09   yeslambda = lambda x, y : 3 * x + 2 * y
10   result = yeslambda(x, y)
11   print('람다 방식 01 : %d' % (result))
```

이제 값을 변경하여 테스트를 수행해 봅니다.

```
13   result = yeslambda(5, 7)
14   print('람다 방식 02 : %d' % (result))
```

🔲 실행 결과

일반 함수 방식 : 19
람다 방식 01 : 19
람다 방식 02 : 29

2.2.2 클래스

클래스(class)는 기존의 자료형을 조합하여 새 자료형을 만들어 내기 위한 일종의 템플릿입니다. 내부에는 다양한 형태의 정보들이 담겨 있고, 우리는 이러한 자료형과 어떻게 상호 작용을 할 것인지 명세 사항이 적혀 있습니다. 여기서는 클래스에 대해 간단히 실습해보고, 자세한 내용은 나중에 알아보겠습니다.

사칙 연산

이번 예제에서는 사칙 연산을 수행해주는 클래스를 만들어보려고 합니다. 객체 생성 및 self 키워드, 변수 및 함수들을 구현해보겠습니다. 계산기(Calculate) 클래스는 다음과 같이 변수 2개와 4개의 함수로 구성되어 있습니다.

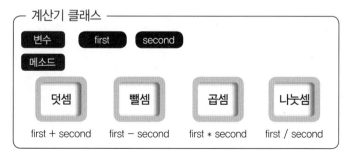

계산기 클래스의 구조

변수	first, second
함수	· add(), sub(), mul(), div() · 나머지 연산 시 두 번째 매개변수가 0이면 예외를 막기 위하여 값을 5로 변경하여 처리합니다.

클래스를 만들 때 class라는 키워드와 함께 클래스 이름을 정의합니다. 구체적으로 클래스는 다음과 같은 형식으로 작성하면 됩니다.

● **클래스 생성 문법**

```
class ClassName:
        변수01, 변수02,…
            함수01, 함수02,…
            …
```

클래스 이름을 Calculate로 정하겠습니다. 나중에 정의된 클래스를 사용하여 객체를 생성하게 되는데, 생성 시 한번 호출이 되는 함수를 '생성자'라고 합니다. 생성자 함수의 이름은 __init__()이고, 두 매개변수 first, second를 입력받고 있습니다. add(), sub(), mul(), div() 함수들은 각각 더하기, 빼기, 곱하기, 나누기 연산을 수행해주는 함수 목록입니다. 특히 나누기의 경우, 두 번째 숫자가 0이라면 예외가 발생하므로 5라는 값으로 대체합니다.

code: classTest05.py

```
01   class Calculate:
02       def __init__(self, first, second):
03           self.first = first
04           self.second = second
05
06       def add(self):  # 클래스 내의 더하기 함수
07           result = self.first + self.second
08           return '더하기 : %d' % result
09
10       def sub(self):
11           result = self.first - self.second
12           return '빼기 : %d' % result
13
14       def mul(self):
15           result = self.first * self.second
16           return '곱하기 : %d' % result
17
18       def div(self):
19           if self.second == 0 :  # 0일 경우 5로 대체하기
20               self.second = 5
21           result = self.first / self.second
22           return '나누기 : %.3f' % result
```

Calculate() 클래스에 대한 객체 calc를 생성합니다. 4개의 산술 연산 함수를 각각 호출하여 결과를 출력합니다.

```
24   calc = Calculate(14, 0)  # 인스턴스 생성
25
26   print(calc.add())  # 함수를 호출한다.
27   print(calc.sub())
28   print(calc.mul())
29   print(calc.div())
```

📋 실행 결과
더하기 : 14
빼기 : 14
곱하기 : 0
나누기 : 2.800

요점정리

- **내장 함수**는 파이썬을 설계할 때 일반적으로 개발자들이 반복적이고 많이 사용될 것 같은 기능들을 미리 만들어 놓은 함수들을 말합니다.
- **sorted() 함수**는 딕셔너리 자료형을 키 또는 값으로 정렬하기 위하여 사용되는 함수입니다.
- **람다 함수**는 코드의 간결함과 메모리의 절약에서 유용한 기능입니다.
- **클래스**는 변수와 함수 및 생성자 등으로 구성되어 있습니다.
- 클래스는 기존의 자료형을 조합하여 새로운 자료형을 만들어 내기 위한 일종의 **템플릿**입니다.

연습문제

01 제품명(name), 채널 번호(channel), 소리 크기(volume) 정보를 가지는 '텔레비전' 이라는 이름의 클래스를 구현해 보세요.

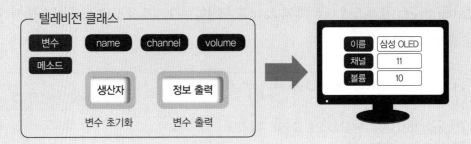

02 두 개의 정수에 대하여 앞의 숫자에는 3제곱을, 뒤의 숫자에는 더하기 2를 수행한 다음 최종적으로 앞의 숫자에서 뒤의 숫자를 뺄셈해주는 1ambda 함수를 구현해 보세요.

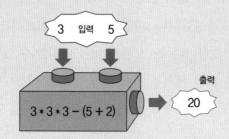

2.3 파일 입출력, 모듈, 예외 처리

공공 기관 데이터나 웹 사이트를 이용하여 데이터를 크롤링하다 보면 특정한 내용을 파일로 저장해야 하는 경우가 많이 있습니다. 텍스트 파일로 저장 또는 이미지 다운 로드 등이 필요한 경우도 발생합니다. 파일로 저장하기 위해서는 새로운 폴더를 생성하거나 삭제하는 일도 필요합니다. os 모듈이 이를 처리할 수 있습니다. 또한, 이러한 입출력 작업을 수행하다 보면 예외 사항이 발생할 수도 있습니다. 이번 영역에서는 파일 입출력을 위한 폴더 생성/삭제 및 예외를 처리하는 방법을 알아보겠습니다.

2.3.1 파일 입출력

데이터 수집을 하기 위하여 웹 크롤링을 하는 경우에 텍스트 파일이나 html 문서 및 이미지 파일을 다운로드하는 일이 자주 발생합니다. 파이썬은 이러한 텍스트 파일 및 바이너리 파일에 대한 읽기 및 쓰기 기능을 수행할 수 있습니다.

파일을 읽어 다른 파일에 기록하기

텍스트 파일을 읽어 와서 전처리를 수행한 다음 다른 이름의 텍스트 파일에 저장하는 예제를 살펴보겠습니다. sample.txt 파일의 내용을 읽어 들여 총점과 평균을 구한 다음, result.txt 파일에 작성하는 프로그램을 작성해 보겠습니다.

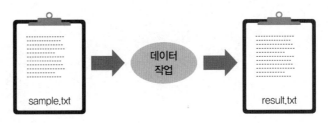

파일을 읽고 기록하기

우선 파일을 열기 위한 함수 open() 함수를 살펴보겠습니다. file이라는 파일 이름을 지정하고, 읽기 및 쓰기를 위한 mode 매개변수를 지정합니다. 예를 들어 'sample.txt'이라는 파일을 읽으려면 다음과 같이 코딩하면 됩니다.

● open() 함수의 사용 형식

파일_객체 = open(file, mode)

myfile01 = open('sample.txt', 'rt', encoding='UTF-8')
파일 객체   파일 이름   읽기/쓰기 모드   인코딩 문자열

다음은 해당 파일 객체에 대하여 사용할 수 있는 메소드 목록입니다. 이번 예제에서는 readlines() 메소드와 write() 메소드를 사용해보겠습니다.

항목	설명
read()	파일의 내용 전체를 문자열로 반환합니다.
readline()	파일 내에서 1줄을 읽어옵니다.
readlines()	파일의 모든 내용을 읽어, 각 라인을 요소로 하는 리스트를 생성합니다.
write()	파일에 내용을 기록합니다.
writelines()	readlines 함수와 반대로 리스트의 내용을 한 줄씩 텍스트 파일로 저장합니다. ※ 다만 자동 줄바꿈 기능은 없으므로 리스트 내용을 구분하기 위해 요소의 끝에 ''을 추가해주는 것이 좋습니다.

우선 실습을 위한 sample.txt 파일의 내용은 다음과 같습니다. 시험 점수 10개를 임의로 생성한 파일입니다.

● sample.txt 파일

```
70
60
55
75
95
90
80
80
85
100
```

다음은 결과를 저장할 파일의 내용입니다. 총점과 평균에 대한 정보를 저장하고 있습니다.

● result.txt 파일의 출력된 결과 보기

```
총점 : 790
평균 : 79.0
```

파일 입출력을 위하여 구현해야 하는 순서는 다음과 같습니다.

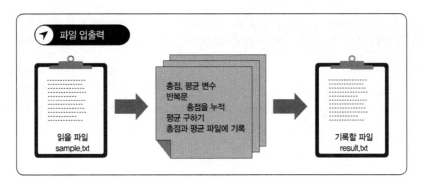

파일 입출력 과정

파일을 읽기 모드로 읽어 들입니다. readlines() 함수를 사용하여 한 번에 모두 읽어서 리스트 자료형 linelists에 저장할 수 있습니다. myfile01 객체를 종료합니다.

readlines() 메소드는 반환결과를 리스트 형식으로 저장

code: readerWriter01.py

```
01   print('파일을 읽기 모드로 오픈한다.')
02   myfile01 = open('sample.txt', 'rt', encoding='UTF-8')
03   linelists = myfile01.readlines()
04   myfile01.close()
```

총점을 저장할 변수 total을 정의합니다. for 문을 사용하여 라인마다 정수 값으로 변환하여 총점을 구합니다. average 평균 점수도 구합니다.

```
06   total = 0 # 총점
07   for one in linelists :
08       score = int(one)
09       total += score
10
11   average = total / len(linelists) # 평균
```

'result.txt' 파일을 쓰기 모드로 오픈하고, 이전에 구해 두었던 '총점'과 '평균' 점수를 파일에 기록합니다. 작업이 완료되면 close() 함수를 이용하여 파일을 닫습니다.

```
13   print('파일을 쓰기 모드로 오픈한다.')
14   myfile2 = open('result.txt', 'wt', encoding='UTF-8')
15   myfile2.write('총점 : ' + str(total) + '\n')
16   myfile2.write('평균 : ' + str(average))
17
18   myfile2.close()
19   print('작업 완료')
```

> 📋 **실행 결과**
> 파일을 읽기 모드로 오픈한다.
> 파일을 쓰기 모드로 오픈한다.
> 작업 완료

2.3.2 os 모듈과 예외 처리

다운받은 파일을 새로운 폴더에 저장하거나, 파일을 복사하는 등의 작업을 수행하려면 os 내장 모듈을 사용하여야 합니다. 이번 예제에서는 아래 그림처럼 os 모듈을 이용하여 하드 디스크의 D 드라이브에 'hello'라는 이름의 폴더를 만들고 그 안에 'somefolder01~somefolder10'라는 이름의 폴더 10개를 만들어보겠습니다.

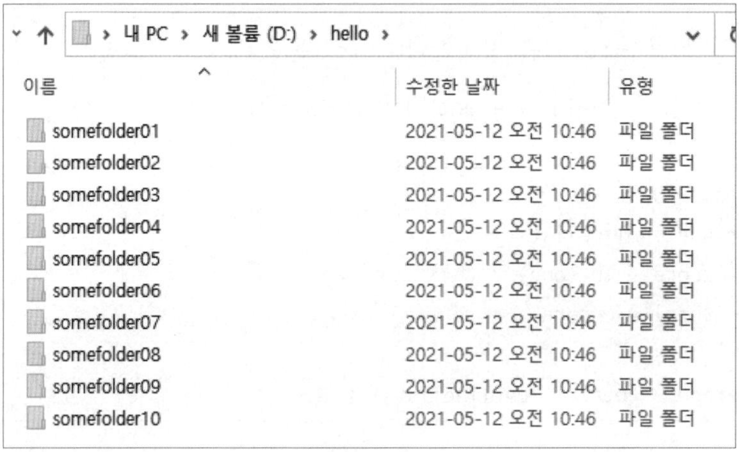

다음은 os 모듈에서 사용할 메소드 목록입니다.

속성/함수	설명
os.mkdir(폴더)	새로운 디렉터리(directory)를 생성합니다. mkdir는 make directory를 의미합니다.
os.path. join(str1, str2)	str1과 str2의 문자열을 연결하여 운영체제 상의 파일이나 폴더에 대한 전체 경로를 만들어줍니다.

우선 os 모듈을 import합니다. D 드라이브에 폴더를 만들기 위해 변수 newpath를 생성하고, 'hello'라는 값을 지정합니다.

code: osModule01.py

```
01   import os
02
03   myfolder = 'd:\\'
04   newpath = os.path.join(myfolder, 'hello')
```

예외란 키보드/파일/네트워크/데이터베이스 등에서 작업을 수행할 때 발생하는 오류를 의미합니다. 우리는 지금 새로운 폴더를 생성하고자 합니다. 이때 생성하고자 하는 디렉터리가 이미 존재한다면 FileExistsError라는 예외를 발생시킵니다. 따라서 이것에 대한 예외 처리를 수행해야 합니다. 파이썬에서 예외 처리는 try~except 문으로 가능합니다.

try : 예외 발생 가능성이 있는 소스 코드

except FileExistsError :
　예외가 발생 시 처리할 내용

finally : 예외 발생 여부에 상관 없이 항상 실행될 내용

try~except 문을 이용한 예외 처리

반복문을 사용하여 폴더 이름을 만듭니다. 폴더 이름의 마지막에 두 자리 숫자 유형을 만들어 내기 위하여 zfill(2) 함수를 사용합니다.

```
06  try :
07      os.mkdir(path=newpath)
08
09      for idx in range(1, 11) :
10          newfile = os.path.join(newpath, 'somefolder' + str(idx).
    zfill(2))
11          os.mkdir(path=newfile)
12
13  except FileExistsError :
14      print('디렉터리가 이미 존재합니다.')
15
16  print('finished')
```

📋 **실행 결과**
finished

요점정리

- 파일 입출력을 하기 위해서는 **open() 함수**를 사용합니다.
- 파일 입출력이 완료된 파일은 **close() 함수**를 사용하여 종료해야 합니다.
- 파일을 읽거나 쓰는 작업을 수행하려면 **read()**, **readline()**, **readlines()**, **write()**, **writelines()** 등의 함수를 사용합니다.
- **os 모듈**은 파일을 복사하거나 디렉터리를 생성하고 특정 디렉터리 내의 파일 목록을 구할 때 사용합니다.
- **예외(Exception)**란 키보드/파일/네트워크/데이터베이스 등의 처리 작업을 수행할 때 발생하는 오류입니다.

연습문제

01 학생들의 시험 점수와 성별 정보를 가지고 있는 sample03.txt 파일을 이용하여
다음과 형식으로 작성해주는 프로그램을 만들어보세요. 저장되는 파일의 이름은
result03.txt입니다.

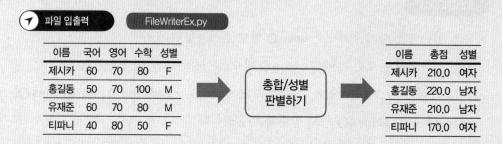

02 sample04.txt 파일을 읽어온 후 아이디만 추출하여 화면에 출력하는 프로그램
을 작성해 보세요. 아이디의 판단 근거는 각 라인에 (아이디)로 시작하는 항목들
을 의미합니다.

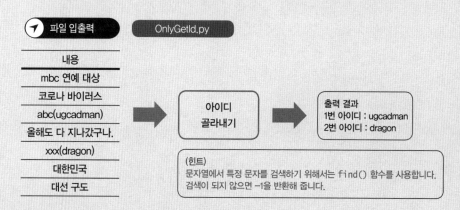

2.4 프로젝트 : 미성년자 체크 프로그램 만들기

이름과 나이 정보가 기록된 sample02.txt 파일이 있습니다. 이 파일을 이용하여 미
성년자 여부를 체크하는 프로그램을 작성해 보겠습니다.

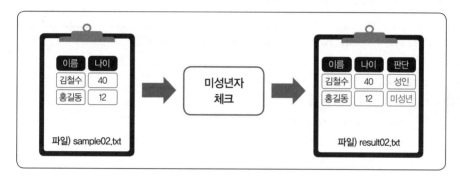

예제의 파일 입출력 과정

이름과 나이 정보가 있는 텍스트 파일을 읽기 모드로 오픈합니다. linelists 변수에
는 readlines() 함수를 사용하여 모든 데이터를 리스트 형식으로 저장합니다. 읽어
들인 파일 객체 myfile01는 더 이상 사용되지 않으므로, close() 함수를 사용하여
종료합니다.

code: readerWriter02.py

```
01   myfile01 = open('sample02.txt', 'rt', encoding='UTF-8')
02   linelists = myfile01.readlines()
03   myfile01.close()
```

이번에는 데이터를 저장할 파일 객체 **myfile2**를 생성합니다. 반복문을 사용하여 **split(',')** 함수를 사용하여 데이터를 분리합니다. 2번째 열 정보가 나이를 의미하므로, 19세 이상인지 아닌지를 판단하여 '성인'인지 '미성년'인지 분기 처리합니다. 그리고 결과 내용을 슬래시(/)를 사용하여 문자열을 결합합니다. 최종 결과를 **myfile2** 객체에 저장한 후, **close()** 함수를 사용하여 파일을 종료합니다.

```
05   myfile2 = open('result02.txt', 'wt', encoding='UTF-8')
06
07   total = 0 # 총점
08   for one in linelists :
09       mylist = one.split(',')
10       if (int)(mylist[1]) >= 19 :
11           adult = '성인'
12       else:
13           adult = '미성년'
14       text = mylist[0] + '/' + mylist[1].strip() + '/' + adult
15       myfile2.write(text + '\n')
16
17   myfile2.close()
```

Data Analysis

CHAPTER

3

데이터 분석을 위한
라이브러리

CHAPTER 3 데이터 분석을 위한 라이브러리

넘파이는 배열을 이용해 고성능의 수치 계산을 위한 라이브러리이며, 판다스는 데이터 분석과 조작을 위한 라이브러리입니다. 둘 다 오픈소스이고, 빠르며 강력하고, 사용하기 쉬운 패키지이며, 고수준의 자료구조와 파이썬을 통해 빠르고 쉽게 데이터 분석을 하기 위한 여러 가지 도구들을 포함하고 있습니다. 파이썬을 강력하고 생산적인 데이터 분석 환경으로 만드는 데 필요하며, 넘파이를 기반으로 개발이 되어 넘파이를 사용하는 애플리케이션에서 쉽게 사용 가능합니다.

3.1 넘파이를 이용한 배열

파이썬의 자료구조 중에서 리스트(list) 자료구조는 여러 분야에서 다양하게 많이 사용되는 자료구조입니다. 하지만 데이터 분석이나 금융 분야에서는 더 빠른 연산이 가능한 자료구조가 필요한데 이때 사용되는 대표적인 것이 바로 배열(array) 자료구조입니다. 이 배열을 편리하고 효율적으로 다룰 수 있도록 만든 클래스가 바로 넘파이입니다.

3.1.1 넘파이 개요

넘파이(NumPy)는 Numerical Python의 줄임말로서, 주로 데이터 처리와 수치 계산에 사용되는 라이브러리입니다.

> ### ● 넘파이의 주요 기능
>
> - 고성능의 수치 계산과 수치 해석
> - 통계, 선형대수, 행렬 계산
> - 벡터, 다차원 배열 연산
> - 난수 생성, 푸리에 변환 기능 지원

넘파이의 핵심적인 기능은 다차원 배열인 ndarray입니다. ndarray에서 n은 정수를 의미하고, d는 dimension의 줄임말로서 n차원의 배열 객체를 의미합니다. 같은 종류의 데이터를 담을 수 있는 포괄적인 다차원 배열을 의미합니다.

> ### ● 넘파이의 특징
>
> - 리스트보다 처리속도가 훨씬 빠릅니다.
> - 파이썬에서 일반적으로 사용하는 배열은 다른 자료형의 값으로도 구성될 수 있지만 넘파이에서 사용하는 배열은 같은 자료형을 가지는 값들이 격자판 형태로 구성됩니다.
> - 배열이 생성될 때 자료형을 스스로 추측합니다. 하지만 특정 자료형을 지정할 수도 있습니다.

넘파이에서 제공하는 자료형

넘파이가 지원하는 자료형 목록은 다음과 같은 항목들이 존재합니다. 아주 정교한 프로그램을 작성할 때는 자료형을 고려해야겠지만, 일반적인 테스트 코딩을 위해서는 자료형에 너무 신경쓰지 않아도 됩니다.

구분	Type	Type Code	Example
정수형	int8	i1	부호 있는 8비트(1바이트) 정수형
	int16	i2	부호 있는 16비트(2바이트) 정수형
	int32	i4	부호 있는 32비트(4바이트) 정수형
	int64	i8	부호 있는 64비트(8바이트) 정수형
부호 없는 정수형 (양수)	uint8	u1	부호 없는 8비트(1바이트) 정수형
	uint16	u2	부호 없는 16비트(2바이트) 정수형
	uint32	u4	부호 없는 32비트(4바이트) 정수형
	uint64	u8	부호 없는 64비트(8바이트) 정수형
부동소수점형	float16	f2	16비트(2바이트) 실수형, 반정밀도 부동소수점
	float32	f4 또는 f	32비트(4바이트) 실수형, 단정밀도 부동소수점, C언어의 float와 호환
	float64	f8 또는 d	64비트(8바이트) 실수형, 배정밀도 부동소수점, C언어의 double 과 호환, 파이썬의 float 객체와 호환

※ 좀 더 세부적인 것을 보려면 페이지 하단의 웹페이지[1]를 참조하세요.

넘파이를 사용하기 위해서는 다음 라이브러리를 설치하도록 합니다.

● 넘파이 라이브러리 설치 명령어

```
pip install numpy
```

3.1.2 배열 생성 관련 함수

리스트의 중첩이 아니더라도 넘파이는 배열을 만들기 위한 다양한 함수를 제공합니다. 다음은 넘파이에서 배열 생성을 위한 주요 함수들입니다.

---

1) https://docs.scipy.org/doc/numpy/user/basics.types.html

항목	설명
array(object, dtype))	• 입력 데이터(리스트, 튜플, 배열, 순차형 데이터 등)를 이용하여 배열을 생성합니다. • dtype 옵션을 이용하여 데이터의 타입을 지정할 수 있습니다.
arange([start,]stop, [step,]dtype=None)	range() 함수와 유사하지만 리스트 대신 ndarray를 반환합니다.
ones(row, col)	row 행 col 열의 배열의 값을 모두 1로 초기화시킵니다.
zeros(shape, dtype, order)	요소의 모든 내용이 0인 배열을 생성합니다. ※ 예를 들어 np.zeros(3))은 0이 3개 들어 있는 배열을 생성해준다는 의미이고, np.zeros((3, 6))은 0이 3행 6열만큼 들어 있는 배열을 생성한다는 의미입니다.

배열 생성하기

넘파이에서 배열을 생성하는 방법은 다양한 방법들이 존재합니다. 이번 실습에서는 넘파이가 제공하는 여러 가지 방법으로 배열을 만들어보겠습니다.

넘파이를 사용하려면 import 문을 이용하면 됩니다. as np에서 np는 별칭입니다. 일반적으로 np라는 별칭을 사용하여 코딩합니다. np.zeros(3) 함수는 0이 3개 들어 있는 배열을 생성하는 구문이고, zeros((2,2))는 모든 요소가 0을 가지는 2행 2열의 배열을 생성하는 구문입니다. ones() 함수는 요소의 값이 모두 1인 배열을 만들어 줍니다.

np.zeros(3)			np.zeros((2, 2))		np.ones((3, 2))	
0	0	0	0	0	1	1
			0	0	1	1
					1	1

다음 코드를 실행했을 때 배열의 생성 과정

code: makeArray.py

```
01  import numpy as np
02
03  print(np.zeros(3)) # 0이 3개 들어 있는 배열 생성
04
05  print('\n# zeros((2,2)) : 요소의 값이 모두 0인 2 * 2의 배열 생성')
06  arrZeros = np.zeros((2, 2))
07  print(arrZeros)
08
09  print('\n# ones((3, 2)) : 요소의 값이 모두 1인 3 * 2의 배열 생성')
10  array2 = np.ones((3, 2))
11  print(array2)
```

실행 결과

```
[0. 0. 0.]
# zeros((2,2)) : 요소의 값이 모두 0인 2 * 2의 배열 생성
[[0. 0.]
 [0. 0.]]
# ones((3, 2)) : 요소의 값이 모두 1인 3 * 2의 배열 생성
[[1. 1.]
 [1. 1.]
 [1. 1.]]
```

3.1.3 배열 조작 관련 함수

배열 조작이란 특정 배열에 대하여 형상을 변경하거나 정렬 등 배열을 변경시키는 것을 말합니다. 관련 함수에는 아래와 같은 것들이 있습니다.

함수의 종류	설명
np.repeat(su, rep_cnt)	su를 rep_cnt만큼 반복합니다.
np.concatenate((array1, array2))	배열 array1과 배열 array2를 병합합니다.
np.reshape(array3, [a, b])	배열 array3의 형상을 a행 b열로 변경합니다.
np.transpose(array4)	배열 array4를 전치(행과 열을 바꿈)시킵니다.

형상 변경 및 행렬 연산

형상 변경이란 행렬에서 행과 열의 개수를 변경하는 것을 말합니다. 예를 들어 다음
과 같이 요소가 4개인 행렬을 2행 2열의 행렬로 변경할 수 있습니다.

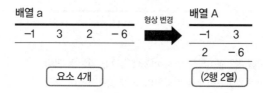

요소가 4개인 행렬을 2행 2열의 행렬로 형상 변경

특정 행렬에 대한 행렬 연산은 다음과 같이 실행됩니다.

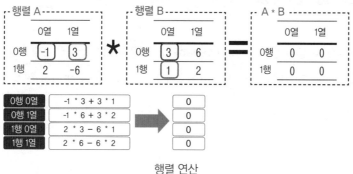

행렬 연산

다음의 요구사항대로 예제를 살펴보겠습니다.

● **요구사항**

다음과 같은 배열이 있다.
a = [-1, 3, 2, -6]
b = [3, 6, 1, 2]

① 배열 a의 형상(shape)을 2*2 형식으로 변경하여 배열 A를 만들어 본다.
② 배열 b의 형상(shape)을 2*2 형식으로 변경하여 배열 B를 만들어 본다.
③ A와 B에 대하여 다음 문제를 풀어 보자.
    ③-㉠ A*B
    ③-㉡ B*A
④-㉠ b를 전치(즉, 행과 열을 바꿈)시켜 b2 배열을 만들어보자.
④-㉡ a와 b2의 행렬 연산을 수행해 보자.

먼저 배열 a와 b를 정의합니다. np.reshape(a, [2, 2]) 구문은 2행 2열 형식으로 형상을 변경하라는 코드입니다. reshape() 함수를 이용하여 각 행렬을 형상 변경합니다.

code: numpyEx02.py

```
01  import numpy as np
02
03  a = np.array([-1, 3, 2, -6])
04  b = np.array([3, 6, 1, 2])
05  A = np.reshape(a, [2, 2])
06  B = np.reshape(b, [2, 2])
07
08  print('\n배열 A')
09  print(A)
10
11  print('\n배열 B')
12  print(B)
```

📋 **실행 결과**

행렬 A
[[-1 3]
 [2 -6]]

행렬 B
[[3 6]
 [1 2]]

행렬 A와 B에 대하여 행렬 연산 AB, BA를 수행해 봅니다. 배열 A와 배열 B를 행렬 연산을 하려면 matmul() 함수를 사용하면 됩니다. 이전 학생 시절에 배웠던 방법입니다. 두 결과는 값이 다르게 출력되는 데, 이것을 '교환 방식이 성립하지 않는다.'라고 합니다.

행렬 연산에 있어서 교환 법칙은 성립하지 않습니다.

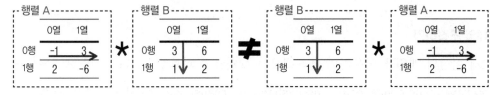

행렬 연산과 교환 법칙의 관계

```
14  result3_1 = np.matmul(A, B)
15  result3_2 = np.matmul(B, A)
16
17  print('행렬 result3_1')
18  print(result3_1)
19
20  print('행렬 result3_2')
21  print(result3_2)
```

실행 결과
```
행렬 result3_1
[[0 0]
 [0 0]]

행렬 result3_2
[[  9 -27]
 [  3  -9]]
```

배열 a와 b를 1행 4열로 형상 변경합니다. 배열 b에 대한 전치를 구합니다.

```
23  b = np.reshape(b, [1, 4])
24  a = np.reshape(a, [1, 4])
25  b2 = np.transpose(b)
26  print(b2)
```

실행 결과
```
[[3]
 [6]
 [1]
 [2]]
```

배열 a와 배열 b2에 대한 연산을 수행합니다. 배열 a는 1행 4열이고, 배열 b2은 4행 1열이므로 결과는 1행 1열의 데이터가 도출됩니다.

```
28   result = np.matmul(a, b2)
29   print(result)
```

📋 **실행 결과**
```
[[5]]
```

배열 조작하기

2개 이상의 배열을 이용하여 조작해보는 예제를 살펴보겠습니다. 이번 예제에서는 np.repeat, np.concatenate, np.reshape, np.transpose 함수에 대해 알아보겠습니다. np.repeat 함수는 특정 값을 여러 번 반복해서 보여주고자 할 때 사용합니다. 예제에서는 숫자 2를 5번 반복하여 배열을 만들어 줍니다.

```
su1 = 2
rep_cnt = 5
result = np.repeat(su1, rep_cnt)
숫자 su1를 rep_cnt번 반복해 주세요.
```
2	2	2	2	2

code: arrayManipulation.py

```
01   import numpy as np
02
03   print('\nnp.repeat 함수는 su를 rep_cnt만큼 반복한다.')
04   su1 = 2
05   rep_cnt = 5
06   result = np.repeat(su1, rep_cnt)
07   print(type(result))
08   print(result)
```

📋 **실행 결과**
```
np.repeat 함수는 su를 rep_cnt만큼 반복한다.
<class 'numpy.ndarray'>
[2 2 2 2 2]
```

다음 실습을 위한 배열 2개를 생성합니다.

```
10   array1 = np.array([1, 2])
11   array2 = np.array([3, 4])
12   print('\n1번 배열')
13   print(array1)
14
15   print('\n2번 배열')
16   print(array2)
```

📄 **실행 결과**
```
1번 배열
[1 2]

2번 배열
[3 4]
```

concatenate() 함수는 배열들을 합쳐 주는 역할을 합니다.

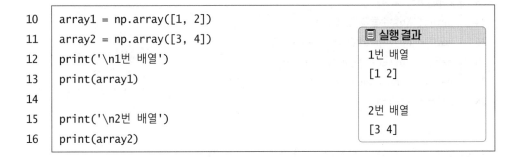

```
18   print('\nnp.concatenate 함수는 배열들을 합쳐 준다.')
19   result = np.concatenate((array1, array2))
20   print(result)
```

📄 **실행 결과**
```
np.concatenate 함수는 배열들을 합쳐 준다.
[1 2 3 4]
```

함수들은 중첩이 가능합니다. np.repeat 함수를 이용하여 만들어진 배열 abcd와
defg를 np.concatenate 함수를 이용하여 합쳐 줍니다.

```
22   su2 = 3
23   rep_cnt2 = 4
24   print('\n함수들의 중첩.')
25   abcd = np.repeat(su1, rep_cnt)
26   defg = np.repeat(su2, rep_cnt2)
27   result = np.concatenate((abcd, defg))
28   print(result)
```

실행 결과
```
함수들의 중첩.
[2 2 2 2 2 3 3 3 3]
```

reshape 함수는 배열의 형상을 변경해주는 함수입니다.

```
30   array3 = np.array([1, 2, 3, 4, 5, 6])
31   print('\nreshape 함수는 형상을 변경해준다.')
32
33   print('2행 3열')
34   result = np.reshape(array3, [2, 3])
35   print(result)
36
37   print('\n3행 2열')
38   result = np.reshape(array3, [3, 2])
39   print(result)
```

실행 결과
```
reshape 함수는 형상을 변경해준다.
2행 3열
[[1 2 3]
 [4 5 6]]

3행 2열
[[1 2]
 [3 4]
 [5 6]]
```

2차원 배열을 정의합니다.

```
41   array4 = np.array([[3, 6, 2], [4, 1, 5]])
42   print('\n4번 배열')
43   print(array4)
```

실행 결과
```
4번 배열
[[3 6 2]
 [4 1 5]]
```

array4 배열에 대한 전치 결과를 출력합니다.

array4 = np.array([[3, 6, 2], [4, 1, 5]])

| 3 | 6 | 2 |
| 4 | 1 | 5 |

전치

result = np.transpose(array4)

3	4
6	1
2	5

📋 실행 결과

전치된 배열

[[3 4]
 [6 1]
 [2 5]]

```
45   print('\n전치된 배열')
46   result = np.transpose(array4)
47   print(result)
```

3.1.4 유니버설 함수

유니버설 함수(universal functions, ufuncs)란 넘파이에서 제공하는 함수 중 하나로, 데이터의 원소별로 연산을 수행해주는 함수입니다. 고속으로 처리할 수 있도록 자주 사용되는 함수들이 내부적으로 미리 만들어져 있습니다. 단항 유니버설 함수는 간단한 함수를 전체 원소에 빠르게 적용하는 함수이며, 다항 유니버설 함수는 여러 인자를 취합하여 단일 배열로 반환하는 함수입니다.

항목	설명
np.abs(), np.fabs()	각 원소의 절댓값(정수, 실수, 복소수)을 구합니다. 복소수가 아닌 경우 빠른 연산을 위하여 **fabs**를 사용하는 것이 좋습니다.
np.sqrt(배열)	각 원소의 제곱근을 계산한다. 즉, **arr**0.5**와 결과가 같습니다.
np.round(a, decimals)	소수점 이하를 반올림합니다.
np.square()	각 원소의 제곱을 계산합니다. 즉, **arr**2**와 결과가 같습니다.
np.exp()	각 원소마다 밑(base)이 자연상수 e인 지수함수 변환하여 e의 x승을 계산해주는 역할로, 파이썬에서는 **e**x**로 표기합니다.
log(), log10(), log2(), log1p()	각각 자연 로그, 로그 10, 로그 2, 로그(1+x)에 해당합니다.
np.sign()	양수일 경우 1, 0일 경우 0, 음수일 경우 -1을 반환합니다.
np.ceil()	각 원소의 소수점 이하 자리를 올림합니다.
np.floor()	각 원소의 소수점 이하 자리를 버림합니다.
np.rint()	각 원소의 소수점 이하 자리를 반올림합니다.
np.modf()	각 원소의 몫과 나머지를 각각의 배열로 반환합니다.
np.isnan()	각 원소가 숫자인지 아닌지를 나타내는 불(boolean) 배열을 반환합니다. 즉, True, False 두 값으로만 반환합니다.
np.isfinite(), np.isinf()	배열의 각 원소가 유한한지, 무한한지를 나타내는 불 배열을 반환합니다.
cos(), cosh(), sin(), sinh(), tan(), tanh()	일반 삼각 함수와 쌍곡선 함수입니다.
arccos(), arccosh(), arcsin(), arcsinh(), arctan(), arctanh()	역 삼각 함수입니다.
logical_not()	각 원소의 논리 부정(not) 값을 계산합니다.

유니버설 함수(산술 연산, 루트)

다음 예제에서는 유니버설 함수를 이용하여 여러 가지 방식으로 배열에 대한 정보를 출력해 봅니다. 소스 코드에 대한 별도의 설명은 생략하겠습니다.

code: universalFunc.py

```python
01  import numpy as np
02
03  # rint : round와 비슷한 함수
04  # trunc : floor와 비슷한 함수
05
06  # 유니버설 함수 사용하기
07  array = np.array([1.57, 2.48, 3.93, 4.33])
08  print('\n배열 출력하기')
09  print(array)
10
11  print('\nnp.ceil() 함수는 소수 자리를 올림한다')
12  result = np.ceil(array)
13  print(result)
14
15  print('\nnp.floor() 함수는 소수 자리를 버림한다.')
16  result = np.floor(array)
17  print(result)
18
19  print('\nnp.round() 함수는 소수 자리를 반올림한다.')
20  result = np.round(array)
21  print(result)
22
23  print('\n소수점 1자리에서 반올림.')
24  result = np.round(array, 1)
25  print(result)
26
27  print('\n루트 씌우기.')
28  result = np.sqrt(array)
29  print(result)
30
31  arr = np.arange(10)
32  print(arr)
33  print()
```

```
34
35   print('\nexp함수 적용.')
36   result = np.exp(arr)
37   print(result)
38
39   x = [5, 4]
40   y = [6, 3]
41
42   # 두 원소 중에서 큰 값을 반환한다.
43   print('.maximum(x, y)')
44   result = np.maximum(x, y)
45   print(result)
46
47   print('-' * 30)
48
49   array1 = np.array([-1.1, 2.2, 3.3, 4.4])
50   print('\n배열 출력하기1')
51   print(array1)
52
53   array2 = np.array([1.1, 2.2, 3.3, 4.4])
54   print('\n배열 출력하기2')
55   print(array2)
56
57   print('\n절댓값 구하기.')
58   result = np.abs(array1)
59   print(result)
60
61   print('\n배열 요소들의 값 합치기.')
62   result = np.sum(array1)
63   print(result)
64
65   print('\n배열 요소들의 값 비교하기.')
66   result = np.equal(array1, array2)
67   print(result)
```

```
68
69   print('\nnp.sum과 np.equal을 동시에 사용하기')
70   print('True는 1로 False는 0으로 카운트된다.')
71   result = np.sum(np.equal(array1, array2))
72   print(result)
73
74   print('\n평균 구하기.')
75   result = np.mean(array2)
76   print(result)
77
78   # 배열 연산의 기본적인 수학 함수
79   arrX = np.array([[1,2],[3,4]], dtype=np.float64)
80   arrY = np.array([[5,6],[7,8]], dtype=np.float64)
81
82   print('\n요소별 더하기')
83   print(arrX + arrY)
84   print(np.add(arrX, arrY))
85
86   print('\n요소별 빼기')
87   print(arrX - arrY)
88   print(np.subtract(arrX, arrY))
89
90   print('\n요소별 곱하기')
91   print(arrX * arrY)
92   print(np.multiply(arrX, arrY))
93
94   print('\n요소별 나누기')
95   print(arrX / arrY)
96   print(np.divide(arrX, arrY))
97
98   print('\n요소별 제곱근; 다음의 배열을 만듭니다')
99   # [[ 1. 1.41421356][ 1.73205081  2. ]]
100  print(np.sqrt(arrX))
```

📋 실행 결과

배열 출력하기
[1.57 2.48 3.93 4.33]

np.ceil() 함수는 소수 자리를 올림한다
[2. 3. 4. 5.]

np.floor() 함수는 소수 자리를 버림한다.
[1. 2. 3. 4.]

np.round() 함수는 소수 자리를 반올림한다.
[2. 2. 4. 4.]

소수점 1자리에서 반올림.
[1.6 2.5 3.9 4.3]

루트 씌우기.
[1.25299641 1.57480157 1.98242276 2.0808652]
[0 1 2 3 4 5 6 7 8 9]

exp 함수 적용.
[1.00000000e+00 2.71828183e+00 7.38905610e+00
2.00855369e+01
 5.45981500e+01 1.48413159e+02 4.03428793e+02
1.09663316e+03
 2.98095799e+03 8.10308393e+03]

np.maximum(x, y)
[6 4]

배열 출력하기 1
[-1.1 2.2 3.3 4.4]

배열 출력하기 2
[1.1 2.2 3.3 4.4]

절대값 구하기.
[1.1 2.2 3.3 4.4]

배열 요소들의 값 합치기.
8.8

배열 요소들의 값 비교하기.
[False True True True]

np.sum과 np.equal을 동시에 사용하기
True는 1로 False는 0으로 카운트된다.
3

평균 구하기.
2.75

요소별 더하기
[[6. 8.]
 [10. 12.]]
[[6. 8.]
 [10. 12.]]

요소별 빼기
[[-4. -4.]
 [-4. -4.]]
[[-4. -4.]
 [-4. -4.]]

요소별 곱하기
[[5. 12.]
 [21. 32.]]
[[5. 12.]
 [21. 32.]]

요소별 나누기
[[0.2   0.33333333]
 [0.42857143 0.5   ]]
[[0.2   0.33333333]
 [0.42857143 0.5   ]]

요소별 제곱근; 다음의 배열을 만듭니다
[[1.   1.41421356]
 [1.73205081 2.   ]]

요점정리

- 넘파이는 파이썬에서 배열을 처리하기 위하여 만들어 놓은 라이브러리입니다.
- 배열을 생성해주는 함수는 **array()**, **arange()**, **ones()**, **zeros()** 등이 있습니다.
- 배열을 조작할 수 있는 함수는 **repeat()**, **concatenate()**, **reshape()**, **transpose()** 등이 있습니다.
- **유니버설 함수**는 넘파이에서 제공하는 함수 중 하나로, 데이터의 원소별로 연산을 수행해주는 함수입니다. 고속으로 처리할 수 있도록 많이 사용되는 함수들이 내부적으로 미리 만들어져 있습니다.
- **단항 유니버설 함수**는 간단한 함수를 전체 원소에 빠르게 적용하는 함수입니다.

연습문제

01 다음은 배열을 생성해주는 함수 목록을 정리한 것입니다. 어떤 함수에 대한 설명인지 빈칸을 채워 넣으세요.

항목	설명
( )	입력 데이터(리스트, 튜플, 배열, 순차형 데이터 등)를 이용하여 배열을 생성합니다.
( )	range() 함수와 유사하지만, 리스트 대신 ndarray를 반환합니다.
( )	요소의 모든 내용을 모두 1로 초기화시킵니다.
( )	요소의 모든 내용이 0인 배열을 생성합니다.

02 다음은 배열을 조작해주는 함수 목록을 정리한 것입니다. 각 함수에 대한 설명으로 빈칸을 채워 넣으세요.

항목	설명
`np.repeat(su, rep_cnt)`	( )
`np.concatenate((array1, array2))`	( )
`np.reshape(array3, [a, b])`	( )
`np.transpose(array4)`	( )

03 배열 생성 함수를 사용하여 다음과 같은 배열을 생성해 보세요.

```
[1. 1. 1. 1.]          [[0. 0. 0.]          [[1. 1. 1.]
                        [0. 0. 0.]]          [1. 1. 1.]
                                             [1. 1. 1.]]
```

04 다음과 같이 행렬을 생성하고, 연산 결과를 출력하는 프로그램을 작성해 보세요.

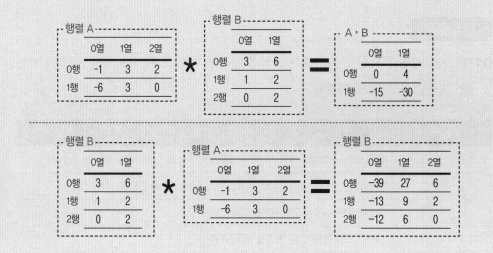

3.2 판다스 기초

이번 절에서는 판다스의 개요와 함께 가장 중요한 자료형인 시리즈와 데이터프레임
에 대하여 간략히 살펴보겠습니다.

3.2.1 판다스 개요

본격적으로 판다스를 다루기 전에 주요한 기능과 사용 가능한 적합 분야에 대하여 우
선 살펴보겠습니다. 어느 분야에 어떠한 방식으로 사용 가능한지 살펴보면 앞으로의
학습에 도움이 될 것입니다. 판다스의 기능들은 일반 프로그래밍, 엑셀, 데이터베이
스에서 사용 가능한 기능들이 복합적으로 구성되어 있습니다.

● 판다스의 주요 기능

- 누락 데이터(NaN) 처리의 유연한 기능
- 가변적인 사이즈 조절 기능(데이터프레임을 사용한 고차원적인 열을 추가 · 삭제)
- 데이터의 집계 및 변환 기능
- 자동적이며 명확한 데이터 정렬 기능
- 다양한 형식의 데이터 입출력 기능
- 축(axes)의 다중 라벨링(labeling)
- 시계열 데이터 처리 기능
- 레이블 기반의 슬라이싱, 인덱싱, 부분 추출 기능
- 데이터셋에 대한 피봇팅과 유연한 형상 변경 기능

판다스는 다음과 같은 유형의 데이터에 적합하게 사용할 수 있습니다.

● 판다스에 적합한 데이터 유형

- 통계 데이터셋
- 시계열 형식의 데이터
- 데이터베이스 테이블이나 스프레드시트와 같이 여러 유형의 열(column)로 구성된 표 형식의 데이터

시리즈와 데이터프레임

판다스에서 가장 중요한 자료구조는 데이터프레임입니다. 데이터프레임은 2차원 형태의 자료구조로서, 엑셀과 유사한 개념으로 이해하셔도 좋습니다. 각 열(column)은 1차원 자료구조인 시리즈입니다. 시리즈는 의학, 인문학, 통계학, 자연 과학, 공학 등에 널리 사용되고 있습니다.

이름	설명
시리즈	축 방향으로 레이블(label)을 가지고 있는 1차원 배열로서, 동일한 자료구조를 저장하고 있습니다.
데이터프레임	판다스의 가장 중요한 자료구조입니다. 여러 유형의 데이터가 표 형태로 되어 있으며 사이즈 변경이 가능한 2차원 형식의 데이터 구조입니다.

판다스의 공용 자료형

차후 살펴볼 시리즈와 데이터프레임에서 자료형은 반복적으로 나오게 됩니다. 판다스에서 사용되는 자료형은 파이썬의 자료형과 조금 다릅니다. 예를 들어, 판다스에서 object 형은 파이썬에서 string입니다. 서로 다른 부분이 있으므로 유의해야 합니다.

판다스 자료형	파이썬 자료형	설명
object	string	문자열을 의미합니다.
int64	int	정수(integer)형 데이터를 의미합니다.
float64	float	실수형 데이터를 의미합니다.
category	-	• 용량과 속도 면에서 매우 효율적입니다. • 동일한 문자열이 반복되어 데이터를 구성하는 경우에 사용합니다. • 프로그래밍 언어인 R의 Factor 자료형과 동일한 개념입니다.
datetime64	datetime	파이썬 표준 라이브러리인 datetime이 반환하는 자료형입니다.

판다스와 관련된 라이브러리는 다음과 같이 설치하도록 합니다.

> ● 판다스 라이브러리 설치 명령어

```
pip install pandas
```

3.2.2 시리즈 (Series)

시리즈는 축 방향으로 label을 가지고 있는 1차원 형태의 배열 구조입니다. 레이블
은 숫자 형식 또는 문자열 형식의 인덱스 구조를 가지고 있습니다. 인덱스를 이용하
여 처리할 수 있는 다양한 메소드를 제공하고 있습니다. 다차원 배열로부터 오버라
이딩된 통계 관련 메소드들이 제공되고 있습니다. 통계 관련 메소드들은 누락 데이터
(NaN)를 제외하는 연산을 수행합니다.

시리즈 소개

다음은 '갑을' 식품의 지역별 컵라면 판매실적 정보입니다. 이 데이터를 이용하여 시
리즈를 만들어보겠습니다.

```
from pandas.core.series import Series

sdata = [10, 40, 30, 20]
city = ['서울', '부산', '울산', '목포']
myseries2 = Series(data=sdata, index=city)

myseries2.name = '테스트'  # 객체 자체 이름
myseries2.index.name = '지역'  # 색인 이름
print(myseries2)
```

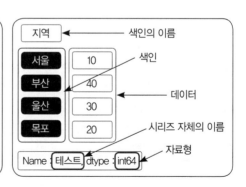

실습할 시리즈의 구조

실제 데이터에 대한 색인 정보가 보입니다. 예를 들어 값 10에 대한 색인은 '서울'이 됩
니다. 색인에 부여된 이름은 '지역'이고, 시리즈 자체에 부여된 이름은 '테스트'입니다.

시리즈 예제

시리즈를 여러 방식으로 생성하겠습니다. 가장 기본이 되는 항목이므로 잘 숙지해야 합니다. 우선 시리즈를 생성하기 위한 기본 문형은 다음과 같습니다. data 매개변수는 필수 사항으로 구현할 데이터를 명시합니다. index 매개변수는 색인의 이름을 지정할 때 사용합니다.

> ●● **시리즈의 사용 형식**
>
> ```
> Series(data=None, index=None, dtype=None, name=None, copy=False,
> fastpath=False)
> ```

case01 시리즈 내부에 리스트 자료구조를 대입하고 있습니다. 명시하지 않은 색인은 정수 값 0부터 매겨집니다. dtype은 데이터의 유형을 의미하는 데, 정수형(int64) 데이터입니다.

code: MakeSeries.py

```
01  from pandas import Series
02  import numpy as np
03
04  mylist = [10, 40, 30]
05  myindex = ['김유신', '이순신', '강감찬']
06
07  print('\n#케이스 01')
08  myseries = Series(mylist)
09  print(myseries)
```

📋 **실행 결과**

```
#케이스 01
0    10
1    40
2    30
dtype: int64
```

case02는 case01과 동일한 결과를 출력합니다. 매개변수 data를 명시적으로 작성했습니다. 이런 방식으로 매개변수의 이름을 명시적으로 작성해주는 습관을 들이는 것이 좋습니다.

```
11  print('\n#케이스 02')
12  myseries = Series(data=mylist)
13  print(myseries)
```

> 📋 **실행 결과**
> ```
> #케이스 02
> 0    10
> 1    40
> 2    30
> dtype: int64
> ```

case03은 색인에 대한 정보를 index 매개변수에 넣어주는 예제입니다. 가장 보편적으로 많이 사용하는 기법입니다.

```
15  print('\n#케이스 03')
16  myseries = Series(data=mylist, index=myindex)
17  print(myseries)
```

> 📋 **실행 결과**
> ```
> #케이스 03
> 김유신     10
> 이순신     40
> 강감찬     30
> dtype: int64
> ```

case04는 데이터의 유형을 지정하는 경우입니다. dtype 매개변수에 지정하고자 하는 데이터의 유형을 명시하면 되는데, 넘파이를 사용하면 됩니다.

```
19  print('\n#케이스 04')
20  myseries = Series(data=mylist, index=myindex, dtype=float)
21  print(myseries)
```

> 📋 **실행 결과**
> ```
> #케이스 04
> 김유신     10.0
> 이순신     40.0
> 강감찬     30.0
> dtype: float64
> ```

시리즈의 생성과 정보 확인해보기

이번 예제에서는 색인과 숫자 인덱스를 이용한 데이터의 읽기와 쓰기를 해보겠습니다. 시리즈의 정보를 읽거나 쓰는 방법은 다음과 같은 방법들이 존재합니다.

항목	설명
myseries.name	시리즈의 이름을 출력하거나 설정합니다.
myseries.index.name	시리즈의 색인 이름을 출력하거나 설정합니다.
myseries.index	색인의 정보를 출력하거나 설정합니다. 예) myseries.index = ['임꺽정', '김춘추', '윤봉길', '이봉창'] 　　# 색인 변경하기
values	시리즈 요소들의 값을 확인할 수 있습니다. 예) print(myseries.values) # [10 40 30 20]

data 매개변수에 mylist 리스트 자료형을, index 매개변수에 색인에 들어갈 값을 지정하여 시리즈를 생성합니다. 정확한 자료형을 확인하기 위하여 type() 함수를 이용하여 구조를 파악합니다.

code: SeriesTest01.py

```
01  from pandas import Series
02
03  mylist = [10, 40, 30, 20]
04  myseries = Series(data=mylist, index = ['강감찬', '이순신', '김유신', '광
    해군'])
05
06  print('\n# 자료형 확인')
07  print(type(myseries))
```

📋 실행 결과

```
# 자료형 확인
<class 'pandas.core.series.Series'>
```

시리즈의 색인 이름은 `myseries.index.name`으로 접근이 가능하고, 시리즈 객체 자신의 이름은 `myseries.name`으로 접근이 가능합니다.

```
09    myseries.index.name = '점수'
10    print('\n#시리즈의 색인 이름')
11    print(myseries.index.name)
12
13    myseries.name = '학생들 시험'
14    print('\n#시리즈의 이름')
15    print(myseries.name)
```

> **실행 결과**
> ```
> #시리즈의 색인 이름
> 점수
>
> #시리즈의 이름
> 학생들 시험
> ```

`index` 속성을 사용하여 색인을 확인해 봅니다. 색인의 이름은 `'점수'`이고, 자료형은 문자열입니다. 파이썬에서의 `str`은 판다스에서는 `object`형입니다. 그리고 시리즈의 값 확인은 `myseries.values` 속성을 사용합니다.

```
17    print('#색인 확인하기')
18    print(myseries.index)
19
20    print('#시리즈의 값 확인')
21    print(myseries.values)
```

> **실행 결과**
> ```
> #색인 확인하기
> Index(['강감찬', '이순신', '김유신', '광해군'], dtype='object', name='점수')
>
> #시리즈의 값 확인
> [10 40 30 20]
> ```

시리즈에 대한 정보를 출력하면, 색인의 이름과 자료형 및 값 정보를 확인할 수 있습니다.

```
23    print('\n#시리즈 정보 출력')
24    print(myseries)
```

📋 **실행 결과**

```
#시리즈 정보 출력
점수
강감찬      10
이순신      40
김유신      30
광해군      20
Name: 학생들 시험, dtype: int64
```

색인 객체는 반복이 가능한 객체이므로 for 문 사용이 가능하고, 인덱싱이 가능하므로, 다음과 같이 구현할 수 있습니다. 다음 구문은 myseries라는 시리즈를 반복하여, 색인 이름과 내용을 읽어 들입니다.

```
26    print('\n#반복하여 출력하기')
27    for idx in myseries.index:
28        print('색인 : ' + idx + ', 값 : ' + str(myseries[idx]))
```

📋 **실행 결과**

```
#반복하여 출력하기
색인 : 강감찬, 값 : 10
색인 : 이순신, 값 : 40
색인 : 김유신, 값 : 30
색인 : 광해군, 값 : 20
```

시리즈의 데이터 읽기와 쓰기

시리즈는 '색인'의 값으로 데이터를 읽을 수 있으며, 슬라이싱(slicing)도 사용 가능합니다. 또한, 정수형 index를 이용하여 데이터를 조회할 수 있습니다. 이번 예제에서는 '색인' 또는 숫자형 index를 이용하여 데이터를 읽어 오거나, 쓰는 기능을 살펴보도록 합니다.

다음은 이번 예제에서 사용된 문법들에 대한 설명입니다.

항목	설명
myseries[['마포구']]	'마포구'라는 색인 정보를 읽습니다.
myseries['마포구':'영등포구']	라벨 이름으로 슬라이싱하는 것은 시작점과 끝점을 모두 포함시킵니다. 즉, '마포구' 색인부터 '영등포구' 색인까지 조회합니다.
myseries[['마포구', '광진구']]	서로 떨어져 있는 이산형 데이터는 콤마를 사용하면 가능합니다. 즉, '마포구'와 '광진구' 색인을 조회합니다.
myseries[[2]]	2번째 색인(위에서 3번째 행을 의미)의 값을 읽어 옵니다.
myseries[0:5:2]	슬라이싱을 이용하여 0, 2, 4번째 데이터를 읽어 옵니다.
myseries[[1, 3, 5]]	서로 떨어져 있는 1, 3, 5번째 데이터를 읽어 옵니다.
myseries[3:6]	슬라이싱을 이용하여 3~5번째 데이터를 읽어 옵니다.
myseries[2] = 22	2번째 항목의 값을 변경합니다.
myseries[2:5] = 33	2번째부터 4번째까지 항목의 값을 변경합니다.
myseries[['용산구', '마포구']] = 55	'용산구'과 '마포구'만 55로 변경합니다.
myseries[0::2] = 77	짝수 행만 77로 변경합니다.

색인을 위한 리스트 myindex와 실제 값을 위한 리스트 mylist를 이용하여 시리즈를 만듭니다. 해당 시리즈를 출력합니다.

code: seriesReaderWriter10.py

```
01  from pandas import Series
02
03  myindex = ['용산구', '마포구', '영등포구', '서대문구', '광진구', '은평구', '서초구']
04  mylist = [50, 60, 40, 80, 70, 30, 20]
05  myseries = Series(data=mylist, index=myindex)
06  print(myseries)
```

目 **실행 결과**

```
용산구      50
마포구      60
영등포구     40
서대문구     80
광진구      70
은평구      30
서초구      20
dtype: int64
```

'서대문구' 색인을 조회합니다. 검색 시 콜론을 사용하면 연속적인 데이터를 검색할 수 있습니다. 숫자형과는 다르게 시작과 끝 양쪽을 모두 포함하는 데이터를 검색합니다. 예제에서 '서대문구':'은평구'라고 명시하면 '서대문구'도 포함되고, '은평구'도 포함시켜 검색을 합니다.

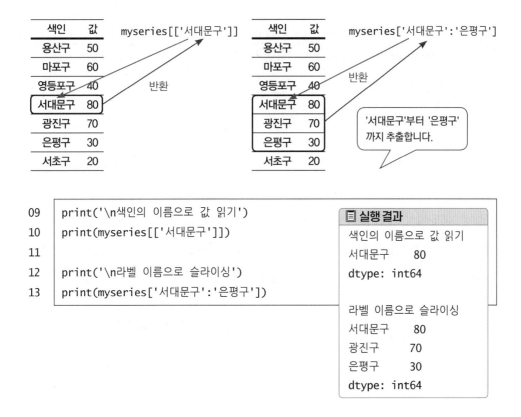

```
09    print('\n색인의 이름으로 값 읽기')
10    print(myseries[['서대문구']])
11
12    print('\n라벨 이름으로 슬라이싱')
13    print(myseries['서대문구':'은평구'])
```

📋 **실행 결과**

```
색인의 이름으로 값 읽기
서대문구     80
dtype: int64

라벨 이름으로 슬라이싱
서대문구     80
광진구      70
은평구      30
dtype: int64
```

서로 떨어져 있는 이산형 데이터(discrete data)는 콤마를 사용하면 검색할 수 있습니
다. 예제에서는 '서대문구'와 '서초구' 색인을 추출하고 있습니다.

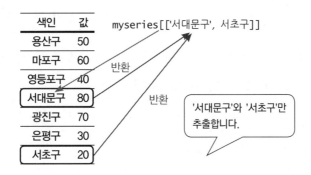

```
17    print('\n여러 개의 색인 이름으로 데이터 읽기')
18    print(myseries[['서대문구', '서초구']])
```

📋 **실행 결과**
```
여러 개의 색인 이름으로 데이터 읽기
서대문구    80
서초구      20
dtype: int64
```

색인은 내부에서 정수 값으로 처리가 됩니다. 따라서 myseries[[2]]라고 표현하면 2
번째 요소의 색인을 추출하게 됩니다. 슬라이싱도 사용할 수 있는데 myseries[0:5:2]
는 0부터 5 이전까지 2칸씩 건너뛰면서 데이터를 추출합니다.

```
20    print('\n정수를 이용한 데이터 읽기')
21    print(myseries[[2]])
22
23    print('\n0, 2, 4번째 데이터 읽기')
24    print(myseries[0:5:2])
```

📋 **실행 결과**
```
정수를 이용한 데이터 읽기
영등포구    40
dtype: int64


0, 2, 4번째 데이터 읽기
용산구      50
영등포구    40
광진구      70
dtype: int64
```

콤마를 사용하여 서로 떨어져 있는 이산형 데이터 목록을 가져올 수 있습니다. 슬라
이싱도 동일한 개념으로 접근할 수 있습니다.

```
26    print('\n1, 3, 5번째 데이터 읽기')
27    print(myseries[[1, 3, 5]])
28
29    print('\n슬라이싱 사용하기')
30    print(myseries[3:6]) # from <= 결과 < to 1, 3, 5번째 데이터 읽기
```

```
📋 실행 결과
1, 3, 5번째 데이터 읽기
마포구       60
서대문구      80
은평구       30
dtype: int64

슬라이싱 사용하기
서대문구      80
광진구       70
은평구       30
dtype: int64
```

시리즈 내의 값을 변경하려면 시리즈를 할당 연산자 =의 왼편에 두고, 오른편에 치환할 값을 입력하면 됩니다. 세부적인 설명은 생략하겠습니다.

```
32   print('\n2번째 항목의 값 변경')
33   myseries[2] = 90
34
35   print('\n2번째부터 4번째까지 항목의 값 변경')
36   myseries[2:5] = 33
37
38   print('\n용산구와 서대문구만 55로 변경')
39   myseries[['용산구', '서대문구']] = 55
40
41   print('\n짝수 행만 80으로 변경')
42   myseries[0::2] = 80
43
44   print('\n시리즈 내용 확인')
45   print(myseries)
```

```
📋 실행 결과
2번째 항목의 값 변경

2번째부터 4번째까지 항목의 값 변경

용산구와 서대문구만 55로 변경

짝수 행만 80로 변경

시리즈 내용 확인
용산구       80
마포구       60
영등포구      80
서대문구      55
광진구       80
은평구       30
서초구       80
dtype: int64
```

시리즈의 산술 연산

시리즈끼리는 산술 연산이 가능합니다. 가감승제에 필요한 연산자들도 사용이 가능하며, add(), sub() 등의 함수가 지원됩니다. 각 함수의 매개변수 중 `fill_value` 매개변수에 의하여 NaN을 치환할 수 있습니다. 산술 연산 시 양쪽 모두의 값이 NaN이면 `fill_value` 옵션과 상관 없이 무조건 NaN이 됩니다.

우리 회사 직원들의 인기 득표수를 의미하는 다음과 같은 데이터가 있다고 가정합니다. 시리즈의 산술 연산을 수행하기 위하여 두 개의 시리즈를 생성하고, 결과를 출력합니다.

code: seriesArithmetic01.py

```
01   from pandas import Series, DataFrame
02
03   # 시리즈의 산술 연산
04   myindex1 = ['강호민', '유재준', '김제명', '신동진']
05   mylist1 = [30, 40, 50, 60]
06
07   myindex2 = ['강호민', '유재준', '김제명', '이수진']
08   mylist2 = [20, 40, 60, 70]
09
10   myseries1 = Series(data=mylist1, index=myindex1)
11   myseries2 = Series(data=mylist2, index=myindex2)
12
13   print('\n# 시리즈 1 데이터')
14   print(myseries1)
15
16   print('\n# 시리즈 2 데이터')
17   print(myseries2)
```

실행 결과

```
# 시리즈 1 데이터
강호민     30
유재준     40
김제명     50
신동진     60
dtype: int64

# 시리즈 2 데이터
강호민     20
유재준     40
김제명     60
이수진     70
dtype: int64
```

일반적인 산술 연산자와 판다스에서 제공하는 함수도 사용할 수 있습니다. add, sub, mul, div, floordiv 등의 함수를 사용할 수 있습니다. 물론 관계 연산자도 사용할 수 있습니다.

```
19   # 산술 연산
20   print(myseries1 + 5)  # add
21   print('-' * 50)
22
23   print(myseries1.add(5))
24   print('-' * 50)
25
26   print(myseries1 - 10)  # sub
27   print('-' * 50)
28
29   print(myseries1 * 2)  # mul
30   print('-' * 50)
31
32   print(myseries1 / 3)  # div, floordiv
33   print('-' * 50)
34
35   # 관계 연산
36   print(myseries1 >= 40)
37   print('-' * 50)
```

실행 결과

```
강호민      35
유재준      45
김제명      55
신동진      65
dtype: int64
------------------
강호민      35
유재준      45
김제명      55
신동진      65
dtype: int64
------------------
강호민      20
유재준      30
김제명      40
신동진      50
dtype: int64
------------------
강호민      60
유재준      80
김제명     100
신동진     120
dtype: int64
------------------
강호민      10.000000
유재준      13.333333
김제명      16.666667
신동진      20.000000
dtype: float64
------------------
강호민     False
유재준      True
김제명      True
신동진      True
dtype: bool
```

산술 연산 시 양쪽에 동시에 존재하는 데이터에 대해서만 산술 연산이 가능합니다. 만일, 어느 한쪽에 데이터가 존재하지 않으면 그 결과는 NaN이 됩니다. NaN이 데이터가 존재하지 않는 경우 부정(negative)에 대한 표현 방법입니다.

시리즈1	
강호민	30
유재준	40
김제명	50
신동진	60

+

시리즈2	
강호민	20
유재준	40
김제명	60
이수진	70

=

	시리즈1	시리즈2	덧셈
강호민	30	20	50
유재준	40	40	80
김제명	50	60	110
신동진	60	NaN	NaN
이수진	NaN	70	NaN

```
39   print('\n# 두 시리즈 더하기(한쪽에만 있는 데이터는 NaN으로 처리됨)')
40   newseries = myseries1 + myseries2
41   print(newseries)
```

📋 **실행 결과**

```
# 두 시리즈 더하기(한쪽에만 있는 데이터는 NaN으로 처리됨)
강호민      50.0
김제명     110.0
신동진      NaN
유재준      80.0
이수진      NaN
dtype: float64
```

산술 연산 등을 수행할 때 `fill_value`라는 매개변수에 값을 넣어주면, 이 값이 치환될 값이 됩니다. 예제에서는 NaN 데이터에 대하여 값을 0으로 치환하고 있습니다.

```
43   print('\n# 두 시리즈 빼기(fill_value에 의하여 0으로 처리된 후 연산 수행됨)')
44   newseries = myseries1.sub(myseries2, fill_value = 0)
45   print(newseries)
```

> **📋 실행 결과**
>
> ```
> # 두 시리즈 빼기(fill_value에 의하여 0으로 처리된 후 연산 수행됨)
> 강호민     10.0
> 김제명    -10.0
> 신동진     60.0
> 유재준      0.0
> 이수진    -70.0
> dtype: float64
> ```

판다스 공용 산술 연산 함수

시리즈의 산술 연산에서 우리는 sub()이라는 뺄셈 관련 함수를 살펴보았습니다. sub() 이외에도 다음과 같이 판다스 전체 범위에서 사용 가능한 공용 함수들이 있습니다. 이러한 함수들은 시리즈와 데이터프레임에 대하여 산술 연산이 가능합니다. 산술 연산 시 서로 겹치는 색인이 없는 경우 NaN 값이 됨을 유의하세요.

산술 연산과 관련된 공용 함수는 다음과 같은 것들이 있습니다.

항목	설명
add	• 덧셈(+)을 위한 함수입니다. • 2개의 요소 값들을 더해주는 함수입니다. • fill_value 인자를 이용하여 NaN에 대한 치환 작업을 수행할 수 있습니다. 　예) df3 = df1.add(df2, fill_value = 0)
sub	• 뺄셈(−)을 위한 함수입니다. 　예) frame.sub(series3, axis = 0) • axis=0은 데이터프레임의 행을 따라서 연산을 수행하라는 의미입니다.
mul	곱셈(*)을 위한 함수입니다
div	나눗셈(/)을 위한 함수입니다

유일한 값, 값 세기, 멤버십

시리즈에 들어 있는 데이터 중에는 중복되게 저장될 수 있습니다. 다음 예제에서는 중복된 데이터에 대한 빈도 수와 어떠한 종류의 데이터가 들어 있는지를 살펴보겠습니다. 특정한 항목들만 별도로 추출하는 방법에 대해서도 살펴봅니다.

다음은 이번 예제에서 사용된 함수들에 대한 설명입니다.

항목	설명
unique()	중복 값을 제거하고, 유일 값만 저장하는 넘파이 객체(`<class 'numpy.ndarray'>`)를 반환합니다.
value_counts()	항목들의 빈도 수를 구한 후, 개수가 큰 순서부터 역순으로 출력는 함수입니다.
isin()	• 명시된 어떤 조건이나 값이 시리즈에 포함되어 있으면 True를 리턴합니다. • 시리즈나 데이터프레임에서 특정 값을 골라내고 싶을 때 유용하게 사용할 수 있습니다. • 데이터베이스의 in 절(clause)과 유사한 개념으로 봐도 무방합니다. 예) 색인 중에서 '들장미'와 '라일락'인 색인들만 추출합니다. `mask = myseries.isin(['들장미', '라일락'])`

먼저 샘플용 시리즈를 작성합니다.

code: uniqueAndCount01.py

```
02   from pandas import Series
03
04   print('\n# 유일 값, 값 세기, 멤버십')
05   mylist = ['라일락', '코스모스', '코스모스','백일홍', '코스모스', '코스모스',
             '들장미', '들장미', '라일락', '라일락']
06   myseries = Series(mylist)
07   print(myseries)
```

```
📋 실행 결과
# 유일 값, 값 세기, 멤버십
0      라일락
1    코스모스
2    코스모스
3     백일홍
4    코스모스
5    코스모스
6     들장미
7     들장미
8     라일락
9     라일락
dtype: object
```

unique() 함수는 중복되는 값을 제거하고, 유일 값만 보여주는 시리즈 객체를 반환합니다. 데이터베이스 프로그래밍의 distinct 함수와 동일한 기능을 가지고 있습니다.

중복 값 제거

```
12    myunique = myseries.unique()
13    print(myunique)
```

value_counts() 함수는 항목별 빈도 수를 구한 뒤 내림차순(역순)으로 출력합니다.

색인	값
0	라일락
1	코스모스
2	코스모스
3	백일홍
4	코스모스
5	코스모스
6	들장미
7	들장미
8	라일락
9	라일락

myseries.value_counts() →

결과	빈도수
코스모스	4
라일락	3
들장미	2
백일홍	1

빈도 수에 대한 내림차순 정렬

빈도 수를 구한 후 내림차순으로 정렬

```
17   # print(myseries.value_counts(normalize=True))
18   print(myseries.value_counts())
```

isin() 함수는 DataBase의 in 키워드와 유사한 개념을 가지고 있습니다. 이 함수는 어떤 값이 시리즈에 있는지를 나타내는 불(Boolean) 벡터를 반환합니다. 시리즈나 데이터프레임에서 특정 값을 골라내고 싶을 때 유용하게 사용할 수 있습니다. 구해준 불(Boolean) 형태의 mask를 이용하여 데이터를 필터링합니다.

색인	값
0	라일락
1	코스모스
2	코스모스
3	백일홍
4	코스모스
5	코스모스
6	들장미
7	들장미
8	라일락
9	라일락

myseries.isin(['들장미', '라일락'])

값	진위값
라일락	True
코스모스	False
코스모스	False
백일홍	False
코스모스	False
코스모스	False
들장미	True
들장미	True
라일락	True
라일락	True

색인	값
0	라일락
6	들장미
7	들장미
8	라일락
9	라일락

mask를 이용한 데이터를 필터링 과정

```
23  # '들장미', '라일락'이 들어 있는 색인만 추출하겠습니다.
24  # 데이터베이스의 in 절(clause)과 유사한 개념으로 봐도 무방합니다.
25  mask = myseries.isin(['들장미', '라일락'])
26  print(mask)
27  print('-' * 30)
28
29  print(myseries[mask])
```

3.2.3 데이터프레임 (DataFrame)

데이터프레임은 판다스의 가장 중요한 자료구조로서, 여러 유형의 데이터가 표 형태로 되어 있으며 사이즈 변경이 가능한 2차원 형식의 데이터 구조입니다. 또한 행과 열의 축에 대한 레이블된 축(labeled axes)을 포함하고 있습니다. 행과 열의 레이블에 대한 산술 연산도 가능합니다.

데이터프레임 소개

다음은 데이터프레임을 만드는 간단한 예제입니다.

항목	설명
``from pandas import DataFrame

sdata = {
        '사원' : ['서울', '윤봉길', '윤봉길',
'유관순', '유관순'],
        '분기' : [1, 2, 3, 1, 2],
        '실적' : [800, 200, 500, 400, 700]
        }

myindex = ['하나', '둘', '셋', '넷', '다섯']
myframe = DataFrame(sdata, index=myindex)

print(myframe)``` | 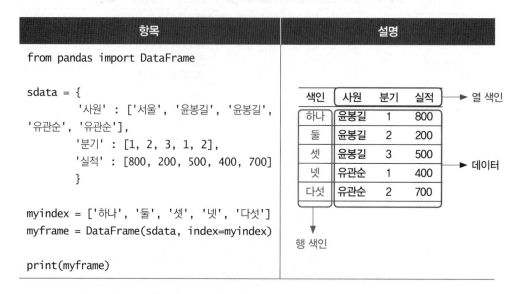 |

데이터프레임은 수평 방향으로 구분하기 위한 행 색인과 수직 방향으로 구분하기 위한 열 색인 및 내부의 셀(cell)에 들어 있는 자료(data) 등으로 구성되어 있습니다.

항목	설명
자료	• 데이터프레임의 각 셀에 들어 있는 데이터를 의미합니다. • 리스트, 튜플, 딕셔너리 객체 등 다양한 유형의 데이터가 사용됩니다.
행 색인	• 자료는 행(row)으로 구성되고 각 행은 이름을 가질 수 있습니다. • 앞의 예제에서 '하나'부터 '다섯'까지를 의미합니다.
열 색인	• 자료는 열(column)로 구성되고 각 열은 이름을 가질 수 있습니다. • 앞의 예제에서 사원, 분기, 실적을 의미합니다.

데이터프레임 예제

예제를 통해 데이터프레임을 다양한 방식으로 생성해보겠습니다. 데이터프레임을 생성하기 위하여 사용되는 매개변수 목록은 다음과 같습니다. 가장 기본이 되는 항목이므로 잘 숙지해야 합니다.

> ● 데이터프레임의 사용 형식
>
> DataFrame(data=None, index=None, columns=None, dtype=None, copy=False)

인자	설명
data	기존 데이터프레임이나 딕셔너리, 넘파이 배열(ndarray), 리스트 등을 사용할 수 있습니다.
index	행에 붙여지는 행 색인을 지정하는 옵션으로, 기본값은 range(n)입니다.
columns	열에 붙여지는 열 색인을 지정하는 옵션으로 기본값은 range(n)입니다.
dtype	자료형을 지정할 때 사용합니다.
copy	해당 자료에 대하여 복사본을 사용할 것인지를 지정하는 옵션입니다.

다음은 넘파이 배열과 데이터프레임 함수를 사용하여 데이터프레임을 생성하고 있습니다. 데이터를 간략히 하기 위하여 편의상 숫자 1부터 9까지의 값을 사용하여 지역별/직원별 판매 실적으로 만들었습니다. index 매개변수와 columns 매개변수에는 리스트 자료형을 대입하고 있습니다.

code: MakeDataframe.py

```
02   import numpy as np
03   from pandas import DataFrame
04
05   mydata=np.arange(9).reshape((3, 3))
06   myframe = DataFrame(data=mydata, index=['용산구', '마포구', '은평구'],
     columns=['김철수', '이영희', '정준수'])
07   print(myframe)
```

색인	김철수	이영희	정준수
용산구	0	1	2
마포구	3	4	5
은평구	6	7	8

다음은 파이썬의 딕셔너리 자료구조를 사용하여 데이터프레임을 생성하고 있습니다.
해당 딕셔너리의 키(key) 정보가 순차적으로 색인 정보로 들어갑니다.

```
11   sdata = {'지역' : ['용산구', '마포구'], '연도' : [2019, 2020]}
12   myframe = DataFrame(data=sdata)
13   print(myframe)
```

	지역	연도
0	용산구	2019
1	마포구	2020

중첩된 딕셔너리를 이용하는 경우 딕셔너리의 키 정보가 열(column)의 색인이 되고,
내부 딕셔너리의 키 정보가 행(row)의 색인이 됩니다.

```
19   sdata = {'용산구' : 2020:10, 2021:20}, {'마포구' : 2020:30, 2021:40,
     2022:50}
20   myframe = DataFrame(sdata)
21   print(myframe)
```

	용산구	마포구
2020	10	30
2021	20	40
2022	NaN	50

	지역	연도	실적
0	용산구	2019	20
1	용산구	2020	30
2	용산구	2021	35
3	마포구	2020	25
4	마포구	2021	45

내부 요소들이 동일한 길이의 리스트형 자료구조를 가진 딕셔너리를 이용하여 데이터프레임을 생성합니다. 키 정보가 열의 색인이 되고, 내부 요소들이 행의 색인이 됩니다(상단 우측 그림).

```
25   sdata = {'지역' : ['용산구', '용산구', '용산구', '마포구', '마포구'], '연도'
     : [2019, 2020, 2021, 2020, 2021], '실적' : [20, 30, 35, 25, 45 ]}
26   myframe = DataFrame(sdata)
27   print(myframe)
```

데이터프레임의 생성과 정보 확인해보기

다음은 데이터프레임은 2차원 표 또는 행과 열로 구성된 자료구조입니다. 이것을 사용하여 관련된 속성들에 대하여 다뤄 보겠습니다.

색인	도시	연도	실적
one	서울	2000	150
two	서울	2001	170
three	서울	2002	360
four	부산	2001	240

다음은 이번 예제에서 사용된 속성들과 메소드에 대한 설명입니다.

항목	설명
columns.name = 'state'	열 색인에 대한 이름을 설정합니다.
index.name = 'year'	행 색인에 대한 이름을 설정합니다.
columns	열 색인의 이름을 지정하거나, 열 색인에 대한 정보를 얻을 수 있습니다.
index	색인 객체 정보를 보여줍니다.
dtypes	• 각 열(column)의 자료형 정보를 확인할 수 있습니다. • 자료형의 정보는 '판다스 공용 자료형'을 참조하면 됩니다.
values	저장한 데이터를 2차원 배열(`<class 'numpy.ndarray'>`)로 반환합니다.
T(transform)	행과 열을 전치(행과 열을 교환)시킵니다.

딕셔너리를 이용하여 데이터프레임을 생성할 수 있습니다. 색인을 지정하지 않으면 0부터는 일련번호가 자동으로 설정됩니다. 개발자가 지정한 색인을 사용하려면 index 매개변수를 사용하면 되고, 파이썬의 리스트 자료구조를 사용하면 됩니다.

code: DataFrameExam01.py

```
01  from pandas import DataFrame
02
03  sdata = {
04              '도시' : ['서울', '서울', '서울', '부산', '부산'],
05              '연도' : [2000, 2001, 2002, 2001, 2002],
06              '실적' : [150, 170, 360, 240, 290]
07          }
08
09  # 색인을 지정하지 않으면 0부터는 일련번호가 자동으로 설정된다.
10  # myframe = DataFrame(sdata)
11
12  myindex = ['one', 'two', 'three', 'four', 'five']
13  myframe = DataFrame(sdata, index=myindex)
14  # print(myframe)
15
16  print('\n타입 확인 :', type(myframe))
```

📋 **실행 결과**

타입 확인 : <class 'pandas.core.frame.DataFrame'>

행과 열에 대한 색인 이름은 name 속성으로 지정할 수 있습니다.

```
18   myframe.columns.name = '컬럼1'
19   print('\n컬럼 정보 확인 ')
20   print(myframe.columns)
21
22   myframe.index.name = '색인1'
23   print('\n색인 정보 확인 ')
24   print(myframe.index)
```

📋 **실행 결과**

```
컬럼 정보 확인
Index(['도시', '연도', '실적'], dtype='object', name='컬럼1')

색인 정보 확인
Index(['one', 'two', 'three', 'four', 'five'], dtype='object', name='
색인1')
```

데이터프레임에 들어 있는 내용 확인은 values 속성을 사용하면 됩니다.

```
26   print('\n들어 있는 내용 확인 ')
27   print(type(myframe.values)) # ndarray
28   print(myframe.values)
```

📋 **실행 결과**

```
들어 있는 내용 확인
<class 'numpy.ndarray'>
[['서울' 2000 150]
 ['서울' 2001 170]
 ['서울' 2002 360]
 ['부산' 2001 240]
 ['부산' 2002 290]]
```

자료형을 확인하려면 **dtypes** 속성을 사용합니다. 참고로, 파이썬의 **str** 타입은 판다스에서 **object**로 표현합니다.

```
30  print('\n자료형 확인 ')
31  print(myframe.dtypes)
```

> **실행 결과**
>
> ```
> 자료형 확인
> 컬럼1
> 도시      object
> 연도      int64
> 실적      int64
> dtype: object
> ```

데이터프레임의 내용을 출력하면, 행과 열의 색인 정보 및 데이터를 확인할 수 있습니다.

```
33  print('\n내용 확인 ')
34  print(myframe)
```

> **실행 결과**
>
> ```
> 내용 확인
> 컬럼1      도시    연도    실적
> 색인1
> one     서울   2000   150
> two     서울   2001   170
> three   서울   2002   360
> four    부산   2001   240
> five    부산   2002   290
> ```

행과 열을 전치시키기 위해서는 T 속성을 사용합니다.

색인	도시	연도	실적
one	서울	2000	150
two	서울	2001	170
three	서울	2002	360
four	부산	2001	240
five	부산	2002	290

`myframe.T` →

	one	two	three	four	five
도시	서울	서울	서울	부산	부산
연도	2000	2001	2002	2001	2002
실적	150	170	360	240	290

```
36   print('\n행과 열을 전치시킵니다. ')
37   print(myframe.T)
```

데이터프레임 생성 시 columns 매개변수를 사용하면 해당 열의 이름을 지정할 수 있습니다. columns 매개변수에 리스트 자료구조(mycolumns)를 만들어서 대입하면 됩니다.

```
39   print('\ncolumns 속성 사용해보기 ')
40   mycolumns = ['실적', '도시', '연도']
41   newframe = DataFrame(sdata, columns=mycolumns)
42   print(newframe)
```

📋 **실행 결과**

```
columns 속성 사용해보기
    실적  도시   연도
0   150  서울  2000
1   170  서울  2001
2   360  서울  2002
3   240  부산  2001
4   290  부산  2002
```

데이터프레임의 데이터 읽기와 쓰기

직원별, 지역별 상품 판매 실적 데이터를 살펴보겠습니다. 데이터프레임을 생성하기 위하여 색인, 컬럼, 데이터에 대한 자료들을 다음과 같이 선언합니다. 해당 변수들을 이용하여 다음과 같이 데이터프레임을 생성합니다.

code: DataframeReaderWriter01.py

```
01    import numpy as np
02    from pandas import DataFrame
03
04    myindex = ['이순신', '김유신', '강감찬', '광해군', '연산군']
05    mycolumns = ['서울', '부산', '광주', '목포', '경주']
06    mylist = list(10 * onedata for onedata in range(1, 26))
07    print(mylist)
08
09    myframe = DataFrame(np.reshape(mylist, (5, 5)),
10                             index=myindex,
11                             columns = mycolumns)
```

📋 **실행 결과**

```
[10, 20, 30, 40, 50, 60, 70, 80, 90, 100, 110, 120, 130, 140, 150,
 160, 170, 180, 190, 200, 210, 220, 230, 240, 250]
        서울    부산    광주    목포    경주
이순신    10    20    30    40    50
김유신    60    70    80    90   100
강감찬   110   120   130   140   150
광해군   160   170   180   190   200
연산군   210   220   230   240   250
```

아래 그림 왼쪽에 있는 순번은 편의상 붙인 것입니다. 실제 출력을 해보면 보이지 않습니다.

순번	색인	서울	부산	광주	목포	경주
0	이순신	10	20	30	40	50
1	김유신	60	70	80	90	100
2	강감찬	110	120	130	140	150
3	광해군	160	170	180	190	200
4	연산군	210	220	230	240	250

이제 행 정보에 대한 데이터를 추출해 보겠습니다. 추출에 사용 가능한 함수는 iloc 함수와 loc 속성을 사용할 수 있습니다. iloc 속성은 행 색인 번호를 기준으로 행을 추출하는 함수입니다.

● **iloc 속성 사용법**

데이터프레임.iloc[[숫자01, 숫자02, …]]

주의할 사항으로 존재하지 않은 행 번호를 입력하면 IndexError 예외가 발생합니다. 다음은 몇 가지 예제입니다.

항목	설명
myframe.iloc[1]	1번째 행을 시리즈로 읽어 옵니다.
myframe.iloc[[1,3]]	콤마를 사용하면 서로 떨어진 몇 개의 행을 읽을 수 있습니다.
myframe.iloc[0::2]	슬라이싱을 사용하여 짝수 행만 읽어 옵니다.

예제에서는 1행을 추출하고 있습니다. 반환 결과는 <class 'pandas.core.series.Series'>입니다.

순번	색인	서울	부산	광주	목포	경주
0	이순신	10	20	30	40	50
1	김유신	60	70	80	90	100
2	강감찬	110	120	130	140	150
3	광해군	160	170	180	190	200
4	연산군	210	220	230	240	250

myframe.iloc[1]

순번	색인	서울	부산	광주	목포	경주
1	김유신	60	70	80	90	100

1행만 시리즈로 읽어오기

```
15   print('\n# 1행만 시리즈로 읽어오기')
16   result = myframe.iloc[1]
17   print(type(result))
18   print(result)
```

콤마를 사용하면, 서로 떨어져 있는 행 정보를 동시에 추출할 수 있습니다. 아래 그림은 '김유신'과 '광해군'의 행 정보를 출력하고 있습니다. 여러 개를 추출하므로 반환 결과는 <class 'pandas.core.frame.DataFrame'>입니다.

순번	색인	서울	부산	광주	목포	경주
0	이순신	10	20	30	40	50
1	김유신	60	70	80	90	100
2	강감찬	110	120	130	140	150
3	광해군	160	170	180	190	200
4	연산군	210	220	230	240	250

myframe.iloc[[1, 3]]

순번	색인	서울	부산	광주	목포	경주
1	김유신	60	70	80	90	100
3	광해군	160	170	180	190	200

서로 떨어진 몇 개의 행 읽어오기

```
20   print('\n# 몇 개의 행을 읽어오기')
21   result = myframe.iloc[[1,3]]
22   print(type(result))
23   print(result)
```

슬라이싱 기법을 이용하여 짝수 행만 추출합니다. 아래 그림에서 순번은 이해를 돕기

위해 붙인 열입니다.

순번	색인	서울	부산	광주	목포	경주
0	이순신	10	20	30	40	50
1	김유신	60	70	80	90	100
2	강감찬	110	120	130	140	150
3	광해군	160	170	180	190	200
4	연산군	210	220	230	240	250

`myframe.iloc[0::2]` →

순번	색인	서울	부산	광주	목포	경주
0	이순신	10	20	30	40	50
2	강감찬	110	120	130	140	150
4	연산군	210	220	230	240	250

짝수 행만 가져오기

```
25   print('# 짝수 행만 가져오기')
26   result = myframe.iloc[0::2]
27   print(result)
```

loc 속성은 라벨(행색인)의 이름을 이용하여 행의 위치(location)를 찾아 줍니다.

● loc 속성 사용법

데이터프레임.loc[[행라벨01, 행라벨02, …]]

다음은 몇 가지 예제입니다.

항목	설명
myframe.loc['이순신']	'이순신' 행을 읽어 옵니다.
myframe.loc[['이순신', '강감찬']]	'이순신'과 '강감찬' 행을 읽어 옵니다.

'이순신' 행만 추출하고, 반환되는 타입은 Series(<class 'pandas.core.series.

Series'>)입니다.

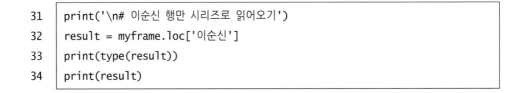

이순신 행만 시리즈로 읽어오기

```
31   print('\n# 이순신 행만 시리즈로 읽어오기')
32   result = myframe.loc['이순신']
33   print(type(result))
34   print(result)
```

loc 속성에서 대괄호를 2개 사용하면 데이터프레임을 반환합니다.

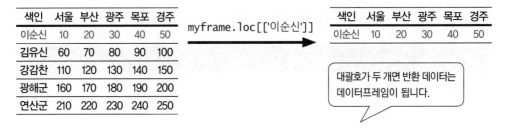

이순신 행만 데이터프레임으로 읽어오기

```
36   print('\n# 이순신 행만 데이터프레임으로 읽어오기')
37   result = myframe.loc[['이순신']]
38   print(type(result))
39   print(result)
```

📋 **실행 결과**

```
# 이순신 행만 데이터프레임으로 읽어오기
<class 'pandas.core.frame.DataFrame'>
      서울  부산  광주  목포  경주
이순신   10   20   30   40   50
```

loc 속성 및 콤마를 사용하여 2개 이상의 데이터를 반환합니다. 데이터프레임에 대한 색인 정보를 조회해 봅니다.

색인	서울	부산	광주	목포	경주
이순신	10	20	30	40	50
김유신	60	70	80	90	100
강감찬	110	120	130	140	150
광해군	160	170	180	190	200
연산군	210	220	230	240	250

myframe.loc[['이순신', '강감찬']]

색인	서울	부산	광주	목포	경주
이순신	10	20	30	40	50
강감찬	110	120	130	140	150

이순신과 강감찬 행 읽어오기

```
41  print('\n# 이순신과 강감찬 행 읽어오기')
42  result = myframe.loc[['이순신', '강감찬']]
43  print(type(result))
44  print(result)
45
46  print(myframe.index)
```

📋 **실행 결과**

```
# 이순신과 강감찬 행 읽어오기
<class 'pandas.core.frame.DataFrame'>
        서울   부산   광주   목포   경주
이순신    10   20   30   40   50
강감찬   110  120  130  140  150
Index(['이순신', '김유신', '강감찬', '광해군', '연산군'], dtype='object')
```

지금까지 loc 속성을 사용하여 행(row) 기반의 데이터를 추출해 보았습니다. loc 속성은 행 기반의 데이터뿐만 아니라 열(column) 기반의 데이터도 추출할 수 있습니다.

● **loc 속성 사용법**

데이터프레임.loc[[행라벨01, 행라벨02, …], [열라벨01, 열라벨02, …]]

다음은 몇 가지 예제입니다.

항목	설명
myframe.loc[['강감찬'], ['광주']]	'강감찬'의 '광주' 실적 정보를 읽어 옵니다.
myframe.loc['김유신':'김국진', '광주':'목포']	콜론을 사용하여 연속적인 데이터를 읽어 옵니다.

'강감찬'의 '광주' 지역의 '실적' 정보를 읽어 옵니다. 콤마 좌측의 ['강감찬']은 행 색인을, 우측의 ['광주']는 열 색인에서 찾습니다.

'강감찬'의 '광주' 지역의 '실적' 정보

```
50   result = myframe.loc[['강감찬'], ['광주']] # DataFrame
51   print(result)
```

'연산군'과 '강감찬'의 '광주/목포' 정보를 읽어 옵니다.

'연산군'와 '강감찬'의 '광주/목포' 지역의 '실적' 정보

```
54   result = myframe.loc[['연산군', '강감찬'], ['광주', '목포']]
55   print(result)
```

연속적인 데이터는 콜론을 사용하여 정보를 읽어 옵니다. 단, 문자열인 경우 양쪽 모두를 포함합니다. 예를 들어, '김유신':'광해군'은 '김유신' 행부터 '광해군'행까지 모두를 의미합니다.

색인	서울	부산	광주	목포	경주
이순신	10	20	30	40	50
김유신	60	70	80	90	100
강감찬	110	120	130	140	150
광해군	160	170	180	190	200
연산군	210	220	230	240	250

연속적인 데이터

myframe.loc['김유신':'광해군', '광주':'목포']

색인	광주	목포
김유신	80	90
강감찬	130	140
광해군	180	190

```
58   result = myframe.loc['김유신':'광해군', '광주':'목포']
59   print(result)
```

'김유신'부터 '광해군'까지 부산 실적 정보를 읽어 옵니다.

📋 **실행 결과**

	부산
김유신	70
강감찬	120
광해군	170

```
62   result = myframe.loc['김유신':'광해군', ['부산']]
63   print(result)
```

진위 값을 이용하여 데이터를 읽어올 수 있습니다.

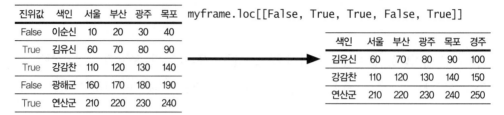

진위값	색인	서울	부산	광주	목포
False	이순신	10	20	30	40
True	김유신	60	70	80	90
True	강감찬	110	120	130	140
False	광해군	160	170	180	190
True	연산군	210	220	230	240

`myframe.loc[[False, True, True, False, True]]`

색인	서울	부산	광주	목포	경주
김유신	60	70	80	90	100
강감찬	110	120	130	140	150
연산군	210	220	230	240	250

진위 값을 사용한 예시

```
66   result = myframe.loc[[False, True, True, False, True]]
67   print(result)
```

실제로 진위 값은 다음과 같이, 관계 연산자와 함께 많이 사용됩니다. 관계 연산자를 사용하여 부산 실적이 100 이하인 항목들을 조회합니다.

진위값	부산<=100	색인	서울	부산	광주	목포	경주
True	20<=100	이순신	10	20	30	40	50
True	70<=100	김유신	60	70	80	90	100
False	120<=100	강감찬	110	120	130	140	150
False	170<=100	광해군	160	170	180	190	200
False	220<=100	연산군	210	220	230	240	250

`myframe.loc[myframe['부산'] <= 100]`

색인	서울	부산	광주	목포	경주
이순신	10	20	30	40	50
김유신	60	70	80	90	100

관계 연산자의 사용 1

```
70   result = myframe.loc[myframe['부산'] <= 100 ]
71   print(result)
```

'목포' 실적이 140인 항목들을 조회합니다.

진위값	부산<=100	색인	서울	부산	광주	목포	경주
False	40==140	이순신	10	20	30	40	50
False	90==140	김유신	60	70	80	90	100
True	140==140	강감찬	110	120	130	140	150
False	190==140	광해군	160	170	180	190	200
False	240==140	연산군	210	220	230	240	250

`myframe.loc[myframe['목포'] == 140]`

색인	서울	부산	광주	목포	경주
강감찬	110	120	130	140	150

관계 연산자의 사용 2

```
74   result = myframe.loc[myframe['목포'] == 140]
75   print(result)
```

지금까지는 1개의 관계 연산자를 이용하여 데이터를 추출해 보았습니다. 그러면 2개 이상의 관계 연산은 어떻게 처리하면 좋을까요? 예를 들어 '부산'이 70 이상이고, '목포'가 140 이상인 데이터를 추출하기 위하여 다음과 같이 코딩하면 오류가 납니다.

● 잘못된 예제

```
print('\n복합 조건')
result = myframe.loc[myframe['부산'] >= 70 and myframe['목포'] >= 140]
print(result)

ValueError: The truth value of a Series is ambiguous. Use a.empty,
a.bool(), a.item(), a.any() or a.all().
```

ValueError 오류와 함께 사용할 수 있는 함수들을 권장하고 있습니다. 이를 해결하는 방법을 알아보겠습니다.

다음 표는 전체 데이터와 부산과 목포 데이터에 대한 연산 결과를 표로 작성한 것입니다. '부산'이 70 이상이고, '목포'가 140 이상인 데이터, 즉 2개의 조건을 모두 만족하는 색인은 강감찬, 광해군, 연산군입니다.

진위값1	부산>=70	진위값2	목포>=140	색인	서울	부산	광주	목포	경주
False	20>=70	False	40>=140	이순신	10	20	30	40	50
True	70>=70	False	90>=140	김유신	60	70	80	90	100
True	120>=70	True	140>=140	강감찬	110	120	130	140	150
True	170>=70	True	190>=140	광해군	160	170	180	190	200
True	220>=70	True	240>=140	연산군	210	220	230	240	250

전체 데이터와 부산 및 목포 관련 데이터의 연산 결과

우리가 기대하는 결과는 색인의 개수가 5개이므로 논리 연산이 5번 발생하여 적정한 결과를 출력할 것으로 기대합니다. 하지만 실제 내부 연산은 그렇게 이루어지지 않습니다. 왜냐하면 관계 연산 및 논리 연산은 기본 자료형(숫자, 문자열 등) 간의 1대1 비교를 수행하기 때문입니다. 따라서 any() 함수나 all() 등의 함수를 사용하기를 권장합니다. 우리는 all() 함수와 any() 함수를 사용하여 이 문제를 풀어 보겠습니다.

> ● **구현 순서**
> ① 각각의 요구 조건을 별개의 시리즈 변수로 저장합니다.
> ② 시리즈 변수들을 병합하여 데이터프레임으로 만듭니다.
> ③ loc 속성과 all() 함수 또는 any() 함수를 적용합니다.

'부산' 실적이 70 이상, '목포' 실적이 140 이상인 항목을 각각 구하고 all() 함수와 any() 함수에 적용합니다. '부산' 실적이 70 이상인 조건은 변수 cond1에 저장합니다. cond1는 각 행에 대하여 참/거짓에 대한 진위 값을 저장합니다. cond2 역시 각 행에 대하여 참/거짓에 대한 진위 값을 저장합니다. cond1과 cond2 두 개의 조건식을 합쳐서 데이터프레임 df를 만듭니다.

진위값1	부산>=70
False	20>=70
True	70>=70
True	120>=70
True	170>=70
True	220>=70

cond1 = myframe['부산'] >= 70

진위값2	목포>=140
False	40>=140
False	90>=140
True	140>=140
True	190>)=140
True	240>=140

ond2 = myframe['목포'] >= 140

부산	목포
False	False
True	False
True	True
True	True
True	True

df = DataFrame([cond1, cond2])

cond1, cond2 및 병합된 데이터프레임 df

```
84    cond1 = myframe['부산'] >= 70
85    cond2 = myframe['목포'] >= 140
86
87    print(type(cond1))
88    print('-' * 40)
```

all() 함수는 논리 연산에서 and 연산자와 유사한 개념으로 이해하면 됩니다. 데이터프레임 df에서 '이순신'은 모든 값이 False이므로, 결괏값이 False입니다. 마찬가지로 '김유신'은 '목포' 항목이 False이므로, 최종 결괏값은 False입니다. any() 함수는 논리 연산자인 or과 유사한 개념으로 이해하면 됩니다.

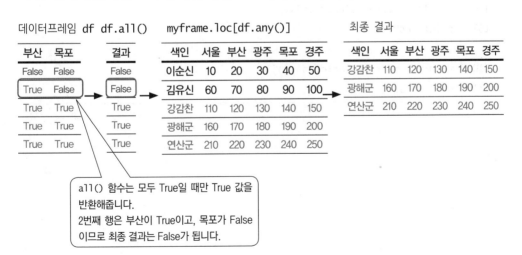

```
100   print(df.all())
...   ...
103   print(df.any())
```

df.all() 함수를 사용한 연산 결과는 '이순신'과 '광해군'을 제외한 모든 행이 출력됩니다. df.any() 함수를 사용한 연산 결과는 '이순신'을 제외한 모든 행이 출력됩니다.

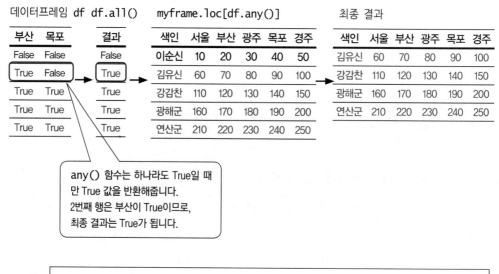

```
106   result = myframe.loc[df.all()]
107   print(result)
...   ...
110   result = myframe.loc[df.any()]
111   print(result)
```

다음 예제는 람다 함수를 사용하여 '광주'의 값이 130 이상인 것을 조회합니다.

```
114    print('\n람다 함수의 사용')
115    result = myframe.loc[lambda df : df['광주'] >= 130]
116    print(result)
```

📋 **실행 결과**

람다 함수의 사용

	서울	부산	광주	목포	경주
강감찬	110	120	130	140	150
광해군	160	170	180	190	200
연산군	210	220	230	240	250

특정 행과 특정 열에 대한 값을 수정합니다.

myframe.loc[['이순신', '강감찬'], ['부산']] = 30

색인	서울	부산	광주	목포	경주
이순신	10	20	30	40	50
김유신	60	70	80	90	100
강감찬	110	120	130	140	150
광해군	160	170	180	190	200
연산군	210	220	230	240	250

➡️

색인	서울	부산	광주	목포	경주
이순신	10	30	30	40	50
김유신	60	70	80	90	100
강감찬	110	30	130	140	150
광해군	160	170	180	190	200
연산군	210	220	230	240	250

```
118    print('\n# 이순신과 강감찬의 부산 실적을 30으로 변경하기')
119    myframe.loc[['이순신', '강감찬'], ['부산']] = 30
```

myframe.loc['김유신':'광해군', ['경주']] = 80

색인	서울	부산	광주	목포	경주
이순신	10	30	30	40	50
김유신	60	70	80	90	100
강감찬	110	30	130	140	150
광해군	160	170	180	190	200
연산군	210	220	230	240	250

➡️

색인	서울	부산	광주	목포	경주
이순신	10	30	30	40	50
김유신	60	70	80	90	80
강감찬	110	30	130	140	80
광해군	160	170	180	190	80
연산군	210	220	230	240	250

```
121    print('\n## 김유신부터 광해군까지 경주 실적을 80으로 변경하시오.')
122    myframe.loc['김유신':'광해군', ['경주']] = 80
```

다음은 연산군의 모든 실적을 50으로 변경하는 코드입니다. 콜론(:)은 모든 행 또는
모든 열을 의미합니다.

`myframe.loc[['연산군'], :] = 50`

색인	서울	부산	광주	목포	경주
이순신	10	30	30	40	50
김유신	60	70	80	90	80
강감찬	110	30	130	140	80
광해군	160	170	180	190	80
연산군	210	220	230	240	250

➡

색인	서울	부산	광주	목포	경주
이순신	10	30	30	40	50
김유신	60	70	80	90	80
강감찬	110	30	130	140	80
광해군	160	170	180	190	80
연산군	50	50	50	50	50

```
124    print('\n# 연산군의 모든 실적을 50으로 변경하기')
125    myframe.loc[['연산군'], :] = 50
```

`myframe.loc[:, ['광주']] = 60`

색인	서울	부산	광주	목포	경주
이순신	10	30	30	40	50
김유신	60	70	80	90	80
강감찬	110	30	130	140	80
광해군	160	170	180	190	80
연산군	50	50	50	50	50

➡

색인	서울	부산	광주	목포	경주
이순신	10	30	60	40	50
김유신	60	70	60	90	80
강감찬	110	30	60	140	80
광해군	160	170	60	190	80
연산군	50	50	60	50	50

```
127    print('\n# 모든 사람의 광주 컬럼을 60으로 변경하기')
128    myframe.loc[:, ['광주']] = 60
```

특정 행의 조건을 이용하여 특정 열의 값을 변경합니다. '경주'의 값이 60 이하인 행에 대하여 '경주'와 '광주' 컬럼의 값을 0으로 변경합니다.

```
myframe.loc[myframe['경주'] <= 60, ['경주', '광주']] = 0
```

색인	서울	부산	광주	목포	경주
이순신	10	30	30	40	50
김유신	60	70	80	90	80
강감찬	110	30	130	140	80
광해군	160	170	180	190	80
연산군	50	50	50	50	50

→

색인	서울	부산	광주	목포	경주
이순신	10	30	0	40	0
김유신	60	70	80	90	80
강감찬	110	30	130	140	80
광해군	160	170	180	190	80
연산군	50	50	0	50	0

```
132    print('\n# 경주 실적이 60 이하인 데이터를 모두 0으로 변경하기')
133    myframe.loc[myframe['경주'] <= 60, ['경주', '광주']] = 0
```

데이터프레임의 정보를 출력해 봅니다.

```
136    print(myframe)
```

📋 **실행 결과**

	서울	부산	광주	목포	경주
이순신	10	30	0	40	0
김유신	60	70	60	90	80
강감찬	110	30	60	140	80
광해군	160	170	60	190	80
연산군	50	50	0	50	0

데이터프레임의 산술 연산

산술 연산에 대하여 다뤄 봅니다. 시리즈와 데이터프레임 간에 산술 연산과 데이터프레임과 데이터프레임 간의 산술 연산을 수행해 봅니다. 다음과 같이 시리즈와 데이터프레임을 만들어봅니다.

myseries		myframe			
색인	값		서울	부산	경주
강호민	30	강호민	10	20	30
유재준	40	유재준	40	50	60
신동진	50	이수진	70	80	90

다음과 학생들의 국어 시험 점수를 이용하여 시리즈를 만들어 보겠습니다.

code: DataframeArithmetic01.py

```
01   import numpy as np
02   from pandas import Series, DataFrame
03
04   # 산술 연산과 데이터 정렬
05   myindex = ['강호민', '유재준', '신동진']
06   mylist = [30, 40, 50]
07
08   myseries = Series(data=mylist, index=myindex)
09   print('\n시리즈 출력 결과')
10   print(myseries)
```

> 📋 **실행 결과**
> 시리즈 출력 결과
> 강호민   30
> 유재준   40
> 신동진   50
> dtype: int64

실습을 위한 데이터프레임을 생성합니다.

```
12   myindex = ['강호민', '유재준', '이수진']
13   mycolumns = ['서울', '부산', '경주']
14   mylist = list(10 * onedata for onedata in range(1, 10))
15   # print(mylist)
16
17   myframe = DataFrame(np.reshape(np.array
     (mylist), (3, 3)),
18                       index=myindex,
19                       columns = mycolumns)
20   print('\n데이터프레임 출력 결과')
21   print(myframe)
```

> 📋 **실행 결과**
> 데이터프레임 출력 결과
> 　　　　서울 부산 경주
> 강호민   10   20   30
> 유재준   40   50   60
> 이수진   70   80   90

데이터프레임과 시리즈 간에 산술 연산이 가능합니다. axis=0이면 시리즈의 색인
과 데이터프레임의 색인 간의 연산이 됩니다. 양쪽 색인에 공통으로 있는 항목은 연
산이 되지만, 그렇지 않은 색인은 NaN의 값을 가집니다. 예를 들어 시리즈에는 '신동
진'이 존재하지만, 데이터프레임에는 존재하지 않습니다. 이것을 더하면 NaN 값이
됩니다.

myseries			myframe					result = myframe.add(myseries, axis=0)			
색인	값			서울	부산	경주			서울	부산	경주
강호민	30	**+**	강호민	10	20	30	**=**	강호민	40.0	50.0	60.0
유재준	40		유재준	40	50	60		신동진	NaN	NaN	NaN
신동진	50							유재준	80.0	90.0	100.0
			이수진	70	80	90		이수진	NaN	NaN	NaN

axis=0이면 시리즈의 색인과 데이터프레임의 색인 간의연산이 됩니다.

```
26  result = myframe.add(myseries, axis=0)
27  print(result)
```

📋 **실행 결과**

	서울	부산	경주
강호민	40.0	50.0	60.0
신동진	NaN	NaN	NaN
유재준	80.0	90.0	100.0
이수진	NaN	NaN	NaN

새로운 데이터프레임 **myframe2**를 생성합니다. 이전의 **myframe**과 비교를 위하여 다음과 같이 값을 확인하도록 합니다.

myframe

	서울	부산	경주
강호민	10	20	30
유재준	40	50	60
이수진	70	80	90

myframe2

	서울	부산	대구
강호민	5	10	15
유재준	20	25	30
김병만	35	40	45

```
29  myindex2 = ['강호민', '유재준', '김병만']
30  mycolumns2 = ['서울', '부산', '대구']
31  mylist2 = list(5 * onedata for onedata in range(1, 10))
32  # print(mylist)
33
34  myframe2 = DataFrame(np.reshape(np.array(mylist2), (3, 3)),
35                       index=myindex2,
36                       columns = mycolumns2)
37  print('\n데이터프레임 출력 결과')
38  print(myframe2)
```

📋 실행 결과
```
데이터프레임 출력 결과
      서울  부산  대구
강호민   5   10   15
유재준  20   25   30
김병만  35   40   45
```

데이터프레임과 데이터프레임 간의 산술 연산이 가능합니다. 양쪽에 공존하지 않으면 NaN이라는 값이 출력됩니다. fill_value 매개변수는 기본값으로 사용할 값을 지정하는 역할을 합니다.

	경주		부산	서울
	+			
강호민		대구	부산	서울
유재준	강호민 30.0	15.0	30.0	15.0
이수진	유재준 60.0	30.0	75.0	60.0
	90.0	NaN	80.0	70.0
	김병만 NaN	45.0	40.0	35.0

```
40   print('\nDataFrame + DataFrame')
41   result = myframe.add(myframe2, fill_value=0)
42   print(result)
```

실행 결과

```
DataFrame + DataFrame
        경주    대구    부산    서울
강호민   30.0   15.0   30.0   15.0
김병만    NaN   45.0   40.0   35.0
유재준   60.0   30.0   75.0   60.0
이수진   90.0    NaN   80.0   70.0
```

요점정리

- 판다스에서 사용되는 구조 데이터 중에서 **시리즈**는 1차원 데이터 구조이고, **데이터 프레임**은 2차원 데이터 구조입니다.
- **시리즈**는 동일한 자료형을 저장하기 위한 일련의 객체를 담을 수 있는 1차원 배열 같은 자료구조입니다.
- 판다스에서 사용할 수 있는 공용 산술 연산 함수에는 **add**, **sub**, **mul**, **div** 등이 있습니다.
- **iloc 속성**은 행 색인 번호를 기준으로 행을 추출해주는 함수입니다.
- **loc 속성**은 라벨(행 색인)의 이름을 이용하여 행의 위치(location)를 찾아 줍니다.

연습문제

01 아래 그림과 같은 시리즈를 사용하여 아래 〈실행 결과〉가 출력되는 프로그램을 작성해 보세요.

색인	값
손오공	200
저팔계	300
사오정	400
삼장법사	100

시리즈 이름 : 직원 실적
색인의 이름 : 실적

📋 **실행 결과**

```
# 시리즈의 색인 이름
실적 현황

# 시리즈의 이름
직원 실적

# 반복하여 출력해보기
색인 : 손오공, 값 : 200
색인 : 저팔계, 값 : 300
색인 : 사오정, 값 : 400
색인 : 삼장법사, 값 : 100
```

직원 실적 시리즈

02 아래 그림과 〈실행 결과〉처럼 시리즈를 생성하고 데이터를 변경해 보세요.

색인	값
강감찬	50
이순신	60
김유신	40
광해군	80
연산군	70
을지문덕	20

→

색인	값
강감찬	30
이순신	100
김유신	999
광해군	999
연산군	999
을지문덕	30

```
📋 실행 결과
강감찬    50
이순신    60
김유신    40
광해군    80
연산군    70
을지문덕    20
dtype: int64

1번째 항목을 100으로 변경
2번째부터 4번째까지 999로 변경
강감찬과 을지문덕을 30으로 변경

시리즈 내용 확인
강감찬    30
이순신    100
김유신    999
광해군    999
연산군    999
을지문덕    30
dtype: int64
```

시리즈 생성 후 데이터 변경하기

03 아래 그림과 동일하게 시리즈를 생성하고 시리즈 연산을 수행해 보세요.

시리즈 01

색인	값
성춘향	40
이몽룡	50
심봉사	60

시리즈 02

색인	값
성춘향	20
이몽룡	40
뺑덕어멈	70

두 시리즈 덧셈

색인	값
뺑덕어멈	80.00
성춘향	60.00
심봉사	70.00
이몽룡	90.00

두 시리즈 뺄셈

색인	값
뺑덕어멈	−40.00
성춘향	20.00
심봉사	30.00
이몽룡	10.00

힌트

심봉사는 시리즈 01에만 존재합니다. 덧셈이 되었을 때 값이 10 추가된 값으로 출력이 됩니다. 이와 관련하여 `fill_value` 매개변수에 유의하여 연산을 수행하면 해결할 수 있습니다.

04 아래 그림과 같은 데이터프레임을 생성해 보세요. 그리고 아래의 〈요구사항〉에 따라 데이터를 읽거나 쓰는 코드를 작성해 보세요.

(단위 : 점)

색인	국어	영어	수학
강감찬	40	55	30
이순신	60	65	40
김유신	80	75	50
김구	50	85	60
안중근	30	60	70

요구사항

1. 짝수 행만 읽어 보세요.
2. 이순신 행만 시리즈로 읽어 보세요.
3. 강감찬의 영어 점수를 읽어 보세요.
4. 안중근과 강감찬의 국어/수학 점수를 읽어 보세요.
5. 이순신과 강감찬의 영어 점수를 80으로 변경하세요.
6. 이순신부터 김구까지 수학 점수를 100으로 변경하세요.

05 다음과 같은 데이터프레임을 생성하고, 산술 연산을 수행하여 실행 결과처럼 만들어보세요.

〈시리즈와 데이터프레임 생성〉

myseries

색인	값
윤봉길	30
김유신	40
신사임당	50

myframe

	용산구	마포구	서대문구
윤봉길	3	6	9
김유신	12	15	18
이순신	21	24	27

myframe2

	용산구	마포구	은평구
윤봉길	5	10	15
김유신	20	25	30
이완용	35	40	45

〈실행 결과〉

DataFrame + Series

	용산구	마포구	서대문구
김유신	52	55	58
신사임당	NaN	NaN	NaN
윤봉길	33	36	39
이순신	NaN	NaN	NaN

DataFrame + DataFrame

	마포구	서대문구	용산구	은평구
김유신	40.0	38.0	32.0	50.0
윤봉길	16.0	29.0	8.0	35.0
이순신	44.0	47.0	41.0	NaN
이완용	60.0	NaN	55.0	65.0

DataFrame - DataFrame

	마포구	서대문구	용산구	은평구
김유신	−10.0	8.0	−8.0	−20.0
윤봉길	−4.0	−1.0	−2.0	−5.0
이순신	14.0	17.0	11.0	NaN
이완용	−30.0	NaN	−25.0	−35.0

3.3 판다스를 이용한 데이터 읽기와 저장

판다스는 표 형식의 자료를 데이터프레임 객체로 읽어 오는 몇 가지 방법들을 제시하고 있습니다. 이번 절에서는 데이터 파일을 읽어오는 방법과 저장하는 방법들을 알아보겠습니다.

다음과 같이 판다스는 파일에 데이터 읽기/저장을 위한 몇 가지 함수를 제공합니다.

형식	입력	출력	설명
CSV	read_csv	to_csv	파일 또는 URL로부터 데이터를 읽기/저장을 합니다. 데이터 구분자는 쉼표이고, 읽힌 데이터는 데이터프레임 형식이 됩니다. 기본값으로 최상단의 내용을 컬럼으로 인식하고, 행 색인은 정수형으로 자동 생성됩니다.
XLS/XLSX	read_excel	to_excel	엑셀 파일을 읽을 수 있습니다.
SQL	read_sql	to_sql	데이터베이스에서 SQL을 사용하여 테이블 정보를 읽어옵니다.
JSON	read_json	to_json	JSON(JavsScript Object Notation) 데이터를 다룹니다.

3.3.1 데이터 로딩하기

파일을 읽어 오는 방법은 다양합니다. 일반적으로 read_csv() 함수가 가장 많이 사용됩니다. 이외에도 다음과 같이 여러 가지 함수가 제공되고 있습니다.

read_csv() 함수

CSV 파일이란, Comma Separator Value의 줄임말로서, 엑셀에서 읽어 들일 수 있는 텍스트 형식의 파일을 말합니다. 가장 많이 사용되는 read_csv() 함수에서 사용 가능한 옵션들은 다음과 같은 항목들이 존재합니다. 자주 사용되는 옵션은 header, index_col, names 등이 있습니다.

항목	설명
filepath_or_buffer	파일의 이름을 지정된 경로와 함께 문자열로 지정합니다.
header=None	해당 문서에 컬럼 정보가 없는 경우, 자동으로 컬럼 이름을 생성하고자 할 때 주로 사용됩니다.
index_col	명시된 컬럼을 색인으로 옮기면서 데이터를 읽어 들이기 위한 옵션입니다.
encoding	어떠한 인코딩 문자열로 파일을 읽어올 것인가를 지정하는 옵션입니다. 'UTF-8' 방식으로 사용하기를 권장합니다. 엑셀에서 만든 CSV 파일은 'CP-949'라는 문자열을 사용하면 됩니다.
names	컬럼 헤더가 없을 때 컬럼 헤더 이름을 직접 만들어서 사용할 때 사용합니다. 주로 'header=None' 옵션과 같이 사용됩니다.

파일 읽기와 색인 다시 만들기

memberInfo.csv 파일을 사용하여 데이터를 읽고 그대로 출력하는 프로그램을 작성하겠습니다. read_csv() 함수를 사용하여 다음과 같이 데이터를 읽습니다. CSV 파일의 첫 행은 열 색인이 됩니다. 읽어 들인 데이터는 데이터프레임이 됩니다.

code: GetMemberInfo.py

```
01  import pandas as pd
02
03  filename = 'memberInfo.csv'
04  df = pd.read_csv(filename)
05  print(df)
```

id	kor	eng
김철수	60	70
홍길동	70	75
박영희	80	80

CSV 파일

이미 읽은 데이터에서 특정 컬럼을 색인으로 지정할 수 있습니다. set_index() 함수를 이용하면 가능합니다.

항목	설명
사용 형식	데이터프레임.set_index(self, keys, drop=True, append=False, inplace=False, verify_integrity=False)
keys	색인으로 이동시키고자 하는 컬럼명을 지정하면 됩니다.
drop	True(기본값)이면 컬럼이 색인으로 이동되고, False면, 컬럼이 색인으로 복사가 됩니다.

예를 들어 id 컬럼을 색인으로 지정하고 싶으면 다음과 같이 작성하면 됩니다.

```
07   newdf01 = df.set_index(keys=['id'])
08   print(newdf01)
```

읽어온 데이터프레임

색인	id	kor
0	김철수	60
1	홍길동	70
2	박영희	80

df.set_index(keys=['id'])

재색인(ReIndex)

색인	kor	eng
김철수	60	70
홍길동	70	75
박영희	80	80

기존의 컬럼을 그대로 보존하고 싶은 경우에는 **drop=False** 매개변수를 사용하면 됩니다.

```
10    newdf02 = df.set_index(keys=['id'], drop=False)
11    print(newdf02)
```

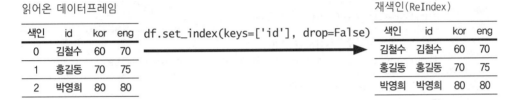

index_col 매개변수는 데이터를 읽어 들일 때, 해당 컬럼을 색인으로 바로 사용하기 위한 옵션입니다.

```
13    df02 = pd.read_csv(filename, index_col='id')
14    print(df02)
```

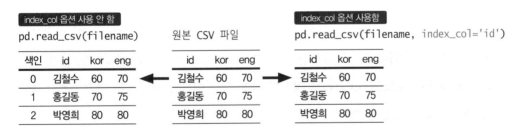

3.3.2 데이터 저장하기

현재 진행 중이던 데이터 파일을 차후 필요에 따라 다시 파일로 저장하는 경우가 있을 겁니다. 가장 많이 사용되고 있는 **to_csv()** 함수에 대한 사용법과 예제들을 살펴보겠습니다.

to_csv() 함수

가장 많이 사용되는 to_csv() 함수에서 사용 가능한 옵션들은 다음과 같은 항목들이 존재합니다.

항목	설명
sep	저장 시 구분자를 설정합니다. 예) `myframe.to_csv('out.csv', sep='|')`
index	False면 색인을 파일에 저장하지 않습니다. 예) `myframe.to_csv(sys.stdout, index=False, header=False)`
header	False면 헤더 컬럼을 파일에 저장하지 않습니다.
na_rep	결과에서 누락된 값을 다른 값으로 치환합니다. 예) `myframe.to_csv(sys.stdout, na_rep='NULL')`

엑셀 파일로 저장하기

to_csv() 함수를 사용하면, CSV 파일을 생성할 수 있습니다. 예제에서는 파이썬의 리스트 자료구조를 이용하여 CSV 파일을 만들어보겠습니다.

두 사람의 인적 정보를 엑셀 파일로 저장해주는 프로그램을 작성하세요. 인적 정보는 번호, 이름, 나이입니다. 나이는 편의상 100씩 증가하는 값으로 처리하도록 합니다. 목록을 저장할 리스트(result)를 정의합니다. 컬럼 이름에 해당하는 변수 myColumns 와 파일 저장 시 필요한 '인코딩 문자열'변수를 정의합니다.

code: makeCsv01.py

```
01   import random
02   import pandas as pd
03
04   result = []
05   myColumns = ('번호', '이름', '나이')
06   myencoding = 'utf-8'  # 인코딩 문자열
```

for 문을 사용하여 데이터를 만들고, 목록 저장 리스트 변수 result에 추가합니다.

```
08    for idx in range(1,3):
09        sublist = []
10        sublist.append(100 * idx)
11        sublist.append('김철수' + str(idx))
12        sublist.append(random.randint(1, 10))
13        result.append(sublist)
```

데이터프레임을 생성합니다. 이전에 정의해 두었던 컬럼 관련 변수 myColumns를 columns 매개변수에 설정합니다. to_csv 함수를 이용하여 해당 파일을 CSV 파일로 저장합니다. 'csv_01_01.csv' 파일은 인덱스와 열 타이틀을 모두 가지고 있는 CSV 파일입니다.

```
15    myframe = pd.DataFrame(result, columns = myColumns)
16
17    filename = 'csv_01_01.csv'
18    myframe.to_csv(filename, encoding= myencoding, mode='w', index=True)
```

색인	번호	이름	나이
0	100	김철수1	6
1	200	김철수2	7

csv_01_01.csv 파일

'csv_01_02.csv' 파일은 인덱스 없이 열 타이틀만 가지고 있는 CSV 파일입니다.

```
20    filename = 'csv_01_02.csv'
21    myframe.to_csv(filename, encoding= myencoding, mode='w', index=False)
```

번호	이름	나이
100	김철수1	6
200	김철수2	7

csv_01_02.csv 파일

'csv_01_03.csv' 파일은 인덱스와 열 타이틀을 모두 존재하지 않는 CSV 파일입니다.

```
23   filename = 'csv_01_03.csv'
24   myframe.to_csv(filename, encoding= myencoding, mode='w', index=False,
     header=False)
```

100	김철수1	6
200	김철수2	7

csv_01_03.csv 파일

'csv_01_04.csv' 파일은 인덱스 없이 모든 데이터가 '%' 기호가 구분자로 되어 있는 CSV 파일입니다.

```
26   filename = 'csv_01_04.csv'
27   myframe.to_csv(filename, encoding= myencoding, mode='w', index=False,
     sep='%')
```

요점정리

- **read_csv() 함수**는 CSV 파일을 읽어와 데이터프레임으로 만들어 주는 함수입니다.
- **to_csv() 함수**는 데이터프레임을 CSV 파일 형식으로 저장해주는 함수입니다.
- read_csv() 함수는 다음과 같은 매개변수들을 사용할 수 있습니다.

항목	설명
filepath_or_ buffer	파일의 이름을 지정된 경로와 함께 문자열로 지정합니다.
header=None	해당 문서에 컬럼 정보가 없는 경우, 자동으로 컬럼 이름을 생성할 때 주로 사용됩니다.
index_col	명시된 컬럼을 색인으로 옮기면서 데이터를 읽어 들이기 위한 옵션입니다.
encoding	어떠한 인코딩 문자열로 파일을 읽어올 것인가를 지정하는 옵션입니다. 'UTF-8' 방식으로 사용하는 것을 권장합니다. 엑셀에서 만든 CSV 파일은 'CP-949'라는 문자열을 사용하면 됩니다.
names	컬럼 헤더가 없을 때 컬럼 헤더 이름을 직접 만들어서 사용하고자 할 때 사용합니다. 주로 'header=None' 옵션과 같이 사용됩니다.

연습문제

01 다음은 to_csv() 함수에 대한 매개변수 목록입니다. 다음 빈칸에 알맞은 매개변수를 채워 넣으세요.

항목	설명
( )	저장 시 구분자를 설정합니다.
( )	False면 색인을 파일에 저장하지 않습니다.
( )	False면 헤더 컬럼을 파일에 저장하지 않습니다.

02 헤더 정보가 존재하지 않는 data02.csv 파일을 읽어와 다음과 같이 처리하는 프로그램을 작성해 보세요.

원본 데이터 파일 'data02.csv'

강호민	1	10	NaN	20
신사임당	2	20	30	40
박영희	2	NaN	60	20
심형식	1	60	50	30

최종 결과 그림

이름	학년	국어	영어	수학
강호민	1	10	40	20
신사임당	2	20	30	40
박영희	2	30	60	20
심형식	1	60	50	30

힌트

read_csv() 함수의 names, header 매개변수를 활용하면 처리할 수 있습니다. 컬럼의 이름은 리스트 형식으로 처리하면 됩니다.

03 아래 〈제공 데이터〉를 사용하여 CSV 파일을 만들어보세요.

● 제공 데이터

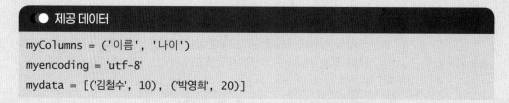

```
myColumns = ('이름', '나이')
myencoding = 'utf-8'
mydata = [('김철수', 10), ('박영희', 20)]
```

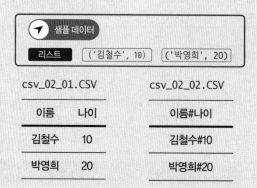

샘플 데이터

리스트   ('김철수', 10)   ('박영희', 20)

csv_02_01.CSV

이름	나이
김철수	10
박영희	20

csv_02_02.CSV

이름#나이
김철수#10
박영희#20

3.4 판다스를 이용한 누락 데이터 처리와 데이터 집계

이번 절에서는 누락된 데이터 처리 기법과 각종 집계 관련 함수들에 대하여 다뤄 보겠습니다.

3.4.1 누락 데이터 처리

누락된 데이터를 처리하는 일은 데이터 분석 과정에서 자주 있는 일입니다. 판다스의 설계 목표 중 하나는 누락된 데이터를 가능한 한 쉽게 처리할 수 있도록 하는 것입니다. 판다스 객체의 모든 기술 통계는 누락된 데이터를 제외하도록 설계되었습니다. 판다스는 누락된 데이터를 모두 NaN(Not a Number)으로 취급하고, 파이썬의 **None** 타입 역시 NaN로 취급합니다.

누락된 데이터 고르기(dropna() 함수)

먼저 누락된 데이터를 처리해주는 관련 함수를 살펴보겠습니다.

항목	설명
isnull()	• 해당 요소의 값이 NaN의 값이 저장된 경우 True를 반환하고, 값이 존재하는 경우 False를 반환합니다. • 파이썬의 None도 NaN으로 취급됩니다.
notnull()	• isnull() 함수와 True/False를 반대로 반환합니다. • 다음과 같이 notnull() 인자를 사용하여 참인 항목들만 출력할 수도 있습니다. 예) myseries[myseries.notnull()]

예를 들어, 다음 시리즈에서 '강감찬'은 누락된 데이터가 아니므로 isnull() 함수를 사용하면 False가 됩니다. 동일한 논리로 NaN은 True가 됩니다. notnull() 함수는 isnull() 함수와 반대의 기능을 수행합니다. 즉, 값이 존재하면 True, NaN은 False가 됩니다.

진위값이 추가된 시리즈

dropna() 함수는 누락된 데이터가 있는 행과 열을 제외시키고, 나머지 행 또는 열을 조회합니다. 기본값으로 행의 일부 중에서 NaN이 하나라도 있는 모든 행은 배제시킵니다.

항목	설명
사용 형식	dropna(self, axis=0, how='any', thresh=None, subset=None, inplace=False)
axis	0이면 행을 대상으로, 1이면 컬럼을 대상으로 배제합니다.
how	• "all"이라는 값을 지정하면 행의 모든 값이 NaN인 행인 경우에만 배제시킵니다. • "any"라는 값은 의미 있는 값이 하나라도 존재하는 행은 조회됩니다.
subset	특정 컬럼을 대상으로 NaN이 있는 행들만 제외시킵니다. 예) [영어] 컬럼에 NaN이 있는 행들만 제외하세요. 　　print(myframe.dropna(subset=['영어']))
thresh	thresh 인자를 사용하게 되면 임계치를 설정할 수 있습니다. 예) 한 행에 NaN이 아닌 항목이 2개 이상인 항목인 것만 조회하세요. 　　print(frame2.dropna(thresh=2))

시리즈의 누락된 데이터를 처리하기 위하여 실습용 시리즈를 만듭니다. 이 시리즈는 누락된 데이터가 1개 들어 있습니다.

code: missingValue01.py

```
01   import numpy  as np
02   import pandas as pd
03
04   from pandas import DataFrame, Series
05
06   print('\n# 시리즈의 누락된 데이터 처리하기')
07   print('# 원본 시리즈')
08   myseries = Series(['강감찬', '이순신', np.nan, '광해군'])
09   print(myseries)
```

📋 **실행 결과**

```
# 원본 시리즈
0    강감찬
1    이순신
2    NaN
3    광해군
dtype: object
```

isnull() 함수는 값이 NaN이면 True를 반환합니다. 파이썬의 None도 NaN으로 취급이 됩니다. 색인의 번호가 2인 항목에 NaN이 들어 있으므로 isnull() 함수는 True를 반환합니다.

```
11   print('\n# isnull() 함수는 값이 NaN이면 True를 반환합니다.')
12   print('# 파이썬의 None도 NaN으로 취급됩니다.')
13   print(myseries.isnull())
```

notnull()은 isnull() 함수의 반대가 되는 함수입니다. 시리즈에서 NaN을 제외한 데이터만 추출하고 싶은 경우에는 myseries[myseries.notnull()]와 같이 처리하면 됩니다.

```
19   print('\n# notnull() 인자를 이용하여 참인 항목들만 출력합니다.')
20   print(myseries[myseries.notnull()])
```

원본 시리즈

색인	값
0	강감찬
1	이순신
2	NaN
3	광해군

➡️

myseries.notnull()

색인	값	진위값
0	강감찬	TRUE
1	이순신	TRUE
2	NaN	FALSE
3	광해군	TRUE

➡️

myseries[myseries.notnull()]

색인	값
0	강감찬
1	이순신
3	광해군

notnull() 메소드는 값이 NaN이 아니면 True를 반환합니다.

dropna() 함수는 누락된 데이터가 있는 행과 열을 제외시킵니다. 2번 시리즈가 누락된 데이터이므로 삭제됩니다.

```
22   print('\n# dropna() 함수는 누락된 데이터가 있는 행과 열을 제외시킨다.')
23   print(myseries.dropna())
```

# 원본 시리즈			myseries.dropna()	
색인	값		색인	값
0	강감찬	→	0	강감찬
1	이순신		1	이순신
2	NaN		3	광해군
3	광해군			

> dropna() 함수는 누락된 데이터가 있는 행과 열을 제외시킨다.

이번에는 excel02.csv 파일을 사용해 봅니다. 데이터를 읽어서 샘플 데이터프레임을 만듭니다. 일부 데이터에 NaN이 들어 있는 데이터입니다.

```
25   print('\n# 데이터프레임의 누락된 데이터 처리하기')
26   print('# 누락된 데이터가 있는 샘플 데이터프레임')
27   filename = 'excel02.csv'
28   myframe = pd.read_csv(filename, index_col='이름', encoding='utf-8')
29   print(myframe)
```

원본 데이터프레임

색인	국어	영어	수학
강감찬	10.00	20.00	30.00
홍길동	40.00	NaN	NaN
박영희	NaN	NaN	NaN
김철수	NaN	50.00	60.00

dropna() 인자는 NaN이 하나라도 있는 모든 행은 배제합니다. '강감찬'을 제외한 모든 학생은 최소 한 과목 이상 NaN 값을 가지고 있습니다. 그러므로, '강감찬' 학생만 조회됩니다.

```
31  print('\n# dropna() 인자는 Nan이 하나라도 있는 모든 행은 배제합니다.')
32  cleaned = myframe.dropna(axis=0)
33  print(cleaned)
```

원본 데이터프레임

색인	국어	영어	수학
강감찬	10.00	20.00	30.00
홍길동	40.00	NaN	NaN
박영희	NaN	NaN	NaN
김철수	NaN	50.00	60.00

myframe.dropna(axis=0)

색인	국어	영어	수학
강감찬	10.00	20.00	30.00

> dropna() 인자는 NaN이 하나라도 있는 모든 행은 배제합니다.

'박영희' 학생은 모든 시험을 미응시하였습니다. how="all" 옵션을 주면 모든 값이 NaN인 행만 배제합니다. 따라서 how="all" 옵션을 사용하면 '박영희' 학생만 목록에서 배제됩니다. 의미 있는 값이 하나라도 들어 있는 행은 배제되지 않습니다.

```
35  print('\n# how="all" 옵션을 주면 모든 값이 NaN인 행만 배제합니다.')
36  print('# 의미 있는 값이 하나라도 있으면 해당 행은 보여줍니다.')
37  cleaned = myframe.dropna(axis=0, how='all')
38  print(cleaned)
```

원본 데이터프레임

색인	국어	영어	수학
강감찬	10.00	20.00	30.00
홍길동	40.00	NaN	NaN
박영희	NaN	NaN	NaN
김철수	NaN	50.00	60.00

myframe.dropna(axis=0, how='all')

색인	국어	영어	수학
강감찬	10.00	20.00	30.00
홍길동	40.00	NaN	NaN
김철수	NaN	50.00	60.00

> how="all" 옵션을 주면 모든 값이 NaN인 행만 배제합니다.

특정 열에 대해서만 체크하고 싶은 경우에는 subset 옵션을 사용하면 됩니다. [영어]
컬럼에 NaN이 있는 행들만 삭제하는 예제입니다.

```
40   print('\n# [영어] 컬럼에 NaN이 있는 행들만 삭제하세요.')
41   print(myframe.dropna(subset=['영어']))
```

\# 원본 데이터프레임   myframe.dropna(subset=['영어'])

색인	국어	영어	수학
강감찬	10.00	20.00	30.00
홍길동	40.00	NaN	NaN
박영희	NaN	NaN	NaN
김철수	NaN	50.00	60.00

색인	국어	영어	수학
강감찬	10.00	20.00	30.00
김철수	NaN	50.00	60.00

> [영어] 컬럼에 NaN이 있
> 는 행들만 삭제하세요.

컬럼을 배제하는 방법은 axis=1 옵션을 설정하면 됩니다. axis=1 옵션과 how='all'
옵션으로 모든 열에 NaN 데이터가 있으면 삭제합니다. 이 예제에서 조건에 맞는 열이
없으므로, 제거되는 열은 없습니다.

```
44   print('\n# 컬럼을 배제하는 방법은 axis=1 옵션을 설정하면 됩니다.')
45   # 나머지는 행을 배제할 때 옵션들과 동일하다.
46   cleaned = myframe.dropna(axis=1, how='all')
47   print(cleaned)
```

\# 원본 데이터프레임   myframe.fillna(0, inplace=False)

색인	국어	영어	수학
강감찬	10.00	20.00	30.00
홍길동	40.00	NaN	NaN
박영희	NaN	NaN	NaN
김철수	NaN	50.00	60.00

색인	국어	영어	수학
강감찬	10.00	20.00	30.00
홍길동	40.00	0.00	0.00
박영희	0.00	0.00	0.00
김철수	0.00	50.00	60.00

> 컬럼을 배제하는 방법은
> axis=1 옵션을 설정하
> 면 됩니다.

'강감찬'과 '홍길동' 학생의 '국어' 점수를 NaN으로 변경합니다. '국어' 시험의 열이
모두 NaN 값입니다.

```
44   print('\n# 컬럼을 배제하는 방법은 axis=1 옵션을 설정하면 됩니다.')
45   # 나머지는 행을 배제할 때 옵션들과 동일하다.
46   cleaned = myframe.dropna(axis=1, how='all')
47   print(cleaned)
```

원본 데이터 프레임

색인	국어	영어	수학
강감찬	NaN	20	30
홍길동	NaN	NaN	NaN
박영희	NaN	NaN	NaN
김철수	NaN	50	60

따라서 axis=1 옵션과 how='all' 옵션을 사용하면 '국어' 열이 모두 NaN이므로 '국
어' 열이 삭제됩니다.

```
54   print(myframe.dropna(axis=1, how='all'))
```

원본 데이터프레임

색인	국어	영어	수학
강감찬	NaN	20	30
홍길동	NaN	NaN	NaN
박영희	NaN	NaN	NaN
김철수	NaN	50	60

myframe.dropna(axis=1, how='all')

색인	영어	수학
강감찬	20	30
홍길동	NaN	NaN
박영희	NaN	NaN
김철수	50	60

thresh는 임계 값으로, thresh=2 옵션은 NaN이 아닌 데이터가 2개 이상이면 모두 조
회하는 옵션입니다.

```
56   print('\n# thresh 옵션 사용하기')
57   print(myframe.dropna(axis=1, thresh=2))
```

원본 데이터프레임

색인	국어	영어	수학
강감찬	NaN	20	30
홍길동	NaN	NaN	NaN
박영희	NaN	NaN	NaN
김철수	NaN	50	60

myframe.dropna(axis=1, thresh=2)

색인	영어	수학
강감찬	20	30
홍길동	NaN	NaN
박영희	NaN	NaN
김철수	50	60

열 방향으로 NaN 값이 하나라도 존재하는 열은 모두 제거합니다. 따라서 비어 있는 데
이터프레임을 반환합니다.

```
59   print('\n# 열방향으로 NaN 값이 하나라도 존재하는 열은 모두 제거합니다.')
60   print(myframe.dropna(axis=1, how='any'))
```

원본 데이터프레임

색인	국어	영어	수학
강감찬	NaN	20	30
홍길동	NaN	NaN	NaN
박영희	NaN	NaN	NaN
김철수	NaN	50	60

myframe.dropna(axis=1, how='any')

색인
강감찬
홍길동
박영희
김철수

누락된 데이터 값 채우기(fillna() 함수)

판다스는 누락된 데이터에 대하여 데이터를 채워 넣기 위한 fillna() 함수를 제공하고 있습니다. 데이터베이스의 NVL 함수와 유사한 기능이라고 보시면 됩니다.

항목	설명
사용 형식	fillna(value=None, method=None, axis=None, inplace=False, limit=None, downcast=None)
value	비어 있는 값을 채울 스칼라 값이나 딕셔너리 형식의 객체를 의미합니다.
method	보간 방식[1], 기본적으로 'ffill'을 사용합니다.
axis	값을 채워 넣을 축, 기본값은 axis=0
inplace	• 복사본을 생성하지 않고, 호출한 객체를 변경합니다. 기본값 : False • fillna() 함수를 실행하면, 매번 새로운 객체로 반환됩니다. • 원본 객체를 변경하려면 inplace=True 옵션을 사용하면 됩니다.
limit	값을 앞 또는 뒤에서부터 몇 개까지 채울지를 지정합니다.

누락된 데이터가 있는 샘플 파일을 읽어 와서 데이터프레임으로 저장합니다.

code: missingValue02.py

```
01  import numpy as np
02  import pandas as pd
03  from pandas import Series
04
05  filename = 'excel01.csv'
06
07  print('\n# 누락된 데이터가 있는 샘플 데이터프레임')
08  myframe = pd.read_csv(filename, index_col='이름')
09  print(myframe)
```

---

[1] 통계적 혹은 실험적으로 구해진 데이터들로부터 함수를 이용해 함숫값을 구하는 방식

원본 데이터프레임

색인	국어	영어	수학
강감찬	10.00	20.00	30.00
홍길동	40.00	NaN	NaN
박영희	NaN	NaN	NaN
김철수	NaN	50.00	60.00

fillna() 함수는 누락된 데이터를 다른 값으로 치환할 수 있습니다. NaN 데이터를 모두 0으로 변경하고 있습니다. inplace=False 옵션은 원본 데이터를 영구적으로 변경하지 않습니다. 한시적인 결과를 보고싶을 때 사용됩니다.

```
11   print('\n# fillna() 메소드를 이용한 다른 값 대체하기')
12   # 누락된 값은 모두 0으로 치환하시오.
13   print(myframe.fillna(0, inplace=False))
14
15   print('\n# inplace=False이므로 원본은 변동 사항이 없다.')
16   print(myframe)
```

원본 데이터프레임

색인	국어	영어	수학
강감찬	10.00	20.00	30.00
홍길동	40.00	NaN	NaN
박영희	NaN	NaN	NaN
김철수	NaN	50.00	60.00

myframe.fillna(0, inplace=False)

색인	국어	영어	수학
강감찬	10.00	20.00	30.00
홍길동	40.00	0.00	0.00
박영희	0.00	0.00	0.00
김철수	0.00	50.00	60.00

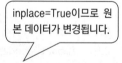

inplace=True이므로 원본 데이터가 변경됩니다.

fillna() 함수를 사용하여 원본 객체를 변경하려면 inplace=True 옵션을 사용하면 됩니다. 즉, inplace=True 옵션은 복사본을 생성하지 않고, 호출한 객체 자체를 변경하기 위한 옵션입니다.

```
18    # fillna() 메소드를 실행하면, 매번 새로운 객체로 반환된다.
19    # 오리지널 기존 객체를 변경하려면 inplace=True 옵션을 사용하면 된다.
20    # inplace=True 옵션 : 복사본을 생성하지 않고, 호출한 객체 자체를 변경하겠다(기본
      값 : False).
21    print('\n# inplace=True이므로 원본 데이터가 변경된다.')
22    myframe.fillna(0, inplace=True)
23    print(myframe)
```

원본 데이터프레임

색인	국어	영어	수학
강감찬	10.00	20.00	30.00
홍길동	40.00	0.00	0.00
박영희	0.00	0.00	0.00
김철수	0.00	50.00	60.00

누락된 데이터가 있는 샘플을 만들기 위하여 데이터프레임의 일부를 수정합니다.

```
25    print('\n# 누락된 데이터가 있는 샘플 데이터프레임')
26    myframe.loc[['강감찬', '홍길동'], ['국어', '영어']] = np.nan
27    myframe.loc[['박영희', '김철수'], ['수학']] = np.nan
28    print(myframe)
```

원본 데이터프레임

색인	국어	영어	수학
강감찬	10.00	20.00	30.00
홍길동	40.00	0.00	0.00
박영희	0.00	0.00	0.00
김철수	0.00	50.00	60.00

데이터 일부 수정하기

색인	국어	영어	수학
강감찬	NaN	NaN	30.00
홍길동	NaN	NaN	0.00
박영희	0.00	0.00	NaN
김철수	0.00	50.00	NaN

딕셔너리를 이용하여 서로 다른 컬럼에 대하여 각각 임의의 다른 값으로 치환이 가능합니다. 다음 예제는 딕셔너리를 이용하여 '국어' 컬럼은 15, '영어' 컬럼은 25, '수학' 컬럼은 35으로 변경하는 예제입니다.

```
30  print('\n# 임의의 값을 다른 값으로 치환하기')
31  print('# "국어" 컬럼의 NaN 값들은 15로 변경하라')
32  mydict = {'국어':15, '영어':25, '수학':35}
33  myframe.fillna(mydict, inplace=True)
34
35  print(myframe)
```

원본 데이터프레임

색인	국어	영어	수학
강감찬	NaN	NaN	30.00
홍길동	NaN	NaN	0.00
박영희	0.00	0.00	NaN
김철수	0.00	50.00	NaN

mydict = {'국어':15, '영어':25, '수학':35}
myframe.fillna(mydict, inplace=True)

색인	국어	영어	수학
강감찬	15.00	25.00	30.00
홍길동	15.00	25.00	0.00
박영희	0.00	0.00	35.00
김철수	0.00	50.00	35.00

누락된 데이터가 있는 샘플을 만들기 위하여 데이터프레임의 일부를 수정합니다.

```
38  myframe.loc[['박영희'], ['국어']] = np.nan
39  myframe.loc[['홍길동'], ['영어']] = np.nan
40  myframe.loc[['김철수'], ['수학']] = np.nan
41
42  print(myframe)
```

원본 데이터프레임

색인	국어	영어	수학
강감찬	15.00	25.00	30.00
홍길동	15.00	25.00	0.00
박영희	0.00	0.00	35.00
김철수	0.00	50.00	35.00

myframe.loc[['박영희'], ['국어']] = np.nan
myframe.loc[['홍길동'], ['영어']] = np.nan
myframe.loc[['김철수'], ['수학']] = np.nan

색인	국어	영어	수학
강감찬	15.00	25.00	30.00
홍길동	15.00	NaN	0.00
박영희	NaN	0.00	35.00
김철수	0.00	50.00	NaN

NaN 값을 다른 값으로 치환하고자 할 때, NaN이 아닌 값들의 평균값으로 대체하는 경우도 있습니다. 다음 예제는 평균값으로 치환하는 예제입니다. `myframe['국어']`는 '국어' 컬럼에 대한 시리즈입니다. 여기에 `mean()` 함수를 사용하면, 평균값을 구할 수 있는데 이것을 딕셔너리 형식으로 만들면 치환할 수 있습니다.

```
45   mydict = {'국어':myframe['국어'].mean(),
46            '영어':myframe['영어'].mean(),
47            '수학':myframe['수학'].mean()}
48
49   myframe.fillna(mydict, inplace=True)
50
51   print(myframe)
```

```
mydict = {'국어':myframe['국어'].mean(),
          '영어':myframe['영어'].mean(),
          '수학':myframe['수학'].mean()}
```

```
myframe.fillna(mydict, inplace=True)
```

\# 원본 데이터프레임

색인	국어	영어	수학
강감찬	15.00	25.00	30.00
홍길동	15.00	NaN	0.00
박영희	NaN	0.00	35.00
김철수	0.00	50.00	NaN

색인	국어	영어	수학
강감찬	15.00	25.00	30.00
홍길동	15.00	25.00	0.00
박영희	10.00	0.00	35.00
김철수	0.00	50.00	21.67

3.4.2 데이터 집계

판다스에서 사용되는 모든 집계 함수는 기본값으로 누락된 데이터(NaN)를 배제하고 연산을 수행합니다. 그리고 축 관련 옵션인 axis는 값이 0이면 열 방향으로, 1이면 행 방향으로 데이터 처리를 수행합니다. 행 또는 열에 1개 이상의 NaN이 존재할 때, 이 값을 무시하려면 skipna = True 옵션을 사용하면 됩니다.

데이터 집계 관련 함수

데이터들의 집계와 관련된 함수는 다음과 같은 항목들이 있습니다.

항목	설명
sum()	• 배열 전체 혹은 특정 축에 대한 모든 원소의 합을 계산합니다. • 크기가 0인 배열에 대한 연산 결과는 0입니다.
mean()	• 산술 평균을 구합니다. • 크기가 0인 배열에 대한 연산 결과는 NaN입니다.
std(), var()	• 각각 표준 편차와 분산을 구합니다. • 선택적으로 자유도를 줄 수 있으면 분모의 기본값은 n입니다.
min(), max()	최솟값, 최댓값을 구합니다.
argmin(), argmax()	최소 원소의 색인 값, 최대 원소의 색인 값을 구합니다.
cumsum()	누산 함수라고 하는데, 각 원소의 누적 합을 구합니다(cumulative sum).
cumprod()	각 원소의 누적 곱을 구합니다.
describe()	시리즈에도 사용 가능하며 기술 통계량 정보를 보여 줍니다.

기술 통계 계산과 요약(일반)

판다스 객체는 일반적인 수학 함수와 통계(집계) 함수를 가지고 있습니다. 판다스는 처음부터 누락된 데이터는 제외하도록 설계되었습니다.

4행 3열의 데이터프레임을 생성합니다.

code: aggregate01.py

```
01   import numpy as np
02   from pandas import DataFrame
03
04   mydata=[[10.0, np.nan, 20.0], [20.0, 30.0, 40.0], \
05                   [np.nan, np.nan, np.nan], [40.0, 50.0, 30.0]]
06   myindex=['이순신', '김유신', '윤봉길', '계백']
07   mycolumn=['국어', '영어', '수학']
08   myframe=DataFrame(data=mydata, \
09            index=myindex, columns=mycolumn)
10   print('\n# 성적 데이터프레임 출력')
11   print(myframe)
```

성적 데이터프레임 출력

	국어	영어	수학
이순신	10.00	NaN	20.00
김유신	20.00	30.00	40.00
윤봉길	NaN	NaN	NaN
계백	40.00	50.00	30.00

집계 함수는 기본값으로 누락된 데이터(NaN)를 배제하고 연산을 수행합니다. 다음 예제는 sum() 함수를 호출하여 각 컬럼의 합을 담은, 시리즈를 반환해주는 예제입니다.

```
13   print('\n# 집계 함수는 기본값으로 누락된 데이터(NaN)를 배제하고 연산합니다.')
14   # sum() 메소드를 호출하면 각 컬럼의 합을 담은, 시리즈를 반환합니다.
15   print('\n# sum 함수 사용 시 (axis=0)은 열 방향으로 합산합니다.')
16   print(myframe.sum(axis=0))
```

성적 데이터프레임 출력　　　　　　　　myframe.sum(axis=0)

	국어	영어	수학
이순신	10.00	NaN	20.00
김유신	20.00	30.00	40.00
윤봉길	NaN	NaN	NaN
계백	40.00	50.00	30.00

➡

	국어	영어	수학
이순신	10.00	NaN	20.00
김유신	20.00	30.00	40.00
윤봉길	NaN	NaN	NaN
계백	40.00	50.00	30.00
합계	70.00	80.00	90.00

NaN을 배제하고 수직 방향으로 합산합니다.

sum 함수 사용 시 (axis=1)은 행 방향으로 합산합니다.

```
18    print('\n# sum 함수 사용 시 (axis=1)은 행 방향으로 합산합니다.')
19    print(myframe.sum(axis=1))
```

성적 데이터프레임 출력　　　　　　　　myframe.sum(axis=1)

	국어	영어	수학
이순신	10.00	NaN	20.00
김유신	20.00	30.00	40.00
윤봉길	NaN	NaN	NaN
계백	40.00	50.00	30.00

➡

	국어	영어	수학	평균
이순신	10.00	NaN	20.00	30.00
김유신	20.00	30.00	40.00	90.00
윤봉길	NaN	NaN	NaN	0.00
계백	40.00	50.00	30.00	120.00

NaN을 배제하고 수평 방향으로 합산합니다.

skipna=False 옵션은, 수평 방향으로 NaN이 하나라도 존재하면 연산 결과는 NaN 으로 보여 줍니다. 행 또는 열의 NaN 값을 무시하고 연산을 수행하고자 하는 경우 skipna = True 옵션을 사용하면 됩니다.

```
21    print('\n# mean, axis=1, skipna=False 옵션 사용하기')
22    print(myframe.mean(axis=1, skipna=False))
```

성적 데이터프레임 출력　　　　　　　　myframe.mean(axis=1, skipna=False)

	국어	영어	수학
이순신	10.00	NaN	20.00
김유신	20.00	30.00	40.00
윤봉길	NaN	NaN	NaN
계백	40.00	50.00	30.00

➡

	국어	영어	수학	평균
이순신	10.00	NaN	20.00	NaN
김유신	20.00	30.00	40.00	30.00
윤봉길	NaN	NaN	NaN	NaN
계백	40.00	50.00	30.00	40.00

NaN가 포함되지 않는 행에 대하여 수평 방향으로 산술 평균을 구합니다.

```
25    # 행 또는 열에 1개 이상의 NaN이 존재할 때,
26    # 이 행 또는 열을 무시하려면 skipna=True 옵션을 사용합니다.
27    print('\n# mean, axis=1, skipna=True 옵션 사용하기')
28    print(myframe.mean(axis=1, skipna=True))
```

성적 데이터프레임 출력   myframe.mean(axis=1, skipna=True)

	국어	영어	수학
이순신	10.00	NaN	20.00
김유신	20.00	30.00	40.00
윤봉길	NaN	NaN	NaN
계백	40.00	50.00	30.00

	국어	영어	수학	평균
이순신	10.00	NaN	20.00	15.00
김유신	20.00	30.00	40.00	30.00
윤봉길	NaN	NaN	NaN	NaN
계백	40.00	50.00	30.00	40.00

NaN를 배제한 상태에서 행의 산술 평균을 구합니다.

NaN을 배제하지 않고, 최댓값을 구합니다. '이순신'은 NaN이 포함되어 있으므로, NaN이 됩니다.

```
31    print('\n# max, axis=1, skipna=False 옵션 사용하기')
32    print(myframe.max(axis=1, skipna=False))
```

성적 데이터프레임 출력   myframe.max(axis=1, skipna=False)

	국어	영어	수학
이순신	10.00	NaN	20.00
김유신	20.00	30.00	40.00
윤봉길	NaN	NaN	NaN
계백	40.00	50.00	30.00

	국어	영어	수학	평균
이순신	10.00	NaN	20.00	NaN
김유신	20.00	30.00	40.00	40.00
윤봉길	NaN	NaN	NaN	NaN
계백	40.00	50.00	30.00	50.00

NaN가 포함되지 않는 행에 대하여 수평 방향으로 최댓값을 구합니다.

NaN을 배제하고, 최댓값을 구합니다.

```
35    print('\n# max, axis=1, skipna=True 옵션 사용하기')
36    print(myframe.max(axis=1, skipna=True))
```

\# 성적 데이터프레임 출력   myframe.max(axis=1, skipna=True)

	국어	영어	수학
이순신	10.00	NaN	20.00
김유신	20.00	30.00	40.00
윤봉길	NaN	NaN	NaN
계백	40.00	50.00	50.00

→

	국어	영어	수학	평균
이순신	10.00	NaN	20.00	20.00
김유신	20.00	30.00	40.00	40.00
윤봉길	NaN	NaN	NaN	NaN
계백	40.00	50.00	30.00	50.00

> NaN를 배제한 상태에서 행의 수평 방향으로 최댓값을 구합니다.

idxmax() 함수는 최댓값을 가지고 있는 색인을 반환합니다. '국어' 점수가 가장 높은 행의 색인 이름은 '계백'입니다. 나머지 과목도 동일한 방식으로 접근하면 됩니다.

```
39   print('\n# idxmax() 메소드 : 최댓값을  가지고 있는 색인을 반환합니다.')
40   print(myframe.idxmax())
```

\# 성적 데이터프레임 출력   myframe.idxmax()   \# 최종 결과

	국어	영어	수학
이순신	10.00	NaN	20.00
김유신	20.00	30.00	40.00
윤봉길	NaN	NaN	NaN
계백	40.00	50.00	30.00

→

	국어	영어	수학
이순신	10.00	NaN	20.00
김유신	20.00	30.00	40.00
윤봉길	NaN	NaN	NaN
계백	40.00	50.00	30.00

→

컬럼	색인
국어	계백
영어	계백
수학	김유신

> 최댓값을 가지고 있는 색인 정보를 반환합니다.

```
42   print('\n# 원본 데이터프레임')
43   print(myframe)
```

\# 성적 데이터프레임 출력

	국어	영어	수학
이순신	10.00	NaN	20.00
김유신	20.00	30.00	40.00
윤봉길	NaN	NaN	NaN
계백	40.00	50.00	30.00

누적(cumulative)과 관련된 함수에는 누적 합(cumulative sums)을 구하는 `cumsum()` 함수, 누적 곱(cumulative products)을 구하는 `cumprod()` 함수, 누적 최솟값(cumulative minima)을 구하는 `cummin()` 함수, 누적 최댓값(cumulative maxima)을 구하는 `cummax()` 함수 등이 있습니다.

```
46    print('\n# 누적 합 메소드 : 누적 합 구하기(axis=0)')
47    print(myframe.cumsum(axis=0))
```

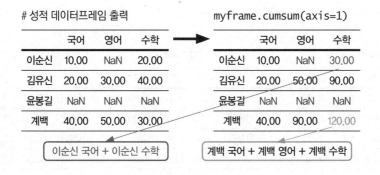

성적 데이터프레임 출력

	국어	영어	수학
이순신	10.00	NaN	20.00
김유신	20.00	30.00	40.00
윤봉길	NaN	NaN	NaN
계백	40.00	50.00	30.00

이순신 국어 + 김유신 국어

myframe.cumsum(axis=0)

	국어	영어	수학
이순신	10.00	NaN	20.00
김유신	30.00	30.00	60.00
윤봉길	NaN	NaN	NaN
계백	70.00	80.00	90.00

이순신 수학 + 김유신 수학 + 계백 수학

```
49    print('\n# 누적 합 메소드 : 누적 합 구하기(axis=1)')
50    print(myframe.cumsum(axis=1))
```

성적 데이터프레임 출력

	국어	영어	수학
이순신	10.00	NaN	20.00
김유신	20.00	30.00	40.00
윤봉길	NaN	NaN	NaN
계백	40.00	50.00	30.00

이순신 국어 + 이순신 수학

myframe.cumsum(axis=1)

	국어	영어	수학
이순신	10.00	NaN	30.00
김유신	20.00	50.00	90.00
윤봉길	NaN	NaN	NaN
계백	40.00	90.00	120.00

계백 국어 + 계백 영어 + 계백 수학

일반적으로 NaN 값에 대한 처리는 기본값을 정의하여 대입하거나, NaN이 아닌 값들의 평균값으로 대체하는 방법이 있습니다.

```
54   print('\n# 평균 구하기')
55   print(myframe.mean())
```

성적 데이터프레임 출력

	국어	영어	수학
이순신	10.00	NaN	20.00
김유신	20.00	30.00	40.00
윤봉길	NaN	NaN	NaN
계백	40.00	50.00	30.00

myframe.mean()

과목	평균
국어	23.33
영어	40.00
수학	30.00

```
57   # NaN 값에 대한 처리
58   # myframe.loc[myframe['국어'].isnull() , '국어']=55
59   # myframe.loc[myframe['영어'].isnull() , '영어']=60
60   # myframe.loc[myframe['수학'].isnull() , '수학']=30
61
62   # 평균값으로 대체하는 경우
63   myframe.loc[myframe['국어'].isnull(), '국어']=myframe['국어'].mean()
64   myframe.loc[myframe['영어'].isnull(), '영어']=myframe['영어'].mean()
65   myframe.loc[myframe['수학'].isnull(), '수학']=myframe['수학'].mean()
```

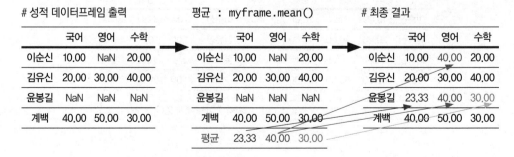

성적 데이터프레임 출력

	국어	영어	수학
이순신	10.00	NaN	20.00
김유신	20.00	30.00	40.00
윤봉길	NaN	NaN	NaN
계백	40.00	50.00	30.00

평균 : myframe.mean()

	국어	영어	수학
이순신	10.00	NaN	20.00
김유신	20.00	30.00	40.00
윤봉길	NaN	NaN	NaN
계백	40.00	50.00	30.00
평균	23.33	40.00	30.00

최종 결과

	국어	영어	수학
이순신	10.00	40.00	20.00
김유신	20.00	30.00	40.00
윤봉길	23.33	40.00	30.00
계백	40.00	50.00	30.00

```
myframe.loc[myframe['국어'].isnull(), '국어']=myframe['국어'].mean()
myframe.loc[myframe['영어'].isnull(), '영어']=myframe['영어'].mean()
myframe.loc[myframe['수학'].isnull(), '수학']=myframe['수학'].mean()
```

describe() 함수는 시리즈에도 사용 가능합니다. describe() 함수는 1번에 통계 결과를 여러 개 만들어 낼 때 사용합니다. count는 빈도 수, mean은 평균값, std는 표준편차, min부터 max까지는 4분위수를 의미합니다. 4분위수는 전체 데이터를 4등분하여 25, 50, 75, 100%에 해당하는 값들을 의미합니다.

```
67   print('\n# describe() 메소드는 시리즈에도 사용 가능합니다.')
68   print('\n# describe() 메소드 : 1번에 통계 결과를 여러 개 만들어 낼 때 사용합
     니다.')
69
70   print(myframe.describe())
```

describe() 메소드

	국어	영어	수학
count	4.00	4.00	4.00
mean	23.33	40.00	30.00
std	12.47	8.16	8.16
min	10.00	30.00	20.00
0.25	17.50	37.50	27.50
0.5	21.67	40.00	30.00
0.75	27.50	42.50	32.50
max	40.00	50.00	40.00

NaN을 대체한 새로운 데이터프레임의 결괏값을 출력합니다.

```
73   print(myframe)
```

최종 결과

	국어	영어	수학
이순신	10.000000	40.00	20.00
김유신	20.000000	30.00	40.00
윤봉길	23.333333	40.00	30.00
계백	40.000000	50.00	30.00

요점정리

- 판다스는 누락된 데이터를 모두 NaN으로 표기합니다.
- **isnull() 함수**는 **누락 또는** NaN의 값이 저장되어 있는 경우, True 값을 반환합니다.
- **notnull() 함수**는 isnull() 함수와 반대되는 값을 반환하는 함수입니다.
- **dropna() 함수**는 누락된 데이터가 있는 행과 열을 배제하는 역할을 합니다.
- **fillna() 함수**는 누락된 데이터의 값을 채워 주는 역할을 합니다.
- **집계 함수**는 sum(), mean(), std(), var(), min(), max(), argmin(), argmax(), cumsum(), cumprod(), describe() 등의 함수가 있습니다.
- **describe() 함수**는 1번에 통계 결과를 여러 개 만들어 낼 때 사용합니다.

연습문제

01 다음은 dropna() 함수에 대한 옵션들을 설명하고 있는 표입니다. 빈칸에 적절한 매개변수 이름을 채워 넣으세요.

항목	설명
사용 형식	dropna(self, axis=0, how='any', thresh=None, subset=None, inplace=False)
( )	0이면 행을 대상으로, 1이면 컬럼을 대상으로 배제합니다.
( )	• "all"이라는 값을 지정하면 행의 모든 값이 NaN인 행인 경우에만 배제시킵니다. • "any"라는 값은 의미 있는 값이 하나라도 존재하는 행은 조회됩니다.
( )	• 특정 컬럼을 대상으로 NaN이 있는 행들만 제외시킵니다.
( )	• thresh 인자를 사용하게 되면 임계치를 설정할 수 있습니다.

02 아래 'Before'와 같이 데이터프레임을 생성하고, NaN 값에 대해 처리하여 'After'
와 같이 변경해 보세요. 단, NaN에는 각 과목의 평균값을 채워 넣어야 합니다.

Before

	국어	영어	수학
강감찬	60.00	NaN	90.00
김유신	NaN	80.00	50.00
이순신	40.00	50.00	NaN

→

After

	국어	영어	수학
강감찬	60.00	65.00	90.00
김유신	50.00	80.00	50.00
이순신	40.00	50.00	70.00

03 과일매출현황.csv 파일을 읽어와서 아래 그림과 같이 누락된 데이터를 채워 넣으
세요.

원본 데이터프레임

색인	구입액	수입량
바나나	NaN	20.00
망고	30.00	25.00
멜론	60.00	30.00
사과	80.00	NaN

→

누락데이터 채워 넣기

색인	구입액	수입량
바나나	50.00	20.00
망고	30.00	25.00
멜론	60.00	30.00
사과	80.00	20.00

그리고 다음 실행 결과처럼 데이터가 나오도록 프로그램을 작성하세요.

구입액과 수입량의 각 소계

구입액	220.00
수입량	95.00

과일별 소계

바나나	70.00
망고	55.00
멜론	90.00
사과	100.00

구입액과 수입량의 평균

구입액	55.00
수입량	23.75

과일별 평균

바나나	35.00
망고	27.50
멜론	45.00
사과	50.00

3.5 맷플롯립을 이용한 데이터 시각화

표를 만들거나 다른 여러 가지 방식으로 시각화하는 작업은 빅데이터 분석에서 매우 중요한 일입니다. 시각화는 특이 값이 없는지 혹은 데이터의 변형이 필요한지 알아보거나 새로운 아이디어를 다시 도출하기 위한 과정의 일부분이기도 합니다. 파이썬에는 여러 가지 시각화 라이브러리가 있지만, 맷플롯립 라이브러리가 표준이 잘 확립되어 있고 비교적 다양한 경우에도 잘 동작하는 라이브러리로 알려져 있습니다. 맷플롯립을 사용하여 데이터를 시각화하는 방법을 알아보겠습니다.

맷플롯립은 파이썬에서 그래프를 그려주는 라이브러리입니다. 표준 플롯을 쉽게 그릴 수 있을 뿐만 아니라 복잡한 플롯과 세부적인 변경도 자유로운 유연한 라이브러리입니다. 맷플롯립은 line plot, bar chart, pie chart, histogram, box Plot, ccatter Plot 등을 비롯하여 다양한 차트와 플롯 스타일을 지원하며, matplotlib.org 갤러리 웹페이지에서 다양한 샘플 차트를 볼 수 있습니다. 또한, 넘파이 및 판다스(시리즈, 데이터프레임)가 제공하는 자료들과도 잘 연동됩니다.

3.5.1 맷플롯립 API

2002년 존 헌터(John Hunter)는 파이썬에서 매트랩(MATLAB)과 유사한 인터페이스를 지원하고자 맷플롯립 프로젝트를 시작하였습니다.

라이브러리 설치

맷플롯립을 사용하려면 우선 관련 라이브러리를 설치해야 합니다. `pip` 명령어를 사용하여 다음 과 같이 설치하면 됩니다.

● 맷플롯립 설치

```
pip install matplotlib
```

모듈 import

맷플롯립을 사용하려면 해당 모듈을 import해야 합니다. 그래프에 대한 거의 모든 맷
플롯립 API 함수들은 Matplotlib.pyplot 모듈 내에 들어 있습니다. 일반적으로 다
음과 같이 import를 수행하고 'plt'라는 별칭을 사용하여 많이 구현합니다.

> ● **모듈 import 문장**
>
> ```
> # 아래 2개의 문장을 모두 사용해야 하는 것은 아닙니다.
> # 필요한 모듈만 import하면 됩니다.
> # 주의 사항 : 상위 모듈을 import한다고 하위 모듈까지 import되지 않습니다.
> import matplotlib
> import matplotlib.pyplot as plt
> ```

pyplot 관련 함수

pyplot 모듈의 함수 중에서 다음 함수들은 자주 사용되는 항목들입니다.

pyplot 모듈 관련 함수	설명
axhline(y, xmin, xmax, **kwargs)	수평선을 그려주는 함수입니다. 예) plt.axhline(y=좌표, color='색상', linestyle='선의유형', linewidth=선의 두께) 참고로, 수직선을 그려주는 함수는 plt.axvline()입니다.
grid(진위형)	boolean은 True 혹은 False의 값을 가질 수 있으며 True면 눈금을 표시합니다.
show()	그래프를 화면에 출력합니다.
text(x, y, str, horizontalalignment)	지정된 위치 (x, y)에 str이라는 문자열을 표시합니다.
title('제목')	'제목'이라는 문장을 그래프의 제목으로 지정합니다.
xlabel(somelabel)	x축에 somelabel이라는 라벨(문구)을 지정합니다.
xlim([lower, upper])	x축 눈금의 상한값과 하한값을 지정합니다.
ylabel(somelabel)	y축에 somelabel이라는 라벨(문구)을 지정합니다.
ylim([lower, upper])	y축 눈금의 상한값과 하한값을 지정합니다.

한글 깨짐 방지와 마이너스 기호

그래프를 그리다 보면 한글이 깨져서 제대로 보이지 않는 경우가 있습니다. 다음과 같이 소소 코드의 상단에 추가적인 코딩을 해주면 깨짐을 방지할 수 있습니다.

● 한글 글꼴 깨짐 방지

```python
# 윈도 운영체제의 맑은 고딕 서체가 설치되어 있는 경우
plt.rcParams['font.family'] = 'Malgun Gothic'

# 맥 OS의 Apple Gothic 서체가 설치되어 있는 경우
# plt.rcParams['font.family'] = 'AppleGothic'
```

아래와 같이 구현해도 동일한 결과를 얻을 수 있습니다.

● 한글 글꼴 깨짐 방지

```python
import matplotlib.pyplot as plt
plt.rc('font', family='Malgun Gothic')
```

다음 코드는 그래프를 그릴 때 마이너스 부호가 깨지는 경우에 대비한 코드입니다.

● 그래프 그릴 때 마이너스 부호 깨짐

```python
matplotlib.rcParams['axes.unicode_minus'] = False
```

이미지로 저장하기

해당 그래프를 파일로 저장하기 위해서는 **plt.savefig()**라는 메소드를 사용합니다.

매개변수	설명
사용 형식	plt.savefig(파일 이름, dpi=정수, bbox_inches)
파일 이름	파일 경로나 파이썬의 파일과 유사한 객체를 나타내는 문자열을 지정합니다.
dpi	해상도 dpi(dots per inch)를 지정하며, 기본값은 100입니다.

3.5.2 꺾은선 그래프

꺾은선 그래프는 주로 수량의 변화를 시간의 흐름에 따라 보여줄 때 많이 사용됩니다. 시간에 따른 수량의 변화를 연속적으로 알아보기 쉽다는 장점이 있고, 확인되지 않는 중간의 값들도 개략적으로 예상할 수 있습니다.

꺾은선 그래프(시리즈)

시리즈 데이터를 이용하여 꺾은선 그래프를 그려보도록 합니다. 차트의 종류(kind 매개변수)는 꺾은선으로 표현하고, y축의 눈금(ylim 매개변수)을 설정하도록 합니다. 또한, 그래프에 격자(grid 매개변수)를 표시해 보도록 합니다.

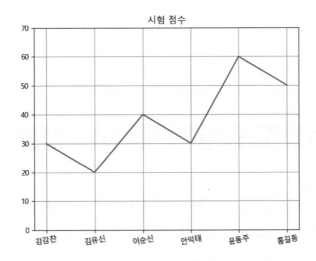

시각화를 수행할 데이터를 준비합니다.

```
01   from pandas import Series
02   import matplotlib.pyplot as plt
…
06   plt.rcParams['font.family'] = 'Malgun Gothic'
07
08   mylist = [30, 20, 40, 30, 60, 50]
09   myindex = ['강감찬', '김유신', '이순신', '안익태', '윤동주', '홍길동']
10
11   print(myindex)
12   print(mylist)
```

> **▤ 실행 결과**
> ['강감찬', '김유신', '이순신', '안익태', '윤동주', '홍길동']
> [30, 20, 40, 30, 60, 50]

시리즈를 이용하여 그래프를 그리고자 할 때는 다음과 같은 방법으로 그래프를 그리면 됩니다. 다음과 같은 시리즈의 **plot()** 함수들에 대한 여러 가지 옵션들이 존재합니다.

항목	설명
kind	그래프의 종류를 설정합니다. 'line', 'bar', 'barh'(수평 막대 그래프), 'pie', 'kde'(커널 밀도 추정 그래프) 등을 그릴 수 있습니다.
grid	축의 그리드(눈금)를 표시할 것인가의 여부를 설정합니다. 기본값은 True입니다.
rot	축에 보이는 눈금 이름을 지정한 각도만큼 회전시킵니다(0~360).
title	그래프에 들어가 창의 제목을 문자열로 설정합니다.
use_index	• 객체의 색인을 눈금으로 사용할 것인지의 여부를 설정합니다. • False면 색인을 x축의 눈금으로 사용하지 않겠다는 의미입니다.
ylim	y축의 상한값과 하한값을 설정합니다. 예) ylim=[10, 120]

해당 리스트를 시리즈로 변경합니다. `plot()` 함수에서 `title`은 그래프 창 제목, `kind`는 그래프의 유형, `ylim`는 y축의 상한값과 하한값을 의미합니다.

```
15   myseries = Series(data=mylist, index=myindex)
16   myylim = [0, myseries.max() + 10]
17   myseries.plot(title='시험 점수', kind='line', ylim=myylim, grid=True,
     rot=10, use_index=True)
```

그래프를 이미지로 저장합니다.

```
19   filename = 'seriesGraph01.png'
20   plt.savefig(filename, dpi=400, bbox_inches='tight')
21   print(filename + '파일이 저장되었습니다.')
22   plt.show()
```

꺾은선 그래프(데이터프레임)

직원들의 지역별 실적 정보를 저장하고 있는 엑셀 파일을 이용하여 꺾은선 그래프를 그려 봅니다. 그래프의 제목(`title` 매개변수)과 그림의 크기(`figsize` 매개변수)를 적절히 설정하도록 합니다. 범례(`legend` 매개변수)도 보여주도록 합니다.

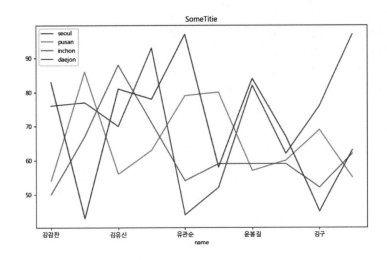

dataframeGraph.csv 파일을 읽습니다. set_index() 함수는 'name' 컬럼을 색인으로 이동시키는 함수입니다.

code: DataframeGraph01.py

```
01  import pandas as pd
02  import matplotlib.pyplot as plt
03  plt.rcParams['font.family'] = 'Malgun Gothic'
04
05  filename = 'dataframeGraph.csv'
06  myframe = pd.read_csv(filename, encoding='euc-kr')
07
08  myframe = myframe.set_index(keys='name')
09  print(myframe)
```

📋 실행 결과

	seoul	pusan	inchon	daejon
name				
강감찬	76	54	50	83
이순신	77	86	67	43
김유신	70	56	88	81
신사임당	93	63	71	78
유관순	44	79	54	97
이봉창	52	80	59	58
윤봉길	82	57	59	84
안중근	62	60	59	67
김구	76	69	52	45
김원봉	97	55	62	63

데이터프레임을 이용하여 그래프를 그리고자 할 때는 아래와 옵션을 사용하여 그리면 됩니다. 다음은 데이터프레임의 plot() 함수들에 대한 옵션들입니다.

항목	설명
kind	차트의 유형을 지정합니다. 예) **'bar'**(세로 막대), **'barh'**(가로 막대)
figsize	생성될 그래프의 크기를 튜플 형태로 지정합니다. 예) figsize=(10, 6)
legend	범례를 추가하는 옵션으로 기본값은 True입니다.
title	그래프의 제목을 문자열로 지정합니다.

데이터프레임의 plot() 함수를 사용하여 꺾은선 그래프를 그립니다. plot() 함수의 기본값은 **'line'**입니다.

```
11    myframe.plot(kind='line', title='SomeTitie', figsize=(10, 6), legend =
      True)
12
13    filename = 'dataframeGraph01.png'
14    plt.savefig(filename, dpi=400, bbox_inches='tight')
15    print(filename + '파일이 저장되었습니다.')
16
17    plt.show()
```

3.5.3 막대 그래프

막대 그래프란 여러 가지 통계 데이터나 양(量)을 막대 모양으로 나타낸 그래프를 말합니다. 크고 작음을 한눈에 이해할 수 있기 때문에 많이 사용되며, 다만 시간의 흐름에 따라 변화를 표현하는 것이라면 꺾은선 그래프를 사용하는 것이 좋습니다.

막대 그래프(시리즈_일원(一元))[2]

시리즈를 이용하여 수직 막대 그래프를 그립니다. 각 그래프의 상단에 건수를 표시하고, 각 그래프에 비율 및 평균값을 구하여 그래프에 수평선을 그려 봅니다.

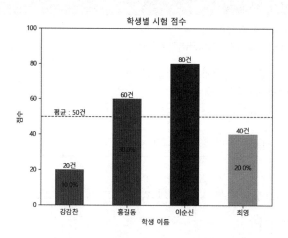

그래프를 그리고자 하는 데이터(학생들의 시험 점수)를 준비하고, 시리즈를 생성합니다.

code: seriesExam01.py

```
01   from pandas import Series
02   import matplotlib.pyplot as plt
03
04   plt.rc('font', family='Malgun Gothic')
05
06   myindex = ['강감찬', '홍길동', '이순신', '최영']
07
08   members = Series(data=[20, 60, 80, 40], index=myindex)
09   print(members)
```

📋 실행 결과

```
강감찬      20
홍길동      60
이순신      80
최영       40
dtype: int64
```

---

2) 일원(一元)이란 미지수의 개수가 한 개인 것을 의미합니다. 차트를 그리기 위해 입력해야 할 독립적인 변수가 1개라는 의미입니다.

그래프를 본격적으로 그리기 전에 시리즈에 대한 값의 내용과 색인 정보를 조회해 봅니다. 그래프 시각화와 직접적인 연관은 없지만 이러한 속성들을 알아 두면 그래프 그리는 데 도움이 됩니다.

```
12    print('# values 속성을 이용하여 요소들의 값을 확인할 수 있다')
13    print(members.values)
...   ...
16    print('# index 속성을 이용하여 색인 객체를 구할 수 있다.')
17    print(members.index)
```

📋 **실행 결과**

```
# values 속성을 이용하여 요소들의 값을 확인할 수 있다
[20 60 80 40]
...
# index 속성을 이용하여 색인 객체를 구할 수 있다.
Index(['강감찬', '홍길동', '이순신', '최영'], dtype='object')
```

시리즈의 plot() 함수와 여러 가지 매개변수를 이용하여 막대 그래프를 그려 봅니다. 우선 Series.plot() 함수들의 새로운 매개변수들을 살펴보겠습니다.

다음은 시리즈의 plot() 함수에 추가된 새로운 매개변수(옵션들)입니다.

항목	설명
color	색상을 지정합니다. 만약 색상을 지정하지 않으면 기본값으로 지정된 단일 색상을 사용합니다.

kind 매개변수에 **'bar'**라고 표현하면 막대 그래프가 됩니다.

```
20   members.plot(kind='bar', rot = 0, ylim=[0, members.max() + 20],
21               use_index=True, grid=False, table=False, color=['r',
     'g', 'b', 'y'])
22
23   plt.xlabel("학생 이름")
24   plt.ylabel("점수")
25   plt.title("학생별 시험 점수")
```

각 막대 그래프의 정중앙에 백분율을 표시하려고 합니다. 시리즈는 집계 함수를 가지고 있습니다. 백분율을 구하기 위하여 sum() 함수를 사용합니다.

```
27   # 백분율 관련 변수
28   ratio = 100 * members / members.sum()
29   print(ratio)
30   print('-' * 40)
```

📋 **실행 결과**

```
강감찬       10.0
홍길동       30.0
이순신       40.0
최영        20.0
dtype: float64
```

for 문을 사용하여 그래프 위에 "건수"를 표시하고, 그래프의 정중앙에 비율을 표시합니다.

```
32   for idx in range(members.size):
33       value = str(members[idx]) + '건' # 예시 : 60건
34       ratioval = '%.1f%%' % (ratio[idx]) # 예시 : 20.0%
35       # 그래프 위에 "건수" 표시
36       plt.text(x=idx, y=members[idx] + 1, s=value,
     horizontalalignment='center')
37       # 그래프 중간에 비율 표시
38       plt.text(x=idx, y=members[idx]/2, s=ratioval,
     horizontalalignment='center')
```

집계 함수 mean()을 이용하여 평균값을 구합니다.

```
40   # 평균값을 수평선으로 그리기
41   meanval = members.mean()
42   print(meanval)
```

> **🗐 실행 결과**
> 50

axhline() 함수는 수평선을 그려주는 함수입니다. 전체의 평균에 해당하는 값에 수평선을 그리고 평균값을 텍스트로 표시합니다.

```
45   average = '평균 : %d건' % meanval
46   plt.axhline(y=meanval, color='r', linewidth=1, linestyle='dashed')
47   plt.text(x=0, y=meanval +1 , s=average, horizontalalignment='center')
```

그래프를 이미지로 저장합니다.

```
49   filename = 'graph01.png'
50   plt.savefig(filename, dpi=400, bbox_inches='tight')
51   print(filename + '파일이 저장되었습니다.')
52   plt.show()
```

> **🗐 실행 결과**
> graph01.png 파일이 저장되었습니다.

막대 그래프(데이터프레임)

엑셀 파일에 들어 있는 내용을 읽어와 막대 그래프를 그려보겠습니다. 그래프의 제목
(title 매개변수)을 보여주고, 범례(legend 매개변수)의 위치는 오른쪽 하단에 보여
주도록 합니다.

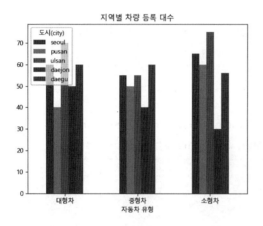

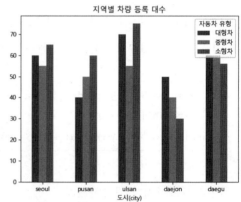

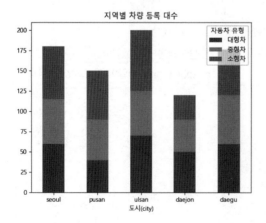

ex802.csv 파일을 읽어와서 막대 그래프를 그려 줍니다. row 1개를 그룹으로 묶어
서 차트를 그려 줍니다. 행(index) 색인의 이름(name)은 x축의 레이블이 됩니다. 컬럼
(columns) 색인의 이름(name)은 범례를 그릴 때 보이는 레이블이 됩니다.

code: DataframeGraph02.py

```
01  import pandas as pd
02  import matplotlib.pyplot as plt
03
04  plt.rcParams['font.family'] = 'Malgun Gothic'
05  # 엑셀 파일을 읽어와서 막대 그래프를 그려 준다.
06  # row 1개를 그룹으로 묶어 차트를 그려 준다.
07  filename = 'ex802.csv'
08
09  myframe = pd.read_csv(filename, index_col='type', encoding='utf-8')
10  myframe.index.name = '자동차 유형'
11  myframe.columns.name = '도시(city)'
```

다음은 데이터프레임의 plot() 함수의 새로운 옵션들입니다.

항목	설명
rot	눈금 이름을 회전시킬 각도를 지정합니다(0~360).
stacked	값이 True면 누적된 막대 그래프를 보여 줍니다.

범례에 제목(레이블)을 넣으려면 plot() 메소드의 legend 옵션을 사용해야 합니다.
plt.legend() 함수를 사용해도 가능합니다.

```
14  myframe.plot(kind='bar', rot=0, title='지역별 차량 등록 대수',
    legend=True)
15  # plt.legend(loc = 4) # 범례의 위치 : 오른쪽 하단(숫자4)
16
17  print(myframe)
```

실행 결과

도시(city)	seoul	pusan	ulsan	daejon	daegu
자동차 유형					
대형차	60	40	70	50	60
중형차	55	50	55	40	60
소형차	65	60	75	30	56

해당 그래프를 이미지로 저장합니다.

```
20   filename = 'dataframeGraph02_01.png'
21   plt.savefig(filename, dpi=400, bbox_inches='tight')
22   print(filename + '파일이 저장되었습니다.')
```

도시별 자동차 유형별 막대 그래프를 그려보기 위하여 데이터프레임을 전치합니다.

```
25   myframeT = myframe.T
26   print(myframeT)
27   print('-' * 40)
28
29   myframeT.plot(kind='bar', rot=0, title='지역별 차량 등록 대수',
     legend=True)
30   filename = 'dataframeGraph02_02.png'
31   plt.savefig(filename, dpi=400, bbox_inches='tight')
32   print(filename + '파일이 저장되었습니다.')
```

실행 결과

자동차 유형	대형차	중형차	소형차
도시(city)			
seoul	60	55	65
pusan	40	50	60
ulsan	70	55	75
daejon	50	40	30
daegu	60	60	56

누적된 막대 그래프를 그리기 위해 stacked=True 매개변수를 사용합니다.

```
35   ymax = myframeT.sum(axis=1)
36   ymaxlimit = ymax.max() + 10
37
38   myframeT.plot(kind='bar', ylim=[0, ymaxlimit], rot=0, stacked=True,
     title='지역별 차량 등록 대수', legend=True)
39   filename = 'dataframeGraph02_03.png'
40   plt.savefig(filename, dpi=400, bbox_inches='tight')
41   print(filename + '파일이 저장되었습니다.')
```

3.5.4 산점도 그래프

산점도 그래프는 2개의 연속형 변수 간의 관계(영향력)를 보기 위하여 직교 좌표의 x
축과 y축에 관측점을 찍어서 만든 그래프입니다. 산포도에 표시되는 각 점들은 자료
의 관측값을 의미합니다. 산점도에서 각 점의 위치는 각 관측값이 가지는 x축, y축 변
수의 값으로 결정되게 됩니다.

산점도 그래프(데이터프레임)

프로야구타자순위2021년.csv 파일을 이용하여 x축을 안타의 개수로, y축을 타점을 이
용하여 산점도 그래프를 그려보겠습니다. 색상은 팀명으로 하되 '두산', 'LG', '키움'
의 3개의 팀으로 제한하도록 하여, 구분하도록 합니다.

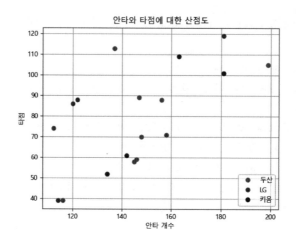

해당 CSV 파일을 읽어서, 개략적인 데이터의 유형을 파악하기 위하여 앞쪽 5행을 출력해봅니다. info() 함수를 이용하여 컬럼의 이름과 데이터 유형들을 파악합니다.

code: scatterPlot02.py

```
01    import pandas as pd
02    import matplotlib.pyplot as plt
03    plt.rcParams['font.family'] = 'Malgun Gothic'
04    filename = '프로야구타자순위2021년.csv'
05
06    myframe = pd.read_csv(filename, encoding='utf-8')
07    print('head() 메소드 실행 결과')
08    print(myframe.head())
```

다음은 head() 메소드의 실행 결과입니다. 컬럼의 이름과 함께 가장 먼저 나오는 5개의 행을 출력해주고 있습니다. 만약 10개의 행을 출력하려면 head(10)이라고 코딩하면 됩니다.

> **🖹 head() 메소드 실행 결과**
>
> | | 순위 | 선수명 | 팀명 | 타율 | 경기 | 타석 | 타수 | ... | 도루 | 도루실패 | 볼넷 | 사구 | 삼진 | 병살타 | 실책 |
> |---|---|---|---|---|---|---|---|---|---|---|---|---|---|---|---|
> | 0 | 1 | 최형우 | KIA | 0.354 | 140 | 600 | 522 | ... | 0 | 0 | 70 | 5 | 101 | 9 | 0 |
> | 1 | 2 | 손아섭 | 롯데 | 0.352 | 141 | 611 | 540 | ... | 5 | 0 | 61 | 2 | 56 | 9 | 1 |
> | 2 | 3 | 로하스 | KT | 0.349 | 142 | 628 | 550 | ... | 0 | 1 | 65 | 5 | 132 | 11 | 4 |
> | 3 | 4 | 박민우 | NC | 0.345 | 126 | 530 | 467 | ... | 13 | 6 | 36 | 15 | 48 | 12 | 10 |
> | 4 | 5 | 페르난데스 | 두산 | 0.340 | 144 | 668 | 586 | ... | 0 | 1 | 58 | 13 | 42 | 26 | 1 |

12	`print(myframe.info())`

다음은 info() 메소드의 실행 결과입니다. 데이터가 데이터프레임이라고 알려 주고, 색인의 유형, 컬럼의 정보가 함께 출력됩니다.

> **🖹 info() 메소드 실행 결과**
>
> ```
> <class 'pandas.core.frame.DataFrame'>
> RangeIndex: 53 entries, 0 to 52
> Data columns (total 19 columns):
>  #   Column  Non-Null Count  Dtype
> ---  ------  --------------  -----
>  0   순위      53 non-null     int64
>  1   선수명     53 non-null     object
>  2   팀명      53 non-null     object
>  3   타율      53 non-null     float64
>  4   경기      53 non-null     int64
>  5   타석      53 non-null     int64
>  6   타수      53 non-null     int64
>  7   안타      53 non-null     int64
>  8   2루타     53 non-null     int64
>  9   3루타     53 non-null     int64
>  10  홈런      53 non-null     int64
>  11  타점      53 non-null     int64
>  12  도루      53 non-null     int64
>  13  도루실패    53 non-null     int64
> ```

```
14   볼넷        53 non-null     int64
15   사구        53 non-null     int64
16   삼진        53 non-null     int64
17   병살타       53 non-null      int64
18   실책        53 non-null     int64
dtypes: float64(1), int64(16), object(2)
memory usage: 8.0+ KB
None
```

x축을 안타로, y축을 타점으로 하는 산점도 그래프를 다음과 같이 그리되, 색상은 3개 팀의 이름으로 구분하도록 합니다.

```
15   mycolors = ['r', 'g', 'b']
16   labels = ['두산', 'LG', '키움'] # myframe['팀명'].unique()
17   print(labels)
18
19   cnt = 0 # 카운터 변수
20
21   # 색상은 '팀명'으로 구분하도록 합니다
22   for finditem in labels:
23       xdata = myframe.loc[myframe['팀명'] == finditem, '안타']
24       ydata = myframe.loc[myframe['팀명'] == finditem, '타점']
25       plt.plot(xdata, ydata, color=mycolors[cnt], marker='o',
     linestyle='None', label=finditem)
26       cnt += 1
```

범례 및 차트를 위한 제목 창 타이틀, x, y레이블을 표시합니다.

```
28    plt.legend(loc=4) # 숫자 4는 오른쪽 하단에 범례를 위치시킵니다.
29    plt.xlabel("안타 개수")
30    plt.ylabel("타점")
31    plt.title("안타와 타점에 대한 산점도")
32    plt.grid(True)
33
34    plt.show()
```

3.5.5 파이 그래프

원 그래프라고도 하며, 전체에 대한 부분의 비율을 한눈에 알아보기 위해서는 파이 그
래프를 많이 사용합니다. 전체를 100%로 보고 각각의 항목에 대한 비율을 사용하여
그려 줍니다. 전체에서 차지하는 비율은 해당 부채꼴의 중심이 이루는 각으로 표현이
됩니다.

파이 그래프 그리기

취미 정보를 이용하여 파이 그래프를 그려 봅니다.

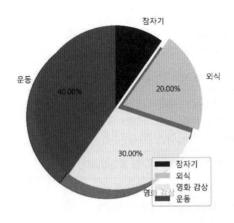

파이 그래프를 그릴 데이터를 준비합니다. hobbies 변수는 파이 그래프의 외부에 보
여지는 레이블을 의미합니다.

code: pieGraph01.py

```
01  import matplotlib.pyplot as plt
02  plt.rcParams['font.family'] = 'Malgun Gothic'
03
04  slices = [1, 2, 3, 4]
05  hobbies = ['잠자기', '외식', '영화 감상', '운동']
06  mycolors = ['blue', '#6AFF00', 'yellow', '#FF003C']
```

파이 그래프를 그리는 간단한 방법은 `pli.pie()` 함수를 사용하는 것입니다. `plt.pie()` 함수의 매개변수는 다음과 같은 항목들이 있습니다.

인수	설명
autopct	파이 조각의 전체 대비 백분율을 표시합니다. 예) autopct='%1.2f%%'이면 소수점 둘째 자리까지 표시하고 %를 붙여 줍니다.
colors	파이 조각의 색상을 표현합니다. 예) mycolors = ['blue', '#6AFF00', 'yellow', '#FF003C']
counterclock	데이터의 표현 방향을 설정합니다(시계, 반시계 방향). 예) counterclock = False
explode	파이 조각이 돌출되는 크기입니다. 0이면 돌출이 되지 않습니다. 예) explode=(0, 0.1, 0, 0)
labels	파이 조각 외부에 보여지는 레이블을 지정합니다.
pctdistance	• 비율을 보여주는 위치를 지정합니다. • 원점에서의 거리를 지정하면 됩니다. • autopct가 None이면, 무시됩니다.
shadow	파이 차트의 그림자 효과 유무를 설정합니다.
startangle	• 파이 조각이 그려지는 시작 위치를 의미합니다. • 90이면 12시 방향(반시계 방향)입니다.

`pie()` 함수를 이용하여 그래프를 그립니다. 파이 조각의 외부에 라벨을 표시(labels

매개변수)하고, 내부에 전체 대비 백분율을 소수점 2자리까지 표시(autopct 매개변수)해 주도록 합니다. 파이 조각에 그림자 효과(shadow 매개변수)를 부여하고, 그래프의 시작 위치는 90도로 설정(startangle 매개변수)하도록 합니다. 특정 파이 조각이 조금 돌출(explode 매개변수)되도록 설정해 봅니다. 범례의 위치는 loc 매개변수를 이용하여 설정합니다.

```
08   plt.pie(x=slices, labels=hobbies, shadow=True, explode=(0, 0.1, 0, 0),
09          colors=mycolors, autopct='%1.2f%%', startangle=90,
     counterclock=False)
10
11   # plt.legend() 메소드의 loc 매개변수 항목 참조 요망
12   plt.legend(loc=4)
```

그래프를 이미지로 저장합니다.

```
14   filename = 'pieGraph01.png'
15   plt.savefig(filename, dpi=400, bbox_inches='tight')
16   print(filename + '파일이 저장되었습니다.')
17   plt.show()
```

3.5.6 상자 수염 그래프

상자 수염 그래프 또는 상자 그래프는 데이터로부터 얻어낸 통계량인 5가지 요약 수치(다섯 숫자 요약, five-number summary)를 가지고 그려 줍니다. 5가지 요약 수치는 최솟값, 제1~3사분위, 최댓값을 의미합니다. 여러 개의 범주형 데이터에 대하여 하나의 공간에 수월하게 표현할 수 있는 것이 장점입니다.

상자 수염 그래프(데이터프레임)

고객들의 점수와 길이 정보에 대한 정보를 저장하고 있는 데이터셋인 점수데이터.csv 파일을 이용해 점수(jumsu 컬럼) 별로 길이(length)에 대한 상자 수염 그래프를 그려 보겠습니다.

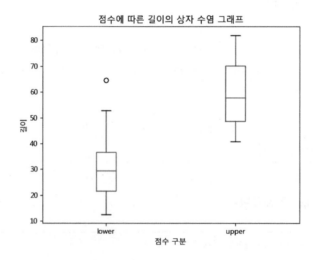

점수(jumsu) 컬럼은 고객들이 취득한 신용 점수입니다. 낮음(lower)과 높음(upper) 의 두 가지 유형이 있음을 확인할 수 있습니다.

code: boxPlot01.py

```
01  import pandas as pd
02  import matplotlib.pyplot as plt
03  plt.rcParams['font.family'] = 'Malgun Gothic'
04
05  filename = '점수데이터.csv'
06  myframe = pd.read_csv(filename, encoding='utf-8', index_col=0)
07
08  print(myframe['jumsu'].unique())
```

loc 속성을 이용하여 점수가 **'lower'** 항목들만 별도로 추출하고, 색인의 이름을
'lower'로 지정합니다.

```
10   frame01 = myframe.loc[ myframe['jumsu'] == 'lower', 'length']
11   frame01.index.name = 'lower'
12   print(frame01.head())
```

📋 **실행 결과**
```
lower
1    12.6
1    34.5
1    21.9
1    17.4
1    19.2
Name: length, dtype: float64
```

loc 속성을 이용하여 점수가 **'upper'** 항목들만 별도로 추출하고, 색인의 이름을
'upper'로 지정합니다.

```
15   frame02 = myframe.loc[myframe['jumsu'] == 'upper', 'length']
16   frame02.index.name = 'upper'
17   print(frame02.head())
```

📋 **실행 결과**
```
upper
1    49.5
1    49.5
1    45.6
1    51.9
1    67.5
Name: length, dtype: float64
```

concat() 함수를 이용하여 2개의 데이터프레임을 합칩니다. 컬럼 이름을 각각 'lower'와 'upper'으로 설정합니다.

```
20   totalframe = pd.concat([frame01, frame02], axis=1, ignore_index=True)
21   totalframe.columns = ['lower', 'upper']
22   print(totalframe.head())
```

📋 **실행 결과**

	lower	upper
1	12.6	49.5
1	34.5	49.5
1	21.9	45.6
1	17.4	51.9
1	19.2	67.5

kind 매개변수에 'box'를 지정하면 상자 수염 그래프를 그립니다. 그래프와 관련된 축 설정 및 타이틀 정보를 표현하고, 이미지 파일로 저장합니다.

```
25   totalframe.plot(kind='box')
26
27   plt.xlabel("점수 구분")
28   plt.ylabel("길이")
29   plt.grid(False)
30   plt.title("점수에 따른 길이의 상자 수염 그래프")
31
32   filename = 'boxPlot01_image.png'
33   plt.savefig(filename, dpi=400, bbox_inches='tight')
34   print(filename + '파일이 저장되었습니다.')
35   plt.show()
```

📋 **실행 결과**

boxPlot01_image.png 파일이 저장되었습니다.

마무리

요점정리

- **맷플롯립**은 파이썬에서 그래프를 그려주는 라이브러리입니다.
- 시간에 따른 데이터의 연속적인 변화량을 관찰할 때는 **꺾은선 그래프**가 가장 적합입니다.
- **막대 그래프**란 여러 가지 통계 정보들의 양(量)을 막대 모양으로 나타낸 그래프입니다.
- **산점도 그래프**는 2개의 연속형 변수 간의 관계(영향력)를 보기 위하여 직교 좌표의 x축과 y축에 관측점을 찍어서 만든 그래프입니다.
- **파이 그래프** 또는 원 그래프는 전체에 대한 각 부분의 비율을 부채꼴 모양으로 나타낸 그래프입니다.
- **상자 수염 그래프** 또는 상자 그래프는 데이터로부터 얻어낸 통계량인 5가지 요약 수치를 가지고 그린 그래프입니다.

연습문제

01 다음은 시리즈의 plot() 함수들에 대한 여러 가지 옵션들을 설명하고 있습니다. 빈칸에 적절한 옵션들을 작성해 보세요.

항목	설명
( )	그래프의 종류를 설정합니다. `'line'`, `'bar'`, `'barh'`(수평 막대 그래프), `'pie'`, `'kde'`(커널 밀도 추정 그래프 등을 그릴 수 있습니다.
( )	축의 그리드(눈금)를 표시할 것인가의 여부를 설정합니다. 기본값은 True입니다.
( )	축에 보이는 눈금 이름을 지정한 각도만큼 회전시킵니다(0~360).
( )	그래프에 들어가 창의 제목을 문자열로 설정합니다.
( )	• 객체의 색인을 눈금으로 사용할 것인지의 여부를 설정합니다. • False면 색인을 x축의 눈금으로 사용하지 않겠다는 의미입니다.
( )	y축의 상한값과 하한값을 설정합니다.
( )	색상을 지정합니다. 만약 색상을 지정하지 않으면 기본값으로 지정된 단일 색상을 사용합니다.

02 다음은 데이터프레임의 `plot()` 함수들에 대한 여러 가지 옵션들을 설명하고 있습니다. 빈칸에 적절한 옵션들을 작성해 보세요.

항목	설명
( )	차트의 유형을 지정합니다.
( )	생성될 그래프의 크기를 튜플 형태로 지정합니다.
( )	범례를 추가하는 옵션으로 기본값은 True입니다.
( )	그래프의 제목을 문자열로 지정합니다.
( )	눈금 이름을 회전시킬 각도를 지정하면 됩니다(0~360).
( )	값이 True면 누적된 막대 그래프를 보여 줍니다.

03 다음은 `plt.pie()` 함수의 여러 가지 옵션들을 설명하고 있습니다. 빈칸에 적절한 옵션들을 작성해 보세요.

인수	설명
( )	파이 조각의 전체 대비 백분율을 표시합니다.
( )	파이 조각의 색상을 표현합니다.
( )	데이터의 표현 방향을 설정합니다(시계, 반시계 방향).
( )	파이 조각이 돌출되는 크기입니다. 0이면 돌출이 되지 않습니다.
( )	파이 조각 외부에 보여지는 레이블을 지정합니다.
( )	• 비율을 보여주는 위치를 지정합니다. • 원점에서의 거리를 지정하면 됩니다. • `autopct`가 `None`이면, 무시됩니다.
( )	파이 차트의 그림자 효과 유무를 설정합니다.
( )	• 파이 조각이 그려지는 시작 위치를 의미합니다. • 90이면 12시 방향(반시계 방향)입니다.

04 아래 〈리스트 데이터〉를 사용하여 꺾은선 그래프를 작성해 보세요.

● **리스트 데이터**

```
mylist = [30, 20, 40, 60, 50]
```

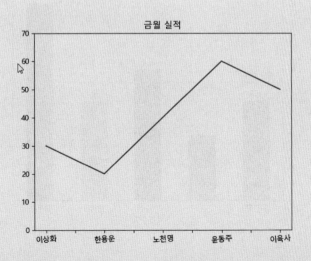

05 ex802.csv 파일을 사용하여 아래 그림과 같은 꺾은선 그래프를 그려 보세요.

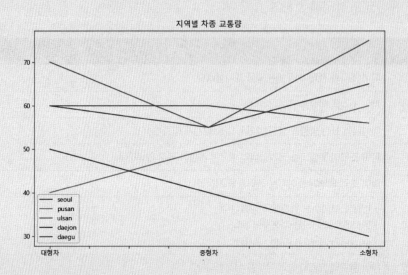

06 아래 〈리스트 데이터〉를 사용하여 막대 그래프를 그려 보세요.

● **리스트 데이터**

```
mylist = [30, 20, 40, 30, 60]
```

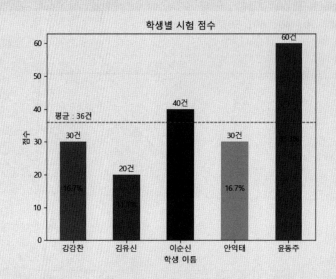

07 `mygraph.csv` 파일을 이용하여 아래 그림과 같이 막대 그래프를 그려 보세요.

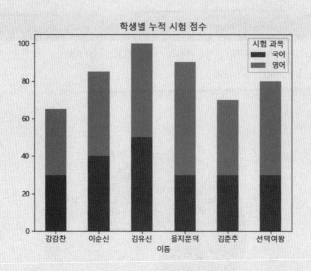

08 `tips.csv` 파일을 사용하여 x축을 결재 총액(`total_bill`), y축을 팁 비용(`tip`)으로 하는 산점도 그래프를 그려 보세요. 색상은 성별(`sex`)로 구분합니다.

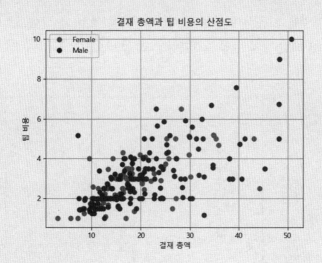

09 아래 〈데이터〉를 사용하여 아래 파이 그래프처럼 그려보세요.

> ● **데이터**
>
> ```
> mycolors = ['blue', '#6AFF00', 'yellow', '#FF003C', 'green']
> mylist = [30, 20, 40, 60, 50]
> myindex = ['이상화', '한용운', '노천명', '윤동주', '이육사']
> ```

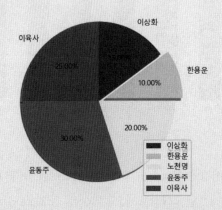

10 mpg.csv 파일을 이용하여 구동 방식(drv 컬럼)에 따른 고속도로 주행 마일수 (hwy 컬럼)에 대한 상자 수염 그래프를 그려 보세요.

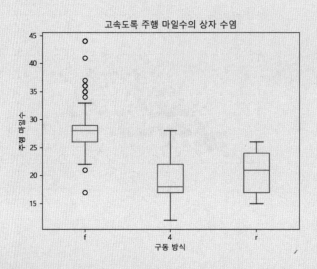

3.6 프로젝트 : 영화 상영 건수에 대한 시각화

특정 영화들에 대하여 극장 체인별 상영 건수 정보를 저장하고 있는 theater.csv 파일이 있습니다. 이 파일을 이용하여 다음과 같은 요구사항대로 그래프를 그려보도록 하겠습니다.

● **프로그램 요구사항**

- 매장별 상영 건수에 대하여 합계, 평균, 개수를 구하여 각각 수평 막대 그래프를 그려 봅니다.
- 매장별 상영 건수에 대하여 평균과 개수를 구하여 각각 수직 막대 그래프를 그려 봅니다.
- 매장별 상영 건수에 대한 비율을 구하여 파이 그래프를 그려 봅니다.

시각화를 위한 라이브러리와 판다스 및 넘파이 라이브러리를 사용하여 모듈을 import합니다. 또한 한글 깨짐 방지를 위해 '맑은 고딕' 서체를 사용하는 코드를 작성합니다.

code: visualizationExam.py

```
01  import numpy as np
02  import pandas as pd
03  import matplotlib
04  import matplotlib.pyplot as plt
05
06  from matplotlib import font_manager, rc
07  from math import sqrt
08
09  font_location = 'c:/windows/fonts/malgun.ttf'
10  font_name = font_manager.FontProperties(fname=font_location).get_
    name()
11  matplotlib.rc('font', family=font_name)
```

영화 및 극장 체인별 상영 정보를 가지고 있는 CSV 파일을 읽습니다. CSV 파일은 컬럼들에 대한 header 정보가 존재하지 않습니다. 따라서 변수 colnames을 이용하여 해당 데이터들에 대한 컬럼 정보를 지정해 주도록 하겠습니다. reindex 함수는 해당 DataFrame에 대한 색인을 다시 지정해주는 함수입니다.

```
13   theaterfile = 'theater.csv'
14   colnames = ['id', 'theater', 'region', 'bindo']
15   dftheater = pd.read_csv(theaterfile, names=colnames, header=None)
16   dftheater = dftheater.rename(index=dftheater.id)
17   dftheater = dftheater.reindex(columns=['theater', 'region', 'bindo'])
18   dftheater.index.name = 'id'
19   print('전체 조회')
20   print(dftheater)
```

수평 막대 그래프를 그리기 위하여 groupby() 함수를 사용하여 우선 극장별 상영 건수에 대한 데이터를 그룹화합니다. 집계 함수인 sum()과 mean() 함수를 사용하여 각각 합계와 평균 값을 구합니다. 또한, 개수를 파악하기 위하여 size() 함수를 적용합니다. 데이터를 모두 합치기 위하여 concat() 함수를 적용합니다.

```
23   print('극장별 상영 횟수 집계')
24   mygrouping = dftheater.groupby('theater')['bindo']
25   sumSeries = mygrouping.sum()
26   meanSeries = mygrouping.mean()
27   sizeSeries = mygrouping.size()
28
29   print('Series 3개를 이용하여 DataFrame을 만들어 낸다.')
30   df = pd.concat([sumSeries, meanSeries, sizeSeries], axis=1)
31   df.columns = ['합계', '평균', '개수']
32   print(df)
```

해당 데이터프레임을 사용하여 수평 막대 그래프를 그리고, 'visualizationExam_01. png'라는 이름으로 파일을 저장합니다.

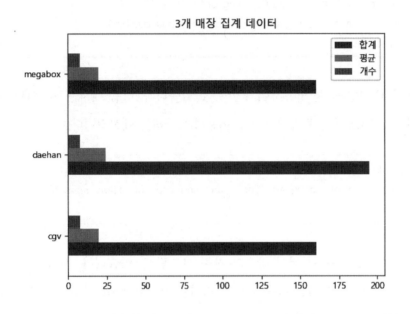

```
37   df.plot(kind='barh', rot=0)
38   # df.plot(kind='barh', rot=0, alpha=0.7, legend=True, stacked=True)
39   plt.title(str(mysize) + '개 매장 집계 데이터')
40   # plt.show()
41   filename='visualizationExam_01.png'
42   plt.savefig(filename)
```

사전과 집계 메소드를 활용하여 데이터를 만들 수 있습니다. 다음 예시에서 사전 **mydict**는 빈도와 지역에 대한 합계와 개수를 구하기 위한 사전 정보입니다. agg() 함수와 해당 사전 **mydict**를 사용하여 데이터를 생성합니다.

```
45    print('집계 메소드를 사전에 담아 전달하기')
46    print('지역의 개수와 상영 회수의 총합')
47    mydict = {'bindo': 'sum', 'region': 'size'}
48    result = dftheater.groupby('theater').agg(mydict)
49    print(result)
```

집계 데이터는 넘파이를 사용하여 구할 수도 있습니다. 다음 예시는 0이 아닌 데이터의 수와 평균 및 표준 편차를 넘파이를 이용하여 구하는 예시입니다.

```
52    print('넘파이를 이용한 출력')
53    result = mygrouping.agg([np.count_nonzero, np.mean, np.std])
54    print(result)
```

group by 함수는 사용자 정의 함수와 같이 사용될 수 있습니다. 사용자 정의 함수 myroot()와 plus_add()를 다음과 같이 정의합니다. myroot 함수는 특정 데이터에 대하여 루트를 씌워 주는 함수입니다. 또한, plus_add 함수는 myroot 함수의 실행 결과에 다른 값을 추가로 덧셈을 수행해주는 함수입니다.

```
57    def myroot(values):
58        # 총합에 root를 씌워서 반환해주는 함수
59        mysum = sum(values)
60        return sqrt(mysum)
61
62    def plus_add(values, somevalue):
63        # 총합에 root를 씌운 다음 somevalue를 더하여 반환해주는 함수
64        # mysum = sum(values)
65        # return sqrt(mysum) + somevalue
66
67        # 이전 함수를 호출하는 방법
68        result = myroot(values)
69        return result + somevalue
```

이미 작성된 사용자 정의 함수와 groupby 함수를 적용하여 데이터를 만들어 봅니다.
1번째 예시는 각 데이터에 대한 빈도수에 루트를 씌운 값을 구하고 있습니다. 2번째
예시에서는 매개변수 2개를 사용한 예시입니다. somevalue=3이므로, 1번째 예시의
결과와 각각 숫자 3을 덧셈해주는 결과를 반환해줍니다.

```
71   mygrouping = dftheater.groupby('theater')['bindo']
72   print('groupby와 사용자 정의 함수 사용하기')
73   result = mygrouping.agg(myroot)
74   print(result)
75   print('-' * 30)
76
77   print('groupby와 사용자 정의 함수 (매개변수 2개) 사용하기')
78   result = mygrouping.agg(plus_add, somevalue=3)
79   print(result)
```

이번에는 상영 빈도수와 평균을 사용하여 수직 막대 그래프를 그려 주는 예시입니다.
변수 newgrouping에 대하여 count() 함수를 적용하면 빈도수를 구할 수 있습니다.
총 극장의 개수는 3개인데, 극장별로 데이터를 그려 줍니다.

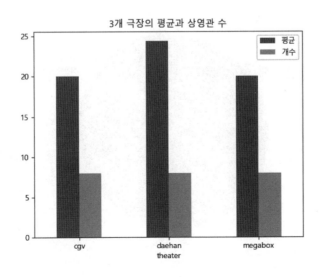

```
82   print('컬럼 2개 이상을 그룹핑하기')
83   newgrouping = dftheater.groupby(['theater', 'region'])['bindo']
84   result = newgrouping.count()
85   print(result)
86   print('-' * 30)
87
88   newDf = df.loc[:, ['평균', '개수']]
89   newDf.plot(kind='bar', rot=0)
90   plt.title('3개 극장의 평균과 상영관 수')
91   # plt.show()
92   filename='visualizationExam_02.png'
93   plt.savefig(filename)
94   print(filename + '파일 저장됨')
```

이번에는 3개의 극장에 대한 파이 그래프를 그려 봅니다. 파이 그래프에 대한 비율은
소수점 1째자리까지 표현해 보겠습니다. 이것은 매개변수 autopct='%1.1f%%'를
사용하면 구현할 수 있습니다. 극장 'megabox'와 'daehan'은 약간 부각시키기 위하
여 explode 매개변수를 활용해 봅니다. 데이터를 보여 주는 label 영역은 '극장이름
(상영건수)' 형식으로 보여 주도록 해보겠습니다.

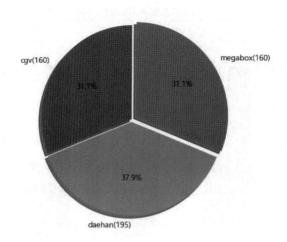

```
96   # labels : 원주 외곽에 보여줄 라벨
97   labels = []
98   explode = (0, 0.03, 0.06)
99
100  for key in sumSeries.index:
101      mydata = key + '(' + str(sumSeries[key]) + ')'
102      labels.append(mydata)
103
104  fig1, ax1 = plt.subplots()
105  mytuple = tuple(labels)
106  ax1.pie(sumSeries, explode=explode, labels=mytuple, autopct='%1.1f%%',
107          shadow=True, startangle=90)
108
109  ax1.axis('equal')
110  # plt.show()
111  filename='visualizationExam_03.png'
112  plt.savefig(filename)
113  print(filename + ' 파일 저장됨')
```

CHAPTER

4

크롤링

CHAPTER

4

크롤링

인터넷에는 데이터가 다양하게 존재하는데, 이러한 데이터는 바로 사용이 가능한 것이 아니라, 적절히 다운로드한 다음 개발자의 목적과 용도에 맞게 가공하는 과정이 필요합니다. 최근에는 인터넷에서 웹 페이지는 사람뿐만 아니라, 로봇들이 웹 페이지를 돌아다니면서 수많은 정보를 수집하고 있습니다. 이러한 웹 페이지의 정보들을 추출하기 위한 프로그램들을 크롤러라고 하고, 정보를 얻어 오는 동작은 크롤링이라고 합니다. 웹 페이지에서 필요한 정보를 읽어 와서 처리하는 방법을 알아보겠습니다. 마지막으로 치킨 매장 정보들을 크롤링해보는 실습을 하도록 하겠습니다.

4.1 urllib 라이브러리를 이용한 웹 페이지 크롤링

URL(Uniform Resource Locator)이란 인터넷 상에 존재하는 리소스들의 위치를 지정하는 용어입니다. 예를 들어, 네이버의 URL은 'http://www.naver.com'입니다. 이러한 URL을 다루기 위하여 파이썬에서는 urllib 라이브러리를 제공하고 있는데, 웹 페이지와 관련된 데이터를 쉽게 다루기 위한 라이브러리입니다. 웹 사이트에서 HTML 소스 코드를 읽거나, 데이터 다운로드 등의 작업을 수행할 수 있는 라이브러리입니다. 물론 http, ftp 등을 이용하여 데이터를 다운로드할 수 있습니다. 즉, URL을 다루기 위한 모듈들을 모아 놓은 패키지입니다.

4.1.1 `urllib.request` 모듈의 개요

이 모듈은 URL을 열어서 내용을 읽어 들이는 모듈인데, http 클라이언트의 인터페이스를 위한 다양한 함수 및 클래스 등을 제공합니다.

● `urllib.request` 모듈의 주요 기능

- 웹을 통하여 데이터를 요청하는 기능이 있습니다.
- 쿠키를 처리해주는 함수가 있습니다.
- 헤더(header) 등 메타데이터(metadata)를 바꿔주는 함수가 있습니다.

자주 사용되는 함수들은 다음과 같습니다.

항목	설명
`urlopen()`	• 네트워크를 통해 원격 객체를 읽고 메모리에 올리는 역할을 수행합니다. • HTML, 이미지 등 파일에 대한 스트림(stream)을 열어 주는 함수입니다. • 메모리에 올린 데이터는 `read()` 함수를 이용하여 데이터로 만들 수 있습니다. • `read()` 함수로 읽어 들인 데이터는 바이너리 데이터입니다.
`urlretrieve(url, savename)`	url을 savename이라는 이름의 파일로 다운로드합니다.

4.1.2 이미지 파일 다운로드 예제

`urllib` 라이브러리의 `urllib.request`를 이용하면 웹 페이지에서 파일을 다운로드할 수 있습니다. 우리는 네이버 만화 사이트에서 복학왕 이미지를 다운로드해보겠습니다. 저장될 파일의 이름은 `urldownload01.png`로 하겠습니다.

`urlretrieve()` 함수는 URL 주소의 파일을 "`urldownload01.png`"이라는 파일 이름으로 컴퓨터에 다운로드합니다.

code: urllib01.py

```
01  import urllib.request   # 라이브러리 읽어 들이기
02
03  # URL과 저장 경로 지정하기
04  url = "https://shared-comic.pstatic.net/thumb/webtoon/626907/thumbnail/
    title_thumbnail_20150407141027_t83x90.jpg"
05  savename = "urldownload01.png"
06
07  # 다운로드
08  urllib.request.urlretrieve(url, savename)
09
10  print('웹에 있는 이미지 '+ url + '를 ', end='')
11  print(savename + " 파일로 저장하였습니다.")
```

4.1.3 urlopen() 함수를 이용한 파일 저장

urlopen() 함수를 사용하면 네트워크를 통해 원격 객체를 읽고 메모리에 올리는 역할을 수행합니다. 이것을 파이썬의 open() 함수를 사용하여 파일로 저장할 수 있습니다. 웹 페이지에서 이미지 파일을 다운로드하기 위해서는 일반적으로 다음과 같은 절차를 따릅니다.

● **이미지 파일 다운로드 절차**

① urlopen 함수를 이용하여 이미지 객체를 구합니다.
② open 함수로 파일 객체(모드 : wb)를 구합니다.
③ ②번 객체.write(①번 객체.read())을 이용하여 파일을 다운로드합니다.

네이버 만화 사이트에서 복학왕 이미지를 urlopen() 함수를 사용하여 파일 형식으로 저장해보도록 합니다.

다운로드받을 파일의 문자열 이름과 저장될 파일의 이름을 변수로 정의합니다.

urlopen() 함수를 이용하여 다운로드합니다. read() 함수를 이용하여 바이너리 형식
으로 변경한 후 open() 함수를 이용하여 해당 파일을 바이트 형식으로 저장하면 됩니다.

code: urllib02.py

```
01    import urllib.request
02
03    # URL과 저장 경로 지정하기
04    url = "https://shared-comic.pstatic.net/thumb/webtoon/626907/
      thumbnail/title_thumbnail_20150407141027_t83x90.jpg"
05    savename = "urldownload02.png"
06
07    # urlopen() 함수를 이용하여 다운로드한다
08    result = urllib.request.urlopen(url)
09
10    # read() 함수를 이용하여 바이너리 형식으로 변경해준다.
11    data = result.read()
12    print('# type(data) :', type(data))
13
14    # 파일로 저장하기
15    with open(savename, mode="wb") as f:
16        f.write(data)
17        print(savename + " 파일로 저장되었습니다.")
```

요점정리

- **urllib**는 웹 페이지와 관련된 데이터를 쉽게 다루기 위한 라이브러리입니다.
- **urlopen() 함수**는 네트워크를 통해 원격 객체를 읽고 메모리에 올리는 역할을 수행합니다.
- 웹 페이지에서 이미지 파일을 다운로드하기 위해서는 일반적으로 다음과 같은 절차를 따릅니다.

● 이미지 파일 다운로드 절차

① urlopen 함수를 이용하여 이미지 객체를 구합니다.
② open 함수로 파일 객체(모드 : wb)를 구합니다.
③ ②번객체.write(①번객체.read())을 이용하여 파일을 다운로드합니다.

연습문제

01 네이버 만화 사이트의 만화 〈뷰티풀 군바리〉의 URL 주소는 다음과 같습니다.

```
https://shared-comic.pstatic.net/thumb/webtoon/648419/thumbnail/thumbnail_
IMAG10_1421195d-13be-4cde-bcf9-0c78d51c5ea3.jpg
```

아래 〈실행 결과〉를 참고하여 이 이미지를 다운로드하고 파일로 저장하는 프로그램을 작성해 보세요. 단, 파일 이름은 input() 함수를 사용하여 입력받도록 합니다.

📋 **실행 결과**

```
저장할 파일 이름 입력 : beautiful.png
# type(data) : <class 'bytes'>
beautiful.png 파일로 저장되었습니다.
```

4.2 문자열의 집합을 표현하는 정규 표현식

정규 표현식은 특정한 규칙을 가진 문자열의 집합을 표현하는 데 사용하는 형식 언어
입니다. 프로그래밍 언어, 데이터베이스 등의 분야에서 다양하게 사용되고 있으며,
일반적으로 문자열의 검색과 치환을 위한 용도로 많이 사용되고 있습니다. 또한, 지
금 다루고 있는 데이터 크롤링을 할 때 역시 정규 표현식 패턴에 의하여 데이터를 검
색할 수 있습니다.

4.2.1 정규 표현식 개요

문자열 패턴

정규 표현식을 다뤄 보기 전에 우선 다음과 같은 문제를 고려해 봅니다. 다음 문자열
에서 [문자2개/숫자3개]으로 구성된 문자열은 총 3개(문자열1, 문자열2, 문자열3)가
됩니다. 이와 같이 값을 기반으로 하지 않고 특정한 패턴을 이용하여 데이터를 찾는
기법을 '패턴 매칭'이라고 합니다.

문자열	내용	값 비교	패턴 비교
문자열1	ab123		동일한 패턴 즉, 문자 2개/숫자 3개
문자열2	cd456	4가지 문자열 모두 다름	
문자열3	ef789		
문자열4	abc12		3가지와 다른 패턴

정규 표현식 사용 절차

문자열 패턴 예제에서 우리는 패턴 매칭을 이용하여 문자열들의 패턴을 비교했었습
니다. 입력한 문자열에서 특정한 조건을 표현할 경우 일반적인 제어문(if 문이나 for
문 등)으로는 표현을 하기가 힘듭니다. 어떠한 경우에는 아예 수식을 표현할 수 없

는 경우도 많이 발생합니다. 이러한 경우에 정규 표현식이라는 개념을 이용하면 매우 간단하게 표현할 수 있습니다. 파이썬은 정규 표현식을 지원하기 위하여 re(reqular expression) 모듈을 기본으로 내장하고 있습니다. `import re` 문장을 선언하고 난 다음에 정규 표현식을 적어 주면 됩니다.

정규 표현식에는 메타(meta) 문자라는 개념이 나옵니다. 예를 들어, $, · 등의 기호입니다. 이러한 메타 문자들은 어떠한 데이터를 검색할 때 사용됩니다. 이번 예제에서 사용되는 정규 표현식의 메타 문자 목록은 다음과 같습니다.

메타 문자	설명	예제
[문자들]	대괄호 내의 문자 1개와 일치해야 합니다.	[a-z]는 알파벳 소문자 중 1글자를 선택하세요.
\d	숫자 1개에 해당하고, [0-9]와 동일한 표현식입니다.	d는 decimal을 의미합니다.
{n}	패턴의 반복 횟수가 n번이어야 합니다.	[a]{2}는 문자 a의 2회 반복을 의미합니다.

그러면 정규 표현식을 사용하는 일반적인 절차를 알아보겠습니다. re 모듈을 먼저 `import`시키고 정규 표현식 문법을 작성해야 합니다. `compile()` 함수는 우리가 찾고자 하는 특정한 패턴을 파이썬에 알려 주는 역할을 합니다. 컴파일된 최종 결과물을 패턴(pattern) 객체라고 하는데, 이 패턴 객체에 `match()` 함수를 사용하여 유효한 항목인지 체크합니다. 주로 `if` 문을 사용하여 진위 값을 판단합니다.

```
● 일반적인 사용 절차

import re

# step1) Symbolic 문자들을 이용하여 정규 표현식을 작성합니다.
regEx = '정규표현식'

# step2) 패턴 객체를 구합니다.
pattern = re.compile(regEx) # compile : 정규 표현식을 컴파일합니다.
# 컴파일된 최종 결과물을 패턴 객체라고 부른다.

# step3) 패턴 객체가 지원하는 match() 메소드 등을 이용하여 유효한지 체크합니다.
pattern.match(비교_대상)
```

match() 함수 이외에 문자열 검색을 위한 함수는 다음과 같은 항목들이 있습니다.

항목	설명
Boolean match()	문자열의 처음부터 검사하여 정규식과 매칭이 되는지 검사합니다.
Match search()	• 문자열 전체를 검색하여 정규식과 매칭이 되는지 검사합니다. • 반환되는 값은 match 객체입니다.
findall()	정규식과 매치 되는 모든 문자열(substring)을 리스트로 반환합니다.
finditer()	정규식과 매치 되는 모든 문자열(substring)을 반복 가능한 객체(iterator)로 반환합니다.

문자 2개, 숫자 3개 찾기

다음 문자열 중에서 '문자 2개, 숫자 3개'의 형식으로 되어 있는 문자열을 찾아 봅니다.

정규 표현식

정규 표현식을 사용하려면 우선 **re** 모듈을 import해야 합니다. 정규 표현식 문장은 메타 문자를 사용하면 됩니다. 예제에서는 문자 2개로 시작하고, 숫자 3개로 끝나는 항목을 만들어야 합니다. **[a-z]{2}**는 알파벳 소문자 2개를 의미하고, **'\d{3}'**은 숫자가 3개 반복되어야 함을 의미합니다. **compile()** 함수를 이용하여 컴파일을 수행하고, 패턴 객체인 **pattern**를 생성합니다.

code: patternMatch.py

```
01   import re
02
03   mylist = ['ab123', 'cd456', 'ef789', 'abc12']
04
05   regex = '[a-z]{2}\d{3}'
06   pattern = re.compile(regex)
```

결과를 저장할 변수 **totallist**를 정의합니다. **match()** 함수를 사용하면 각각의 항목에 대한 조건 검사를 수행하고, 조건에 맞는 데이터이면 **totallist** 리스트에 데이터를 추가하도록 합니다. 해당 결과를 출력합니다.

```
08   print("# 문자 2개로 시작하고, 숫자 3개로 끝나는 항목")
09   totallist = []
10   for item in mylist :
11       if pattern.match(item) :
12           print(item, '은(는) 조건에 적합')
13           totallist.append(item)
14       else :
15           print(item, '은(는) 조건에 부적합')
16
17   print('적합한 항목들')
18   print(totallist)
```

🔖 실행 결과

```
# 문자 2개로 시작하고, 숫자 3개로 끝나는 항목
ab123 은(는) 조건에 적합
cd456 은(는) 조건에 적합
ef789 은(는) 조건에 적합
abc12 은(는) 조건에 부적합
적합한 항목들
['ab123', 'cd456', 'ef789']
```

요점정리

- **패턴 매칭**이란 문자열 검색 시 값을 기반으로 하지 않고 특정한 패턴을 이용하여 데이터를 찾는 기법을 말합니다.
- **import re** 문장은 정규 표현식을 사용할 때 필요한 구문입니다.
- 패턴 매칭을 할 때 사용되는 문자열을 **메타(meta) 문자**라고 합니다.

메타 문자	설명	예제
[문자들]	대괄호 내의 문자 1개와 일치해야 합니다.	[a-z]는 알파벳 소문자 중 1글자를 선택하세요.
\d	숫자 1개에 해당하고, [0-9]와 동일한 표현식입니다.	d는 decimal을 의미합니다.
{n}	패턴의 반복 횟수가 n번이어야 합니다.	[a]{2}는 문자 a의 2회 반복을 의미합니다.

연습문제

01 다음 설명에 대한 메타 문자를 작성해 보세요.

항목	설명
( )	숫자 1개를 의미합니다.
( )	숫자를 3번 반복해야 합니다.
( )	문자 abc 중에서 임의의 2개를 반복해야 합니다.

02 다음 리스트에 대하여 정규 표현식을 사용하여 아래 〈실행 결과〉와 동일하게 나오는 프로그램을 작성해 보세요.

● **사용할 리스트**

```
mylist = ['ab123', 'cd4#6', 'cf79a', 'abc1']
```

▤ **실행 결과**

```
# 문자 a 또는 c로 시작하고, 이후 숫자 또는 알파벳이 4개로 끝나는 항목
ab123 은(는) 조건에 적합
cd4#6 은(는) 조건에 부적합
cf79a 은(는) 조건에 적합
abc1 은(는) 조건에 부적합

적합한 항목들
['ab123', 'cf79a']
```

4.3 Beautiful Soup 라이브러리를 이용한 웹 페이지 크롤링

파이썬에서 크롤링을 해주는 대표적인 라이브러리는 Beautiful Soup입니다. 이 라이브러리는 파이썬에서 제공하는 HTML 구문분석 라이브러리로서 웹의 태그나 클래스의 값을 손쉽게 가져올 수 있도록 지원합니다. 굳이 Beautiful Soup를 사용하지 않아도 크롤링할 수 있지만, 일일이 수작업을 거쳐서 해야 하는 번거로운 작업이 많은 관계로 Beautiful Soup을 사용하면 간단히 해결할 수 있습니다.

Beautiful Soup과 관련된 라이브러리는 다음과 같이 설치하도록 합니다.

● 관련 라이브러리 설치 명령어

```
pip install beautifulsoup4
```

4.3.1 HTML 문서 이해하기

Beautiful Soup에는 HTML의 속성과 비슷한 부분이 있습니다. Beautiful Soup을 살펴보기 전에 HTML에서 사용하는 태그와 속성 및 관련 항목들을 우선 살펴보고 들어가도록 하겠습니다.

태그와 속성

다음은 fruits.html이라는 HTML 문서입니다.

```
● fruits.html

<html>
    <head>
        <title>제목 없음</title>
    </head>
    <body>
        <p class="ptag red" align="center">사과</p>
        <p class="ptag yellow" align="center">참외</p>
        <p class="ptag blue" align="center">블루베리</p>
        <div id="container">
            <p class="hard">과일</p>
        </div>
    </body>
</html>
```

Beautiful Soup 및 크롤링을 쉽게 이해하기 위해 먼저 HTML 문서들의 용어에 대해
설명하겠습니다.

항목	설명
요소(Element)	시작 태그와 종료 태그의 조합을 말합니다.
태그(Tag)	< 기호와 > 기호로 둘러싸인 범위 안에 명령어 이름을 표시합니다.
속성(Attribute)	• 시작 태그 안에 삽입되며 = 기호와 큰따옴표를 이용하여 값을 지정합니다. • 태그 내의 [키="값"]으로 구성된 항목을 속성이라고 합니다.
값(Value)	속성에 들어가는 실제 값입니다.

fruits.html 파일에서 <html> 태그와 </html>의 조합을 </html> 요소라고 합니다.
<head>는 헤드 태그라고 하고, <body>는 바디 태그라고 합니다. 동일한 논리로 <p>
태그, <div> 태그라고 말합니다. 1번째 <p> 태그의 내용은 <p class="ptag red"
align="center">사과</p>입니다. 여기서 class와 align을 속성이라고 합니다.

class 속성의 값은 2개(ptag와 red)이고, align 속성의 값은 1개(center)입니다. 속성의 값들은 큰따옴표로 둘러싸고, 값이 2개 이상이면 띄어쓰기를 이용하여 구분하면 됩니다.

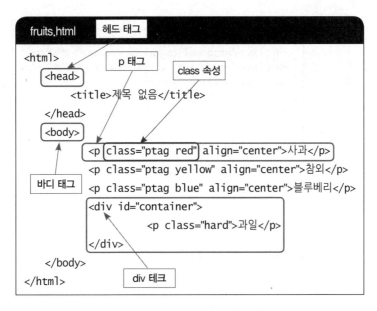

fruits.html의 태그와 속성

부모와 자식 태그

모든 태그는 부모와 자식 또는 형제 관계를 맺고 있습니다. 예를 들어 안쪽에 있는 <p> 태그와 <div> 태그의 부모는 <body> 태그입니다. 그리고 <body> 태그의 자식 태그(children)는 모두 4개입니다. 동일한 논리로 <div> 태그는 자식 태그가 "과일" 정보를 가지고 있는 태그 1개뿐입니다.

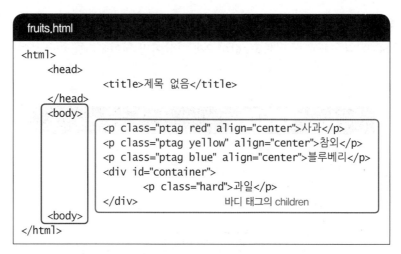

fruits.html의 부모와 자식 태그

태그의 속성 다루기

Beautiful Soup을 사용하여 속성들의 정보를 읽어 들이고, 수정해 보겠습니다. HTML의 class 속성과 id 속성에 대하여 추가/조회/삭제 등의 작업을 수행해 봅니다.

예제에서 사용될 함수 목록은 다음과 같습니다.

관련 함수	설명
객체.select_one(<선택자>)	CSS 선택자[1]로 요소 하나를 추출합니다.
객체.find(tag[, attributes])	tag라는 태그 중 조건에 맞는 1번째 태그를 찾아 줍니다.
객체.findall(tag, attributes, limit=숫자)	• tag : 찾으려는 tag를 의미합니다. • attributes : 속성으로 이루어진 파이썬의 딕셔너리입니다. • 내용 : 조건에 맞는 HTML 태그를 전부 찾아 줍니다. • imit 속성 : 전체에서 몇 개만 제한하여 추출할 때 사용합니다.

---

1) 선택자(selector)란 말 그대로 선택을 해주는 요소입니다. CSS 선택자를 통해 특정 요소를 선택하여 스타일을 정해주게 됩니다.

관련 함수	설명
객체.attrs['속성이름']	• 해당 속성들을 딕셔너리 형식으로 보여 줍니다. • attrs : attributes라는 단어의 줄인 말입니다.
객체.children	• 해당 태그의 하위 태그들을 리스트 목록으로 반환합니다. • for 문에서 많이 사용됩니다.
객체.parent	해당 객체의 부모 요소를 찾아 줍니다.
객체.find_parent()	현재 태그의 바로 위 태그를 찾아 줍니다.
객체.find_parents()	• 현재 태그의 상위에 있는 모든 태그를 찾아 줍니다. • for 문을 이용하여 추출합니다.

fruits.html 파일을 Beautiful Soup로 읽어와서 1번째 'p' 태그의 class 속성
정보를 읽어 들입니다. select_one() 함수를 사용하여 〈body〉 태그를 찾습니다.
find('p') 함수를 사용하여 1번째 p 태그를 찾습니다.

code: bs4Exam02.py

```
01  from bs4 import BeautifulSoup
02
03  html = open("fruits.html", "r", encoding="utf-8")
04  soup = BeautifulSoup(html, "html.parser")
05  body = soup.select_one("body")
06  ptag = body.find('p')
07  print('1번째 p태그 : ', ptag['class'])
```

📋 **실행 결과**
1번째 p태그 : ['ptag', 'red']

Beautiful Soup는 속성값을 읽기도 하지만 쓰기도 가능합니다. 위에서 구한 ptag의
1번째 class 속성을 'white'으로 변경합니다. 기존에 존재하지 않던 'id' 속성값을
'apple'로 지정합니다.

```
09   ptag['class'][1] = 'white'
10
11   # red가 white로 바뀐다.
12   print('1번째 p태그 : ', ptag['class'])
13
14   ptag['id']= 'apple'
15   print('1번째 p태그의 id 속성 : ', ptag['id'])
```

📋 **실행 결과**

```
1번째 p태그 :  ['ptag', 'white']
1번째 p태그의 id 속성 :  apple
```

body_tag 태그는 <body> 태그의 정보를 의미합니다. <body> 태그 내의 모든 요소의 목록이 출력됩니다.

```
17   body_tag = soup.find('body')
18   print(body_tag)
```

📋 **실행 결과**

```
<body>
<p align="center" class="ptag white" id="apple">사과</p>
<p align="center" class="ptag yellow">참외</p>
<p align="center" class="ptag blue">블루베리</p>
<div id="container">
<p class="hard">과일</p>
</div>
</body>
```

children 속성으로 하위 항목들을 확인할 수 있습니다. 주의할 사항으로 white character도 태그 목록으로 출력됩니다.

```
20   idx = 0
21   print('children 속성으로 하위 항목 보기')
22   print('white character 문자까지 포함됨')
23   for child in body_tag.children:
24       idx += 1
25       print(str(idx) + '번째 요소 :', child)
```

> 📋 **실행 결과**
>
> children 속성으로 하위 항목 보기
> white character 문자까지 포함됨
> 1번째 요소 :
>
> 2번째 요소 : <p align="center" class="ptag white" id="apple">사과</p>
> (이하 생략)

find("div") 메소드는 1번째 <div> 태그를 찾습니다. 해당 문서에는 <div> 태그가 1
개 있는데 이 항목을 찾아서 출력합니다.

```
27   mydiv = soup.find("div")
28   print(mydiv)
```

> 📋 **실행 결과**
>
> <div id="container">
> <p class="hard">과일</p>
> </div>

특정 태그의 상위 태그를 찾고자 하는 경우 parent 속성을 사용하면 됩니다. mydiv는
<div> 태그의 객체인데, 상위 태그는 <body> 태그입니다.

```
30   print('div 태그의 부모 태그는?')
31   print(mydiv.parent)
```

> **📖 실행 결과**
>
> div 태그의 부모 태그는?
> <body>
> <p align="center" class="ptag white" id="apple">사과</p>
> <p align="center" class="ptag yellow">참외</p>
> <p align="center" class="ptag blue">블루베리</p>
> <div id="container">
> <p class="hard">과일</p>
> </div>
> </body>

find() 함수에 `attrs` 매개변수를 사용하면 특정 속성이 일치하는 항목을 찾을 수 있습니다. 예제는 <p> 태그 중에서 `clsss="hard"`인 항목을 찾는 구문입니다. 내용물이 "과일"인 <p> 태그를 추출합니다.

```
33    mytag = soup.find("p", attrs='class':'hard')
34    print(mytag)
```

> **📖 실행 결과**
>
> <p class="hard">과일</p>

find_parent() 함수를 이용하여 상위 태그를 찾을 수 있습니다.

```
36    print('mytag 태그의 부모 태그는?')
37    print(mytag.find_parent())
```

> **📖 실행 결과**
>
> mytag 태그의 부모 태그는?
> <div id="container">
> <p class="hard">과일</p>
> </div>

현재 태그의 모든 상위 태그들을 찾고자 할 때는 find_parents() 함수를 사용하면
됩니다.

```
39    print('mytag 태그의 모든 상위 부모 태그들의 이름')
40    parents = mytag.find_parents()
41    for p in parents :
42        print(p.name)
```

📋 **실행결과**

```
mytag 태그의 모든 상위 부모 태그들의 이름
div
body
html
[document]
```

CSS 선택자 사용하기

Beautiful Soup는 CSS 선택자를 지정하여 원하는 요소를 추출하는 기능도 제공하고
있습니다. HTML 문서 파일과 CSS를 사용하여 여러 가지 방법으로 추출하는 실습을 수
행해 보도록 합니다. 파이썬의 open() 함수를 이용하여 해당 HTML 문서를 오픈합니
다. BeautifulSoup() 함수를 사용하여 읽어 들인 다음 여러 가지 CSS 속성들을 이용
하여 데이터를 추출해봅니다. BeautifulSoup()를 이용하여 특정한 요소들을 검색할
때 정규 표현식 역시 사용할 수 있습니다.

선택자(selector)

HTML 문서의 특정 부분을 추출하기 위해서는 선택자[2]를 이용합니다.

항목	설명
#	id 속성을 의미합니다.
.	class 속성을 의미합니다.
>	현재 대상의 바로 하위 child를 찾습니다.
^=	속성의 값이 ~으로 시작하는 값을 찾습니다.
$=	속성의 값이 ~으로 끝나는 값을 찾습니다.
*=	속성의 값이 ~을 포함하는 값을 찾습니다.
nth-of-type(su)	su번째 항목을 찾습니다. * 주의) one-base indexing을 사용합니다.

다음 함수 및 속성들은 이번 예제에서 사용하는 항목들입니다.

관련 함수	설명
객체.select (<선택자>)	CSS 선택자로 여러 요소를 리스트로 추출합니다.

발견된 요소의 글자를 추출하려면 string 속성을 사용하면 됩니다.

관련 속성	설명
string 속성	해당 요소의 글자 부분을 추출합니다.

---

2) 참고문헌 : https://www.w3schools.com/cssref/css_selectors.asp

css01.html 파일과 Beautiful Soup을 사용하여 해당 객체를 생성합니다.

code: cssSelector01.py

```
01    import re
02    from bs4 import BeautifulSoup
03
04    myencoding = 'utf-8'
05    myparser = 'html.parser'
06    filename = 'css01.html'
07
08    html = open(filename, encoding=myencoding)
09    soup = BeautifulSoup(html, myparser)
```

select_one() 함수는 요소 1개를 찾고자 할 때 사용합니다. div 태그 중에서 id 속성
의 값이 cartoon인 항목(<div id="cartoon">)을 찾고, 하위의 h1 태그의 문자열을
출력하고 있습니다. select() 함수는 요소 여러 개를 리스트 형식으로 반환합니다.
그리고 > 기호는 여러 번 중첩하여 사용 가능합니다. '좋아하는 만화' 목록을 출력합
니다.

```
11    h1 = soup.select_one("div#cartoon > h1").string
12    print("h1 =", h1)
13
14    li_list = soup.select("div#cartoon > ul.elements > li")
15    for li in li_list:
16        print("li =", li.string)
```

📋 실행 결과
```
h1 = 좋아하는 만화
li = 피구왕 통키
li = 미래 소년 코난
li = 로보트 태권 브이
```

lambda 함수를 이용하여 다음과 같이 구현할 수 있습니다. choice("#item5")는 id 속성이 item5 항목의 해당 문자열인 '똘이 장군'을 출력합니다. 나머지 동일한 방식으로 출력합니다.

```
20   choice = lambda x : print(soup.select_one(x).string)
21
22   print('\nchoice("#item5") : ', end='')
23   choice("#item5")
24
25   print('\nchoice("li#item4") : ', end='')
26   choice("li#item4")
27
28   print('\nchoice("ul > li#item3") : ', end='')
29   choice("ul > li#item3")
30
31   print('\nchoice("#itemlist #item2") : ', end='')
32   choice("#itemlist #item2")
33
34   print('\nchoice("#itemlist > #item3") : ', end='')
35   choice("#itemlist > #item3")
36
37   print('\nchoice("ul#itemlist > li#item2") : ', end='')
38   choice("ul#itemlist > li#item2")
39
40   print('\nchoice("li[id=tem1") : ', end='')
41   choice("li[id='item1']")
42
43   print('\nchoice("li:nth-of-type(4)") : ', end='')
44   choice("li:nth-of-type(4)")
```

> **실행 결과**
>
> choice("#item5") : 똘이 장군
>
> choice("li#item4") : 들장미 소녀 캔디
>
> choice("ul > li#item3") : 로보트 태권 V
>
> choice("#itemlist #item2") : 그랜다이저
>
> choice("#itemlist > #item3") : 로보트 태권 V
>
> choice("ul#itemlist > li#item2") : 그랜다이저
>
> choice("li[id='item1']") : 피구왕 통키
>
> choice("li:nth-of-type(4)") : 들장미 소녀 캔디

select() 함수는 여러 개의 목록을 반환해주는 데, 여기에 indexing을 적용할 수 있습니다. 1번째 요소와 3번째 요소의 li 태그에 대한 문자열을 출력하고 있습니다.

```
46   print('\nsoup.select("li")[1].string : ', end='')
47   print(soup.select("li")[1].string)
48
49   print('\nsoup.find_all("li")[3].string : ', end='')
50   print(soup.find_all("li")[3].string)
```

> **실행 결과**
>
> soup.select("li")[1].string : 미래 소년 코난
>
> soup.find_all("li")[3].string : 피구왕 통키

nth-of-type(su)는 하위 목록에서 n번째 목록을 찾고자 하는 경우에 유용하게 사용합니다. 발견되지 않으면 NoneType을 반환하니 유의하여 사용해야 합니다.

```
53    mytag = soup.select_one('div#cartoon > ul.elements')
54    mystring = mytag.select_one('li:nth-of-type(3)').string
55    print(mystring)
...   ...
59    mytag = soup.select_one('ul#itemlist')
60    mystring = mytag.select_one('li:nth-of-type(4)').string
61    print(mystring)
```

📋 **실행 결과**

```
로보트 태권 브이
...
들장미 소녀 캔디
```

id 속성이 vegatables인 요소 내의 class 속성의 값이 'us'인 0번째 요소와 1번째 요소를 찾습니다.

```
65    print(soup.select("#vegatables > li[class='us']")[0].string)
66    print(soup.select("#vegatables > li.us")[1].string)
```

📋 **실행 결과**

```
당근
호박
```

속성의 값에 대하여 '^='는 ~으로 시작하는, '$='는 ~으로 끝나는, '*='는 ~을 포함하고 있는 속성들을 찾아 줍니다.

```
69    result = soup.select('a[href$=".com"]')
70    for item in result :
71        print(item['href'])
...   ...
74    result = soup.select('a[href*="daum"]')
75    for item in result :
76        print(item['href'])
```

실행 결과
```
https://www.naver.com
http://www.google.com
http://www.abcd.com
https://www.daum.net
```

메소드를 여러 번 중첩하여 사용 가능합니다. id 속성이 "vegatables"인 항목을 우선 찾고, "li" 태그의 속성이 cond인 항목을 찾아 줍니다. cond는 찾고자 하는 속성들의 값 정보를 저장하고 있는 딕셔너리입니다.

```
78    # find 메서드로 추출하기
79    cond = {"id":"ko", "class":"cn"}
80    print(soup.find("li", cond).string)
81
82    # find 메서드를 연속적으로 사용하기
83    print(soup.find(id="vegatables").find("li", cond).string)
```

실행 결과
```
가지
가지
```

선택자를 이용해 데이터를 추출할 때 정규 표현식도 가능합니다. 정규 표현식의 메타 문자 ^는 문자열의 '맨 처음에 어떠한 문자도 없어야 함'을 의미합니다. 즉, "^https://"의 의미는 href 속성에서 반드시 'https'로 시작해야 함을 의미합니다.

```
87    print('# 정규 표현식으로 href에서 https인 것 추출하기')
88    li = soup.find_all(href=re.compile(r"^https://"))
89
90    for e in li:
91        print(e.attrs['href'])
92
93    print('\n# finished')
```

실행 결과
```
# 정규 표현식으로 href에서 https인 것 추출하기
https://www.naver.com
https://www.daum.net

# finished
```

4.3.2 Beautiful Soup

이제 본격적으로 Beautiful Soup에 대하여 다뤄 보겠습니다. 일반적으로 웹 사이트에 존재하는 URL에 대하여 `urlopen()` 함수와 Beautiful Soup를 조합하여 데이터를 추출하게 됩니다.

네이버 만화 사이트 예제

이번 예제에서는 네이버 만화 웹 사이트에서 요일별 만화[3]를 제공해주는 웹 페이지 (HTML)의 소스 코드 및 해당 문서의 `<title>` 태그 내의 문자열을 출력해 보겠습니다.

네이버 만화의 요일별 만화 웹페이지

---

3) https://comic.naver.com/webtoon/weekday

네이버 만화 웹 페이지에 접근하여 출력해주는 소스는 다음과 같습니다.

code: bs4Cartoon.py

```
01   from urllib.request import urlopen
02   from bs4 import BeautifulSoup
03
04   myurl = 'http://comic.naver.com/webtoon/weekday'
05
06   # 이 페이지에 request해서 데이터를 가져온 후 변수에 저장한다.
07   response = urlopen(myurl)
08
09   # <class 'http.client.HTTPResponse'>
10   print(type(response))
11
12   # BeautifulSoup()를 이용해서 데이터를 분석한다.
13   soup = BeautifulSoup(response, 'html.parser')
14
15   # Beautiful Soup 객체를 적절한 들여쓰기 형태로 출력해준다.
16   # print(soup.prettify())
17
18   title = soup.find("title").string
19   print(title)
```

> **📋 실행 결과**
> <class 'http.client.HTTPResponse'>
> <실행 결과 생략>
> 네이버 만화 > 요일별 웹툰 > 전체웹툰

네이버 만화 정보 읽어 오기

네이버 만화 웹 페이지를 크롤링하여 관련 이미지와 내용을 크롤링해보겠습니다.

> **● 구현 목표**
> • 컬럼이 4개(타이틀 번호, 요일, 제목, 링크)인 CSV 파일을 생성합니다.
> • 만화 각각의 이미지를 요일별 폴더에 다운로드받습니다.

이미지별 폴더에 대한 그림입니다. 예제는 imsi 폴더 아래 화요일 폴더에 다운로드받은 이미지 샘플을 보여주고 있습니다.

다운받은 이미지 샘플들

다음은 크롤링하여 만든 CSV 파일의 일부입니다. 우리가 추출하려는 데이터는 타이틀 번호, 요일, 제목, 링크 등 총 4가지입니다. 타이틀 번호는 만화 제목을 구분 짓기 위한 고유한 숫자 값입니다. 링크는 만화들의 대표 이미지를 저장하고 있는 경로를 의미합니다.

타이틀 번호	요일	제목	링크
758037	월요일	참교육	https://shared-comic.pstatic.net/thumb/
648419	월요일	뷰티풀군바리	https://shared-comic.pstatic.net/thumb/
602910	월요일	윈드브레이커	https://shared-comic.pstatic.net/thumb/
654774	월요일	소녀의 세계	https://shared-comic.pstatic.net/thumb/
733074	월요일	백수세끼	https://shared-comic.pstatic.net/thumb/
728750	월요일	장씨세가 호위무사	https://shared-comic.pstatic.net/thumb/
749632	월요일	파이게임	https://shared-comic.pstatic.net/thumb/
759940	월요일	만렙돌파	https://shared-comic.pstatic.net/thumb/
739115	월요일	앵무살수	https://shared-comic.pstatic.net/thumb/
762237	월요일	선배, 그 립스틱 바르지 마요	https://shared-comic.pstatic.net/thumb/
730174	월요일	칼가는 소녀	https://shared-comic.pstatic.net/thumb/

네이버 만화를 크롤링한 데이터의 일부

크롤링을 수행하기 전에 다음 HTML 문서를 살펴보겠습니다. 다음 소스 코드는 네이버 만화의 HTML 문서에서 소스 보기를 수행하여 '여신강림'이라는 만화에 대한 HTML 정보를 출력한 것입니다. 위에서 언급한 4가지 정보는 다음과 같이 각 태그의 속성에서 추출할 수 있습니다.

```
<div class="thumb">                    ❶
    <a href="/webtoon/list?titleId=703846&weekday=tue"
    onclick="nclk_v2(event,'thm*t.img','','1')">
    <imgonerror="this.src='https://ssl.pstatic.net/s...(중략)...gif'"
        src="https://shared-comic.pstatic.ne...(중략)....jpg" width="83" height="90"
        title="여신강림" alt="여신강림"><span class="mask"></span>
    </a>           ❸                             ❷
</div>
<a href="/webtoon/list.nhn?titleId=703846&weekday=tue"
    onclick="nclk_v2(event,'thm*t.tit','','1')" class="title" title="여신강림">여신강림</a>
```

① href 속성에 타이틀 번호와 요일에 대한 정보가 들어 있습니다.
② src 속성에 이미지 파일의 경로와 이름 정보가 들어 있습니다.
③ title 속성에 제목 정보가 들어 있습니다.

"여신 강림"에 대한 HTML 코드 내용

위의 HTML 소스 코드를 분석한 결과 다음과 같습니다. 우선 각각의 만화는 `<div class="thumb">` 태그를 찾으면 됩니다. 발견된 태그의 자식인 `<a>` 태그의 href 속성에 '타이틀 번호'와 '요일 정보'를 추출합니다. 다른 자식 태그인 `<img>` 태그의 src 속성에 이미지 파일의 경로와 이름 정보가 들어 있습니다. `<img>` 태그의 title 속성에 제목 정보가 들어 있습니다.

자, 그럼 각각의 항목에 대한 정보를 추출하는 방법에 대해 설명하겠습니다.

① 타이틀 번호, 요일 정보는 다음과 같이 추출할 수 있습니다.

myhref = '/webtoon/list?titleid=1234&weekday=mon'	
출력 /webtoon/list?titleid=1234&weekday=mon	
myhref = myhref.replace('/webtoon/list?', '')	
출력 titleid=1234&weekday=mon	
result = myhref.split('&')	
출력 result[0]	result[1]
titleid=1234	weekday=mon
mytitleid = result[0].split('=')[1]	
출력 mytitleid[0]	result[1]
titleid	1234
myweekday = result[0].split('=')[1]	
출력 myweekday[0]	myweekday[1]
weekday	mon

<a> 태그의 href 속성값을 변수 myhref에 저장하고 있습니다. 예를 들어 '/webtoon/list?titleid=1234&weekday=mon'이라는 값이 들어 있다고 가정합니다. 여기서 '/webtoon/list?'은 반복적으로 출현하는 문자열이지만 실제 분석에 필요 없는 항목이므로 문자열 함수 replace()를 이용하여 빈 문자열로 치환합니다. 그러면 'titleid=1234&weekday=mon'라는 문자열이 되고, 타이틀 번호와 요일이 '&' 기호를 사용하여 구분되어 있으므로 문자열 함수 split('&') 함수를 이용하여 분해하여 리스트 result 변수에 저장합니다. result 변수의 [0]번째에는 타이틀 번호가 [1]번째에는 요일 정보가 저장됩니다. result [0]과 [1]에 들은 각각 '=' 기호를 사용하여 구분되어 있으므로 split('=') 함수를 이용하여 분해하고, 분해된 각 리스트의 [1]번째 요소를 가져오면 각각, 타이틀 번호(변수 mytitleid)와 요일 정보(변수 myweekday)를 얻을 수 있습니다.

img 태그	`imgtag = abcd.find('img')`
이미지 이름 정보	`mysrc = imgtag.attrs['src']`
공백 제거	`mytitle = imgtag.attrs['title'].strip()`
제목에 대한 정보	`mytitle = mytitle.replace('?', '').replace(':', '')`

② 이미지 파일의 이름 정보는 <img> 태그의 src 속성값을 읽어 오면 됩니다.

③ 제목에 대한 정보는 제목 주위에 white character 문자들이 있으므로 공백을 제거해주는 함수 strip()을 사용하여 제거합니다. 간혹 만화의 이름에 물음표(?)와 콜론(:)기호가 있는 데, 이 문자열을 파일 이름을 만들 때 사용할 수 없는 특수 문자이므로 replace() 함수를 사용하여 치환합니다.

위의 모든 항목을 종합하면 크롤링 순서는 다음과 같습니다.

```
● 크롤링 순서

<div class="thumb">인 항목을 추출합니다.
반복문을 사용하여
    <a> 태그의 href 속성을 읽어 옵니다.
        replace() 함수로 치환합니다.
        split() 함수를 이용하여 요소 분해합니다.
    <img> 태그
        title 속성을 읽어 와서 제목으로 처리합니다.
        '?'와 ':' 문자는 파일 이름으로 저장할 수 없으므로 공백 문자로 치환합니다.
        src 속성을 읽어 와서
                이미지가 존재하는 경로를 취득합니다.

    필요한 정보를 리스트에 추가합니다.
    해당 이미지를 각 요일 폴더에 이미지로 저장합니다.

데이터프레임으로 만들어 CSV 파일로 저장합니다.
```

urlopen() 함수와 Beautiful Soup를 사용하여 네이버 만화 사이트에 대한
Beautiful Soup 객체 soup를 구합니다.

code: naverCartoon.py

```
01    import os
02
03    from urllib.request import urlopen
04    from bs4 import BeautifulSoup
05    from pandas import DataFrame
06
07    myparser = 'html.parser'
08    myurl = 'https://comic.naver.com/webtoon/weekday.naver'
09    response = urlopen(myurl)
10    soup = BeautifulSoup(response, myparser)
11    # print(result) # 결과물을 cartoon.html 파일에 복사
12    # print(type(result))
```

요일별 만화 이미지를 저장하기 위한 폴더를 만들기 위한 딕셔너리를 준비합니다. 하
드 디스크에 'imsi' 폴더와 '월요일'부터 '일요일' 폴더까지 생성합니다. 이전에 미
리 만들어 둔 폴더가 있으면 미리 삭제하기 위하여 shutil.rmtree(mypath) 구문을
사용합니다.

```
14    weekday_dict = {'mon':'월요일', 'tue':'화요일', 'wed':'수요일',
15                    'thu':'목요일', 'fri':'금요일', 'sat':'토요일',
16                    'sun':'일요일'}
17
18    myfolder = 'c:\\imsi\\'
19    try :
20        if not os.path.exists(myfolder): # 임시 폴더 생성
21            os.mkdir(myfolder)
22
23        for mydir in weekday_dict.values() :
24            mypath = myfolder + mydir
25            if os.path.exists(mypath) :
26                pass
27            else : # '월요일'부터 '일요일'까지 폴더 생성
28                os.mkdir(mypath)
29    except FileExistsError as err :
30        pass # 오류를 무시하고 넘깁니다.
```

saveFile() 함수는 웹 페이지에 존재하는 이미지를 로컬 컴퓨터에 저장하기 위한 함수입니다. mysrc는 웹 페이지에 존재하는 이미지 경로입니다. myweekday 변수는 'mon', 'thu' 등과 같이 요일 정보를 저장하고 있는 문자열입니다. 예를 들면 'mon' 은 weekday_dict 딕셔너리를 이용하여 '월요일'로 변경됩니다. mytitle 변수는 해당 만화의 제목이 됩니다.

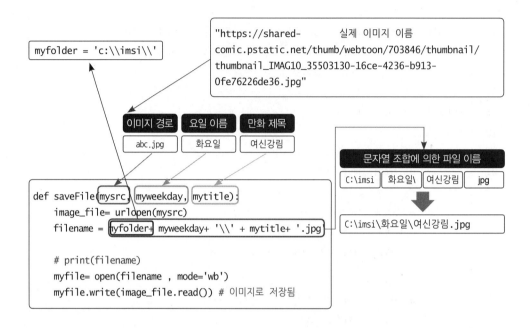

```
32    def saveFile(mysrc, myweekday, mytitle):
33        image_file = urlopen(mysrc)
34        filename = myfolder + myweekday + '\\' + mytitle + '.jpg'
35
36        # print(filename)
37        myfile = open(filename , mode='wb')
38        myfile.write(image_file.read())   # 이미지로 저장됨
```

위에서 언급한 '크롤링 처리 순서'에 따라 다음과 같이 for 문을 사용하여 크롤링을 수
행합니다. for 문의 마지막에서 이미 만들어 놓은 saveFile() 함수를 호출하여 해당
폴더에 이미지를 다운로드합니다

```
40    mylist = []   # 데이터를 저장할 리스트
41
42    mytarget = soup.find_all('div', attrs='class':'thumb')
43    print('만화 총 개수 : %d' % (len(mytarget)))
44    for abcd in mytarget :
45        myhref = abcd.find('a').attrs['href']
46        myhref = myhref.replace('/webtoon/list.nhn?', '')
47        result = myhref.split('&')
48        mytitleid = result[0].split('=')[1]
49        myweekday = result[1].split('=')[1]
50        myweekday = weekday_dict[myweekday]
51        # print(mytitleid + '/' + myweekday)
52
53        imgtag = abcd.find('img')
54        #print(imgtag)
55        mysrc = imgtag.attrs['src']
56        mytitle = imgtag.attrs['title'].strip()
57        mytitle = mytitle.replace('?', '').replace(':', '')
58
59        # print(mytitle + '/' + mysrc)
60
61        mytuple = tuple([mytitleid, myweekday, mytitle, mysrc])
62        mylist.append(mytuple)
63
64        # 이미지 저장 함수
65        saveFile(mysrc, myweekday, mytitle)
66
67    print(mylist)
```

크롤링 목록을 저장하고 있는 mylist를 DataFrame 구조로 변경합니다. 'cartoon.
csv' 파일을 생성하고 프로그램을 종료합니다.

```
69   myframe = DataFrame(mylist, columns = ['타이틀 번호', '요일', '제목', '링크'])
70   filename = 'cartoon.csv'
71   myframe.to_csv(filename, encoding = 'cp949', index=False)
72   print(filename + '파일로 저장됨')
73   print('\n# finished')
```

4.4 프로젝트 : 네이버 영화 사이트에서 영화 순위 정보 수집하기

네이버에서 제공하는 영화 랭킹 페이지[4]의 데이터를 크롤링해 보세요. 다음은 해당 사이트의 일부와 크롤링된 결과 CSV 파일의 일부입니다. 아래 그림 예시에서 영화 "톰과 제리"는 4단계 상승하였고, "새해전야"는 1단계 하강했습니다. 해당 이미지 아이콘과 변동폭의 수치를 이용하여 CSV 파일을 작성하면 됩니다.

● 프로그램 요구 사항

컬럼이 4개('순위', '제목', '변동', '변동값')인 CSV 파일을 생성합니다.

네이버 영화 랭킹

순위	영화명	변동폭
1	미션 파서블	― 0
2	극장판 귀멸의 칼날: 무한열차편	― 0
3	소울	― 0
4	톰과 제리	↑ 4
5	퍼펙트 케어	↓ 1
6	새해전야	↓ 1
7	몬스터 헌터	↓ 1
8	카오스 워킹	↑ 4
9	더블패티	↓ 2
10	세자매	↓ 1

순위	제목	변동	변동값
1	미션 파서블	불변	0
2	극장판 귀멸의칼날: 무한열차편	불변	0
3	소울	불변	0
4	톰과 제리	상승	4
5	퍼펙트 케어	강등	1
6	새해전야	강등	1
7	몬스터 헌터	강등	1
8	카오스 워킹	상승	4
9	더블패티	강등	2
10	세자매	강등	1

4) https://movie.naver.com/movie/sdb/rank/rmovie.naver

네이버 영화 랭킹 페이지(https://movie.naver.com/movie/sdb/rank/rmovie. naver)에 접속하여 각 태그들을 이행하여 BeautifulSoup 사용법을 간단히 숙지해 보도록 합니다. 영화 순위와 제목 변동에 대한 상태를 출력해봅니다. 변동된 순위를 '변동값'이라는 컬럼에 반영하고, urllib.request 라이브러리의 urlopen() 함수를 이용하여 응답(response) 객체를 구하며, BeautifulSoup 클래스의 생성자에 매개변 수로 입력하여 soup 객체를 생성합니다.

code: bs4Exam03.py

```
01   import urllib.request
02   from bs4 import BeautifulSoup
03   from pandas import DataFrame
…    …
14   url = "https://movie.naver.com/movie/sdb/rank/rmovie.naver"
15   html = urllib.request.urlopen(url)
16   soup = BeautifulSoup(html, 'html.parser')
```

div 태그 중 class 속성의 값이 tit3인 항목들을 추출합니다. 영화 제목만 뽑아내려 면 <a> 태그를 찾은 다음 string 속성을 사용하면 됩니다. 각 영화 목록에 대한 세부 페이지로 이동하려면, <a> 태그의 'href' 속성값을 읽어서, 접두사 url(url_header 변수) 문자열을 결합해야 합니다.

```
22   tags = soup.findAll('div', attrs={'class':'tit3')}
23   print('-' * 30)
24   print( tags )
25   print('-' * 30)
…    …
27   print(\n'영화 제목만 뽑아내기')
28   for tag in tags :
29       # 하위 <a> 태그 아래의 글자 영역
30       print(tag.a.string) # text 속성도 동일한 결과를 보여 준다.
…    …
36   print(\n'앵커의 href 속성')
37   url_header = 'https://movie.naver.com'
38   for tag in tags:
39       print('-' * 50)
40       print(url_header + tag.a['href'])
```

모든 'tr' 태그를 찾아서 mytrs 변수에 저장합니다. for 반복문을 이용하여 totallist라는 리스트에 저장하도록 합니다. 반복문 내에서 순위(newno), 제목 (title), 변동(up_down), 변동값(change)들을 모두 구한 다음, 튜플형 자료 구조로 만든 후 totallist라는 리스트에 계속 추가합니다.

```
47  mytrs = soup.find_all('tr')
…   …
51  no = 0
52  totallist = []
53
54  for one_tr in mytrs :
…       …
58      title = ''
59      up_down = ''
60      mytd = one_tr.find('td', 'attrs={'class':'title'})
61      if (mytd != None) :
62          no += 1
63          newno = str(no).zfill(2)
64
65          mytag = mytd.find('div', attrs={'class':'tit3'})
66          title = mytag.a.string
67
68          mytd = one_tr.select_one('td:nth-of-type(3)')
69          myimg = mytd.find('img')
70          if myimg.attrs['alt'] == 'up':
71              up_down = '상승'
72          elif myimg.attrs['alt'] == 'down':
73              up_down = '강등'
74          else :
75              up_down = '불변'
76
77          change = one_tr.find('td', attrs='class':'range ac')
78          if change == None :
79              pass
80          else:
81              change = change.string
82              # print(newno + '/' + title + '/' + up_down + '/'  +
    change)
83              totallist.append((newno, title, up_down, change))
```

totallist 리스트 데이터를 데이터프레임으로 변경합니다. 해당 데이터프레임을
'naverMovie.csv'라는 이름으로 파일을 생성합니다.

```
89   mycolumn = ['순위', '제목', '변동', '변동값']
90
91   myframe = DataFrame(totallist, columns = mycolumn)
92   filename = 'naverMovie.csv'
93   myframe.to_csv(filename, encoding='cp949', index=False)
94   print(filename, '으로 저장되었습니다.', sep='')
```

요점정리

- **Beautiful Soup**는 파이썬의 크롤링 라이브러리입니다.
- 특정 태그의 상위 태그를 **부모 태그**, 하위 태그를 **자식 태그**라고 합니다.

연습문제

01 다음은 HTML 문서에 대한 설명입니다. 빈칸에 적절한 용어를 작성해 보세요.

항목	설명
( )	시작 태크와 종료 태그의 조합을 말합니다.
( )	< 기호와 > 기호로 둘러싸인 범위 안에 명령어 이름을 표시합니다.
( )	시작 태그 안에 삽입되며 = 기호와 큰따옴표를 이용하여 값을 지정합니다.
( )	속성에 들어가는 실제 값입니다.

02 다음은 Beautiful Soup에서 사용하는 속성 및 함수들의 목록을 설명하고 있습니다. 빈칸에 적절한 용어를 작성해 보세요.

관련 함수	설명
객체.select_one(<선택자>)	CSS 선택자로 요소 하나를 추출합니다.
( )	**tag**라는 태그 중에서 조건에 맞는 1번째 태그를 찾아 줍니다.
( )	• 해당 태그의 하위 태그들을 리스트 목록으로 반환합니다. • **for** 문에서 많이 사용됩니다.

관련 함수	설명
( )	해당 객체의 부모 요소를 찾아 줍니다.
( )	현재 태그의 바로 위 태그를 찾아 줍니다.
( )	• 현재 태그의 상위에 있는 모든 태그를 찾아 줍니다. • for 문을 이용하여 추출합니다.

CHAPTER

5

데이터 수집, 전처리, 시각화

CHAPTER 5

데이터 수집, 전처리, 시각화

이번 장에서는 치킨 회사의 매장 정보를 바탕으로 프로젝트를 진행하면서 데이터 수집, 전처리, 시각화를 실습해보겠습니다.

5.1 프로젝트 : 치킨 회사 홈페이지에서 매장 위치 정보 수집하기

치킨은 여전히 인기 있는 음식 중의 하나입니다. 이번 절에서는 Beautiful Soup와 urllib.request 라이브러리를 이용해 전국 치킨 매장 정보를 크롤링해볼 예정입니다.

5.1.1 모듈 공통 사항

대표적인 브랜드 몇 개를 선정하여 각각 크롤링해보겠습니다.

구현할 내용

다음과 같은 매장들에 대한 크롤링을 진행하도록 하겠습니다. 영문 이름은 실제 소스 코드에서 변수 brandName, url 주소는 변수 base_url로 사용할 예정입니다.

브랜드	영문 이름	url 주소
페리카나	pelicana	https://www.pelicana.co.kr/store/stroe_search.html
네네	nene	https://nenechicken.com/17_new/sub_shop01.asp
처가집	cheogajip	http://www.cheogajip.co.kr/bbs/board.php?bo_table=store
굽네	goobne	http://www.goobne.co.kr/store/search_store.jsp

크롤링된 파일들은 '브랜드.csv' 형식으로 파일이 저장됩니다. 다음 예제는 네네 치킨 매장의 일부 내용입니다. 컬럼 정보는 다음과 같습니다.

brand	store	sido	gundu	address	phone
브랜드 이름	상호명	시도	군구	주소지	전화 번호

색인	brand	store	sido	gungu	address	phone
0	nene	강원홍천군홍천점	강원	홍천군	강원 홍천군 홍천읍 갈마로 4	033-481-8892
1	nene	강원양구군방산점	강원	양구군	강원 양구군 방산면장거리길 18	033-242-8119
2	nene	강원춘천시퇴계점	강원	춘천시	강원 춘천시 춘주로187번길20-4	033-432-9288
3	nene	강원홍천군시동점	강원	홍천군	강원 홍천군 남면 시동안로321번 길34-2	033-461-0049
4	nene	강원인제군신남점	강원	인제군	강원 인제군 남면 신남로23	033-244-8892
5	nene	강원춘천시교동후평점	강원	춘천시	강원 춘천시 성심로23-1	033-442-4484
6	nene	강원화천군산양리점	강원	화천군	강원 화천군 상서면 영서로 7740-4	033-482-2292
7	nene	강원양구군동면점	강원	양구군	강원 양구군 동면 금강산로1681	033-652-9976
8	nene	강원강릉시포남1점	강원	강릉시	강원 강릉시 성덕포남로169	033-375-9696

치킨 매장 정보의 예시

치킨 매장을 위한 공용 모듈

치킨 매장을 가지고 코딩을 하다 보면 동일한 코드 작성이 각 매장마다 이루어집니다. 반복적인 코딩은 별도의 외부 파일로 만들어서 공용으로 사용하는 것이 바람직합니다. 우선 여러 매장에서 공통으로 사용할 클래스 파일을 하나 생성하겠습니다. 매장에 상관없이 url을 오픈하고, Beautiful Soup 기능을 이용하여 HTML 문서를 가져오는 등의 일은 거의 공통적인 업무입니다. 다음 항목들은 공통 모듈에서 사용되는 함수 목록입니다.

함수/생성자	내용
생성자	• brandName # 업체 브랜드 이름(예) 'pelicana' • url # url 주소 • soup # BeautifulSoup 객체 • driver # WebDriver 객체로 굽네 치킨에만 사용됩니다.
get_request_url()	해당 url 페이지에 대한 응답 객체를 구해주는 함수입니다.
getSoup()	이미 구해 놓은 Beautiful Soup 객체를 반환해주는 함수입니다.
save2Csv()	해당 데이터프레임을 엑셀 파일로 저장해주는 함수입니다.

치킨 유틸리티 모듈의 전체 소스 코드는 다음과 같습니다.

code: ChickenUtil.py

```
01   import time, datetime, ssl
02   import pandas as pd
03   import urllib.request
…    …
06   from bs4 import BeautifulSoup
07
08   class ChickenStore():
09       myencoding = 'utf-8'
```

```
...        ...
22     def getSoup(self):
23         if self.soup == None :
24             return None
25         else :
26             if self.brandName != 'pelicana':
27                 return BeautifulSoup(self.soup, 'html.parser')
28             else :  # 페리카나
29                 return BeautifulSoup(self.soup, 'html.parser')
...
32     def get_request_url(self):
33         request = urllib.request.Request(self.url)
34         try :
35             context = ssl._create_unverified_context()
36             response = urllib.request.urlopen(request, context=context)
37             if response.getcode() == 200 :
38                 #print('[%s] url request success' % datetime.datetime.
now())
39
40                 if self.brandName != 'pelicana' :
41                     return response.read().decode(self.myencoding)
42                 else :
43                     return response
44
45         except Exception as err :
46             print(err)
47             now = datetime.datetime.now()
48             msg =  '[%s] error for url %s' % (now, self.url)
49             print(msg)
50             return None
51
```

```
52      def save2Csv(self, result):
53          data = pd.DataFrame(result, columns=self.mycolumns)
54          data.to_csv(self.brandName + '.csv', \
55                      encoding=self.myenconding, index=True)
56
57      def __init__(self, brandName, url):
58          self.brandName = brandName
59          self.url = url
60
61          self.mycolumns = ['brand', 'store', 'sido', 'gungu',
    'address']
62
63          if self.brandName == 'pelicana' :
64              self.mycolumns.append('phone')
65
66          if self.brandName in ['nene', 'cheogajip', 'goobne']:
67              self.mycolumns.append('phone')
...
72          elif self.brandName != 'goobne':
73              self.soup = self.get_request_url()
74              self.driver = None
75          else :  # 굽네 매장
76              self.soup = None
77              filepath = 'c:/chromedriver.exe'
78              self.driver = webdriver.Chrome(filepath)
79              self.driver.get(self.url)
80          # print('생성자 호출됨')
81  # end class ChickenStore()
```

5.1.2 페리카나 치킨의 매장 정보 크롤링

실습을 수행하기 전에 페리카나 치킨의 매장 수를 확인하려면 마지막 페이지가 몇 페이지인지 확인해야 합니다. 하지만 마지막 페이지의 번호를 모르는 경우에는 반복을 수행한 다음 특정한 조건에서 이 반복문을 멈춰야 합니다. 다행스럽게도 파이썬에는 이것을 해결해주는 count()라는 함수가 있으므로 크롤링하기 전에 카운터 프로그램을 만들어보겠습니다.

카운터 프로그램(itertools)

count() 함수를 사용하여 마지막 페이지에 도달하면 프로그램을 강제로 종료하기 위한 아래 코드를 살펴보겠습니다. 이 프로그램은 0부터 시작하여 5에 도달할 때까지만 출력하도록 하고, 5 이상이 되면 프로그램을 종료합니다. count() 함수는 0부터 시작하여 4까지 출력한 다음 5가 되면 break 구문에 의하여 강제 종료 되고 있습니다. if 문이 종료하기 위한 판단 조건이 됩니다. 페리카나 치킨 매장에서 이와 관련된 코드를 다시 언급하도록 하겠습니다.

code: countLoop.py

```
01   from itertools import count
02
03   for page_idx in count():
04       if page_idx >= 5 :
05           break
06
07       print(page_idx)
08
09   print('finished')
```

실행 결과

```
0
1
2
3
4
finished
```

페리카나 치킨 매장 정보

매장 정보를 찾기 위하여 페리카나 치킨 매장 찾기 웹 페이지[1]로 이동합니다. 아래 그림과 같이 3페이지를 클릭해봅니다.

---

1) https://pelicana.co.kr/store/stroe_search.html

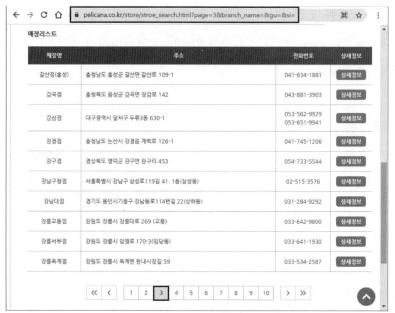

페리카나 치킨 매장 찾기 웹 페이지

위 그림에서 인터넷 주소를 살펴보면 파라미터 정보는 "page=3&branch_name=&gu=&si="입니다. page 파라미터를 제외한 나머지 파라미터는 크게 신경 쓰지 않아도 되고, 다만 page 파라미터가 수시로 변경된다는 것을 확인할 수 있습니다.

● 인터넷 주소 확인해보기

```
https://pelicana.co.kr/store/stroe_search.html?page=3&branch_
name=&gu=&si=
```

다음 소스 코드는 3페이지 HTML 문서의 소스 보기를 수행한 HTML 정보의 일부를 출력한 것입니다. <tr> 태그 1개는 한 개의 매장 정보를 의미합니다. 내부의 <td> 태그에서 상호명, 시도, 군구, 주소지 등의 정보를 추출할 수 있습니다.

● 페리카나 치킨 매장 1개에 대한 HTML 코드 내용

```
<table class="table mt20">
    <tbody>
        <tr>
            <td class="t_center">갈산점(이천)</td>
            <td>경기도 이천시 갈산로 81(갈산동, 102)</td>
            <td class="t_center">031-638-8320</td>
            <td class="t_center">
                <a href="#none" class="button h22 btn_gray"
                    onclick=" store_view('127.46','37.289','갈산점.)');">상세
정보
                </a>
            </td>
        </tr>
        ... 여기에 <tr>이 반복되고 있습니다.
    </tbody>
</table>
```

페리카나 치킨 매장의 각 정보는 다음과 같이 구현하면 됩니다.

● 크롤링 코딩 순서

- 테이블 외관을 구성하는 `<table class="table mt20">`인 항목을 찾습니다.
- 하위 태그 중에서 `<tbody>`를 찾습니다.
- `<tbody>` 태그 내에서 모든 `<tr>` 태그를 찾습니다.
- `<tr>` 태그 1개는 한 개의 매장 정보를 의미합니다.
- shopExists는 마지막 페이지인지를 판별하기 위한 변수입니다.
- 마지막 페이지에 도달하게 되면 shopExists = True가 됩니다.
- 개발자의 실수인지 중간에 매장 주소 정보가 없는 경우가 있는 데, if 문으로 분리 처리합니다.

`<tr>` 태그 1개는 한 개의 매장 정보를 의미한다고 설명했습니다. 다음은 소스 코드의 mylist 변수를 출력한 것입니다. 대괄호로 둘러싸여 있으므로 리스트 자료구조입니다.

```
mylist = list(mytr.strings)
print(mylist)
```

● 1번째 <tr> 태그의 정보

```
['\n', '가경동점', '\n', '충청북도 청주시흥덕구 풍산로 103(복대동)', '\n', '-233-
4091', '\n', '상세정보', '\n']
```

좀더 세부적으로 살펴보기 위하여 숫자 인덱스를 붙이면 다음과 같습니다. `mylist`의 [1]번째 요소가 상호명(store)이 되고, [3]번째 요소가 주소(address)가 됩니다.

0	1	2	3	4	5	6	7	8
\n	가경동점	\n	충청북도 청주시흥덕구 풍산로 103(복대동)	\n	\r\n\t\t\t\t\t\t\t043-233-4091	\n	상세정보	\n
	상호명		주소					

시도와 군구 정보는 다음과 같이 구할 수 있습니다. 우선 구해진 주소 정보를 변수 `address`에 저장합니다. `if` 문은 마지막 페이지를 위한 코딩입니다. 마지막 페이지에서는 매장 정보가 나오지 않고, 스페이스 문자 1개 출력이 됩니다. 따라서 길이가 2 이상이면 매장이 존재하는 것으로 간주하고 `if` 문을 사용하였습니다.

```
address = mylist[3]

if len(address) >= 2:
    imsi = address.split()
    sido = imsi[0]
    gungu = imsi[1]
```

주소(address)가 '충청북도 청주시흥덕구 풍산로 103(복대동)'이라고 가정하고, split() 함수를 적용하면 다음과 같습니다. 상단의 소스 코드에서 변수 imsi는 다음 표와 같은 정보를 가지는 리스트 구조이고, 여기서 [0]번째 요소는 시도(sido)가 되고, [1]번째 요소는 군구(gungu)가 되는 것입니다.

0	1	2	3
충청북도	청주시흥덕구	풍산로	103(복대동)

전화 번호는 <tr> 태그의 3번째 자식 태그를 찾은 다음, 공백 문자를 제거하면 됩니다. 찾지 못하는 경우 None이 반환되는 데 if 문을 사용하여 분기 처리합니다.

```python
imsiphone = mytr.select_one('td:nth-of-type(3)').string

if imsiphone != None :
    phone = imsiphone.strip()
else:
    phone = ""
print(phone)
```

공용 모듈인 ChickenUtil에서 ChickenStore 클래스를 로딩합니다. 해당 브랜드의 이름(brandName)과 접속하고자 하는 url 주소를 변수에 저장합니다.

```python
from itertools import count
from ChickenUtil import ChickenStore
###############################################
brandName = 'pelicana'  # 브랜드 이름
base_url = 'https://www.pelicana.co.kr/store/stroe_search.html'  # 접속 url
###############################################
```

함수 getData()를 구현합니다. 엑셀 파일로 저장하기 위하여 savedData라는 리스트
자료구조를 정의합니다. 몇 페이지까지 매장이 존재하는지 모르므로 itertools 모
듈의 count()라는 함수를 사용하도록 합니다. for 문과 함께 count() 함수를 사용하
도록 합니다. ChickenStore 클래스에 브랜드의 이름과 url 주소를 이용하여 객체를
생성합니다. 반복문 내에서 savedData 리스트 자료구조에 각각의 매장 정보를 추가
합니다. 매장이 더 이상 존재하지 않으면 반복문을 종료하고, 해당 리스트를 CSV 파일
형식으로 저장합니다.

code: getPelicanaStore.py

```
01   from itertools import count
02   from ChickenUtil import ChickenStore
03   ########################################
04   brandName = 'pelicana' # 브랜드 이름
05   base_url = 'https://www.pelicana.co.kr/store/stroe_search.html'  # 접
     속 url
06   ########################################
07   def getData():
08       savedData = [] # 엑셀로 저장할 리스트
09
10       for page_idx in count() :
11           url = base_url + '?page=' + str(page_idx + 1)
12           # print(url)
13           chknStore = ChickenStore(brandName, url)
14           soup = chknStore.getSoup()
15
16           mytable = soup.find('table', attrs={'class':'table mt20'})
17           mytbody = mytable.find('tbody')
18
19           # print('페이지 번호 : %d' % page_idx)
20
21           shopExists = False # 매장 목록이 없다고 가정
```

```
22          for mytr in mytbody.findAll('tr'):
23              shopExists = True
24              mylist = list(mytr.strings)
25              # print(mylist)
26              # print('a' * 30)
27
28              # phone은 전화 번호입니다.
29              imsiphone = mytr.select_one('td:nth-of-type(3)').string
30              if imsiphone != None :
31                  phone = imsiphone.strip()
32              else:
33                  phone = ""
34              # print(phone)
35              # print('c' * 30)
36
37              # # td4th_a는 4번째 <td> 아래의 <a> 태그를 의미합니다.
38              # td4th_a = mytr.select_one('td:nth-of-type(4)').a
38              #
40              # if td4th_a != None :
41              #     onclidk = td4th_a.attr['onclick']
42              # else:
43              #     onclidk = ""
44              # print(td4th_a)
45              # print('d' * 30)
46
47              store = mylist[1]
48              address = mylist[3]
49              #print('{' + address + '}')
50              #print('b' * 30)
51
52              if len(address) >= 2 :
53                  imsi = address.split()
```

```
54                    sido = imsi[0]
55                    gungu = imsi[1]
56
57                    mydata = [brandName, store, sido, gungu, address,
       phone]
58                    savedData.append(mydata)
59
60           #if page_idx == 0 :
61           if shopExists == False :
62               chknStore.save2Csv(savedData)
63               break
64    ###########################################
```

크롤링 시작을 알리고, getData() 함수를 호출한 다음 완료가 되면 크롤링이 종료되었음을 알려 줍니다.

```
65    print(brandName + '매장 크롤링 시작')
66    getData()
67    print(brandName + '매장 크롤링 끝')
```

5.1.3 네네 치킨의 매장 정보 크롤링

매장 정보를 찾기 위하여 네네 치킨의 매장 안내 웹 페이지[2]로 이동합니다. 각 페이지를 이동하면서 파라미터 **page**의 정보만 변경해 주면 크롤링할 수 있습니다.

네네 치킨 매장 정보

다음은 네네 치킨의 일부 매장 정보를 캡처한 화면입니다.

---

2) https://nenechicken.com/17_new/sub_shop01.asp?page=1

네네 치킨의 일부 매장 정보

다음은 HTML 문서 소스 보기를 수행하여 HTML 정보를 출력한 것입니다.

```
● 네네 치킨 매장 1개에 대한 HTML 코드 내용

<table class="shopTable">
    <tr>
        <td>
            <div class="shopInfo">
                <div class="shopIconBox">
                    <span class=""></span>
                </div>
                <div class="shopName">강원홍천군홍천점</div>   ← ① 가게 상호
                <div class="shopAdd">강원 홍천군 홍천읍 갈마로</div>
            </div>
        </td>
        <td width='50'>
            <div class="shopCall tooltip">
                <a href="tel:033-435-7983"><br>전화</a>
```

```
                <span class="tooltiptext">033-435-7983</span>    ← ③ 전화 번호
            </div>
        </td>
        <td width='50'>
            <div class="shopMap">   ← ② 주소 정보
                <a href="중략...'강원도홍천군홍천읍갈마로4');"><br>지도보기</a>
            </div>
        </td>
    </tr>
</table>
```

각 매장의 정보는 다음 표를 이용하여 가져옵니다. 주소 정보를 추출하기 위하여 정
규 표현식을 사용하겠습니다.

항목	설명
가게 이름	`<div class="shopName">`인 항목들을 찾습니다.
주소 정보	• `<div class="shopMap">`의 하위 `<a>` 태그 내에 주소가 들어 있습니다. • `href="JAVASCRIPT:codeAddress('강원도춘천시성심로23-1');"`에서 정규 표현식을 이용하여 주소 정보만 필터링하도록 합니다.
시도 정보	`<div class="shopAdd">`의 첫 번째 음절을 사용합니다.
구군 정보	`<div class="shopAdd">`의 두 번째 음절을 사용합니다.
전화 번호	`<span class="tooltiptext">` 태그를 찾습니다.

● 크롤링 코딩 순서

• `<table class="shopTable">` 태그들을 찾습니다.
• "shopAdd"가 존재하지 않는 매장이 존재합니다.
• 예외 처리 구문을 이용하여 "없음"으로 처리하도록 합니다.

공용 모듈인 ChickenUtil에서 ChickenStore 클래스를 로딩합니다. 해당 브랜드의
이름(brandName)과 접속하고자 하는 url 주소를 변수에 저장합니다.

code: getNeneStore.py

```
01   import re
02
03   from ChickenUtil import ChickenStore
04   #############################################
05   brandName = 'nene'
06   base_url = 'https://nenechicken.com/17_new/sub_shop01.asp'
07   #############################################
```

네네 치킨의 매장 정보 웹 페이지에서는 마지막 페이지가 몇 페이지인지를 파악할 수
있습니다. 마지막 페이지를 확인한 후 for 문의 range()에 하드 코딩을 하면 됩니
다. 위에서 언급한 '크롤링 코딩 순서'에 따라서 코드를 다음과 같이 작성합니다. 크롤
링이 마무리되면, CSV 파일로 저장합니다. getData() 함수 내에 for 문을 보면 문장
regex = '\d\S*'이 있습니다. 이것은 정규 표현식으로 주소에 해당하는 문자열에서
가장 먼저 보이는 숫자부터 문자열의 끝까지를 추출하기 위한 구문입니다. regex =
'\d\S*'의 메타 문자에 대한 내용은 다음과 같습니다.

메타 문자	설명
\d	숫자 1개에 해당하고, [0-9]와 동일한 표현식입니다. * d는 decimal을 의미합니다.
*	바로 앞의 문자가 0회 또는 그 이상 반복되어야 합니다.
\s	• whitespace 문자(눈에 보이지 않는 문자), 즉 [\t\n\r\f\v]와 동일한 표현식입니다. • 맨 앞의 빈칸은 공백 문자를 의미합니다.
\S	\s의 반대 개념입니다.

```python
08   def getData():
09       savedData = []
10       for page_idx in range(1, 47+1):
11           url = base_url + '?page=%d' % (page_idx)
12           chknStore = ChickenStore(brandName, url)
13           soup = chknStore.getSoup()
14
15           tablelists = soup.findAll('table', attrs='class':'shopTable')
16           # print(len(tablelists))
17           for onetable in tablelists:
18               store = onetable.select_one('.shopName').string
19               #print(store)
20
21               temp = onetable.select_one('.shopAdd').string
22   #               print(temp)
23
24               # 주소 접미사
25               im_address = onetable.select_one('.shopMap')
26               im_address = im_address.a['href']
27   #               print(im_address)
28               regex = '\d\s*'
29               pattern = re.compile(regex)
30               mymatch = pattern.search( im_address )
31               addr_suffix = mymatch.group().replace("');", '')
32   #               print(addr_suffix) # 주소 접미사
33
34               address = temp + ' ' + addr_suffix
35               # print(address)
36
37               imsi = temp.split(' ')
38               sido = imsi[0]
39               gungu = imsi[1]
40
```

```
41              phone = onetable.select_one('.tooltiptext').string
42              # print(phone)
43
44              mydata = [brandName, store, sido, gungu, address, phone]
45              savedData.append(mydata)
46
47      # end for statement
48
49      chknStore.save2Csv(savedData)
50 ##############################################
```

크롤링 시작을 알리고, getData() 함수를 호출한 다음 완료가 되면 크롤링이 종료되었음을 알려 줍니다.

```
51 print(brandName + ' 매장 크롤링 시작')
52 getData()
53 print(brandName + ' 매장 크롤링 끝')
```

5.1.4 처가집 치킨의 매장 정보 크롤링

매장 정보를 찾기 위해 처가집 치킨 매장 찾기 웹 페이지[3]로 이동합니다.

처가집 양념 치킨 매장 정보

해당 웹페이지에서 하단의 2페이지를 클릭합니다. 아래 그림[4]과 같이 **page**를 파라미터로 넘겨 주고 있습니다. 하단의 맨끝이라는 버튼을 눌러 보면 마지막 페이지 정보를 쉽게 확인할 수 있습니다. 파라미터 중에서 **'bo_table=store'**는 반드시 입력해 주어야 하는 사항으로 주의하셔야 합니다.

---

3) http://www.cheogajip.co.kr/bbs/board.php?bo_table=store
4) http://www.cheogajip.co.kr/bbs/board.php?bo_table=store&page=2

지역	매장명	주소	전화번호	자세히
경상남도	남부동점	경남 양산시 남부동 605-1번지 106호	055-383-9133	more
서울특별시	세곡점	서울특별시 강남구 헌릉로571길 7, 1층 103호(세곡동, 강남레체)	02-451-8989	more
서울특별시	오금점	서울특별시 송파구 마천로 165, 1층(오금동)	02-407-1257	more
경상남도	구산점	경상남도 김해시 구산동 1083-7번지 101호	055-336-4366	more
충청남도	예산점	충남 예산군 예산읍 벚꽃로 155번길 43	041-335-7277	more
광주광역시	신창점	광주 광산구 신창로36번길 19, 1층(신창동)	062-961-9282	more
광주광역시	장덕점	광주 광산구 장덕로39번길 14, 1층(장덕동)	062-961-9281	more
광주광역시	학동방림점	광주 동구 천변우로 603, 102-101(학동)	062-233-9280	more
광주광역시	운남점	광주 광산구 목련로 273번안길 43, 2층(운남동)	062-716-9282	more
광주광역시	전대점	광주 북구 우치로 100번길 3-2, 1층(용봉동)	062-262-9280	more

처음 1 **2** 3 4 5 다음 맨끝

처가집 양념 치킨 매장 정보

● **tbody 태그 내의 HTML 구조 예제**

```
<tbody>
    <tr class="">
        <td class="td_date">충청북도</td>
        <td class="td_date">소라점</td>
        <td class="td_subject">충청북도 청주시 상당구 원봉로 25 신라아파트 상가 111호
</td>
        <td class="td_date">043-293-3973</td>
    </tr>
    ... <tr> 태그가 여러 번 반복되고 있습니다.
</tbody>
```

상단의 HTML 예제를 이용하여 다음과 같이 구현하면 됩니다.

> ● **크롤링 코딩 순서**
>
> <tbody> 태그를 찾습니다.
> <tbody> 태그 내 하위의 모든 <tr> 태그를 찾습니다.
> 반복문을 이용하여 하위의 <td> 태그를 찾습니다.
>   가게 이름(store) : 2번째 자식 요소를 찾습니다.
>   address : 3번째 자식 요소를 찾습니다.
>   sido : address.split[0]   # 주소 리스트의 [0]번째 항목
>   gungu : address.split[1]   # 주소 리스트의 [1]번째 항목
>   phone : 4번째 자식 요소를 찾습니다.
>
> 마지막 페이지에 도달하면 AttributeError 예외를 발생하는 데, 이에 대한 처리를 수행하면 됩니다.

위에서 언급한 '크롤링 코딩 순서'에 따라서 코드를 다음과 같이 작성합니다. 크롤링이 마무리되면 CSV 파일로 저장합니다.

code: getCheogajipStore.py

```
01  from itertools import count
02  from ChickenUtil import ChickenStore
03  #########################################
04  brandName = 'cheogajip'
05  base_url = 'http://www.cheogajip.co.kr/bbs/board.php?bo_table=store'
06  #########################################
07  def getData():
08      savedData = []   # 엑셀로 저장할 리스트
09
10      for page_idx in count() :
11          url = base_url
12          url += '?bo_table=store'
13          url += '&page=%s' % str(page_idx+1)
```

```
14
15          chknStore = ChickenStore(brandName, url)
16          soup = chknStore.getSoup()
17
18      mytbody = soup.find('tbody')
19
20      shopExists = False  # 매장 목록이 없다고 가정
21
22      for mytr in mytbody.findAll('tr'):
23          shopExists = True
24 #            print(page_idx+1)
25 #            print(mytr)
26 #            print('b' * 30)
27
28        try :
29            store = mytr.select_one('td:nth-of-type(2)').string
30            address = mytr.select_one('td:nth-of-type(3)').string
31            phone = mytr.select_one('td:nth-of-type(4)').string
32            imsi = address.split(' ')
33            sido = imsi[0]
34            gungu = imsi[1]
35            # print(store + '   ' + phone)
36
37            savedData.append([brandName, store, sido, gungu,
address, phone])
38
39        except AttributeError as err :
40            print(err)
41            shopExists = False
42            break
```

```
43
44   #            if page_idx == 0 :
45           if shopExists == False :
46               chknStore.save2Csv(savedData)
47               break
48   #########################################
49   print(brandName + ' 매장 크롤링 시작')
50   getData()
51   print(brandName + ' 매장 크롤링 끝')
```

5.1.5 굽네 치킨의 매장 정보 크롤링

동적인 웹 페이지나 자바스크립트 등을 사용한 웹 페이지는 Beautiful Soup만으로 는 크롤링할 수 없습니다. Beautiful Soup의 경우 수신된 HTML 구문을 정적으로 분 석하고, urlopen() 함수의 경우에도 자바스크립트 함수를 실행할 수 없으므로 이 를 처리하기 위한 다른 대책이 필요합니다. 이때 사용할 수 있는 프로그램이 바로 Selenium입니다. Selenium은 이러한 내용에 대하여 웹 브라우저를 원격 조작하여 동적으로 페이지를 크롤링하거나 스크린 캡처 등의 용도로 많이 사용되는 프로그램 입니다.

굽네 치킨은 자바스크립트를 이용하여 페이지가 구동되고 있으므로, Beautiful Soup과 Selenium으로 크롤링할 수 있습니다.

Selenium(셀레니엄)

Selenium은 웹 애플리케이션 자동 테스트 도구로 개발이 되었다가 **자바스크립트를 활용한 웹 페이지를 크롤링**할 때 많이 사용되고 있습니다. 브라우저를 조작하기 위하 여 드라이버(Driver)라는 기능을 제공하는데, 드라이버를 활용하면 다양한 웹 브라우저를 조작할 수 있습니다. 즉, 드라이버는 웹 브라우저나 DOM 요소나 자바스크립트 등을 동작시킬 수 있습니다.

파이어폭스, 크롬 등의 웹 브라우저는 물론, '화면이 존재하지 않는 웹 브라우저'를 의미하는 '헤드리스(Headless) 브라우저'를 사용할 수도 있습니다. 대표적인 헤드리스 브라우저에는 PhantomJs가 있습니다.

● urllib.request 모듈의 주요 기능

- url을 열고 클릭할 수 있습니다.
- 웹 페이지를 스크롤할 수 있습니다.
- 문자를 입력할 수 있습니다(예: 로그인 정보 입력).
- 스크린샷을 캡처하여 이미지로 저장합니다.
- HTML의 특정 부분의 정보를 추출할 수 있습니다.
- 다양한 브라우저에 적용할 수 있습니다.

Selenium과 PhantomJS는 다음과 같은 장점도 지니고 있습니다.

● Selenium + PhantomJS의 장점

- 자바스크립트를 활용하여 웹 페이지를 스크레이핑할 수 있습니다.
- 스크린샷을 캡처할 수 있습니다.
- 일반적인 웹 브라우저와의 동작 차이가 적으므로 디버깅하기 쉽습니다.

Selenium과 WebDriver의 설치

아래 명령어를 이용하여 패키지를 설치합니다.

● Selenium 설치 명령어

```
pip install selenium
```

설치되었다면 크롬드라이버 사이트[5]로 이동하여 다음과 같이 각종 라이브러리와 드라이버를 다운로드할 수 있습니다. 윈도우 비트에 상관 없이 chromedriver_win32.zip 파일을 다운로드 합니다.

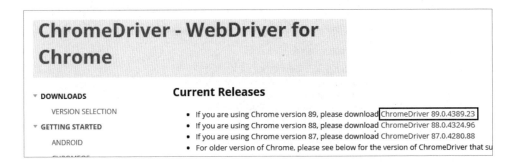

다운로드받은 파일을 압축 해제를 하면 chromedriver.exe라는 파일이 보입니다. 이 파일을 찾기 편한 임의의 경로 예를 들어 **C:\chromedriver.exe**에 저장해 둡니다. 파이썬 코딩을 하면서 이 파일을 참조하여 사용할 것입니다.

Selenium 테스트해보기

이제 설치된 Selenium 프로그램과 크롬 브라우저를 이용해보겠습니다. 구글 홈페이지로 이동하여 특정 키워드(북미정상회담)로 검색을 실행한 다음, 이동된 페이지에

---

5) https://chromedriver.chromium.org/downloads

대하여 스크린샷 캡처를 해보겠습니다. 그리고 일정 시간 동안 기다렸다가 해당 브라우저를 종료시키는 프로그램을 만들어보겠습니다.

크롬 검색 결과

WebDriver를 이용하여 구해진 객체를 driver 객체라고 합니다. driver 객체(WebDriver)와 관련된 프로퍼티와 메소드는 다음과 같은 항목들이 있습니다.

API	설명
driver.execute_script(스크립트)	해당 스크립트 구문을 실행시킵니다.
driver.get(url)	해당 url 페이지로 이동합니다.
driver.page_source	해당 url 페이지의 소스 코드를 리턴해주는 속성입니다.
driver.quit()	해당 WebDriver 객체를 종료합니다.
driver.find_element_by_name('q')	name 속성이 'q'라는 요소를 찾습니다.
driver.save_screenshot(imagefile)	imagefile라는 이름으로 해당 페이지에 대한 스크린샷을 캡처합니다.
driver.implicitly_wait(wait)	(wait)초 동안 잠시 대기합니다.

Selenium을 사용하여 HTML 문서 내의 요소의 추출, 조작 등 작업을 수행할 수 있습니다.

항목	설명
find_element_by_name(name)	name이라는 속성으로 요소를 검색합니다.

Chrome 드라이버를 이용하여 구글 홈페이지로 이동합니다. 검색 입력란에 '북미정상회담'이라는 키워드를 입력합니다. 몇 초 동안 대기하다가 화면을 'capture.png'라는 그림으로 저장합니다. 3초 대기하다가 크롬 브라우저를 종료합니다.

변수 filename은 Chrome 드라이버의 전체 경로 정보를 저장하고 있는 변수입니다. driver 객체는 크롬을 사용할 것이므로 webdriver.Chrome(filename) 명령으로 구해집니다. 특정 페이지로 이동하고자 하는 경우 get() 함수를 사용하면 됩니다. 예제에서는 구글 홈페이지로 이동하고 있습니다.

code: seleniumTest01.py

```
01  import time
02  from selenium import webdriver
03
04  filename = 'd:/chromedriver.exe'
05  driver = webdriver.Chrome(filename)
06  print(type(driver))  # WebDriver 객체
07  print('-' * 20)
08
09  print('구글로 이동합니다.')
10  url = 'http://www.google.com'
11  driver.get(url)
```

find_element_by_name() 함수는 HTML 문서 내의 특정 요소를 찾고자 하는 데 사용됩니다. 구글 홈페이지에서 검색 입력란인 이름이 **'q'**라는 요소를 찾습니다. 입력할 단어는 **send_keys()** 함수를 이용하여 입력하고, 전송(submit())하도록 합니다. wait 초 동안 기다립니다.

```
13    # name="q" 요소 찾기
14    search_textbox = driver.find_element_by_name('q')
15
16    word = '북미정상회담'
17    search_textbox.send_keys(word)
18
19    search_textbox.submit()
20
21    wait = 3
22    print(str(wait) + '동안 기다립니다.')
23    time.sleep(wait)
```

로컬 컴퓨터에 **'imagefile'**이라는 이름으로 파일을 저장합니다. 파일을 저장하기 위해 save_screenshot() 함수를 사용하면 됩니다. 3초 동안 대기하다가 해당 브라우저를 종료합니다.

```
25    imagefile = 'capture.png'
26    driver.save_screenshot(imagefile)
27    print(imagefile + ' 그림으로 저장합니다.')
28
29    wait = 3
30    driver.implicitly_wait(wait)
31
32    driver.quit()
33    print('brower를 종료합니다.')
```

굽네 치킨 사전 작업

이전에 작성하였던 공용 모듈인 ChickenUtil.py 파일에 굽네 치킨을 위한 코드를 추가해야 합니다.

함수/생성자	내용
getWebDriver()	굽네 치킨을 위한 WebDriver 객체를 생성하고 Beautiful Soup 객체를 구합니다.

다음과 같이 코드를 추가하도록 합니다.

code: ChickenUtil.py

```
...     (전략)
05      from selenium import webdriver
06      from bs4 import BeautifulSoup
07
08      class ChickenStore():
09          myencoding = 'utf-8'
10
11          def getWebDriver(self, cmdJavaScript):
12              # cmdJavaScript : 문자열로 구성된 자바 스크립트 커맨드
13              print(cmdJavaScript)
14              self.driver.execute_script(cmdJavaScript)
15              wait = 5
16              # self.driver.implicitly_wait(wait)
17              time.sleep(wait)
18              mypage = self.driver.page_source
19
20              return BeautifulSoup(mypage, 'html.parser')
21
22          def getSoup(self):
...             (중략)
...
```

```
32      def get_request_url(self):
…           (중략)
…
52      def save2Csv(self, result):
…           (중략)
…
57      def __init__(self, brandName, url):
…           (중략)
…
72          if self.brandName != 'goobne':
…               (중략)
75          else:  # 굽네 매장
76              self.soup = None
77              filepath = 'c:/chromedriver.exe'
78              self.driver = webdriver.Chrome(filepath)
79              self.driver.get(self.url)
80          # print('생성자 호출됨')
81  # end class ChickenStore()
```

굽네 치킨 매장 정보

매장 정보를 찾기 위하여 굽네 치킨 매장 찾기 웹 페이지[6]로 이동합니다. 아래 그림에서 3페이지로 이동하지 말고 마우스를 올리고 있으면 좌측 하단 상태 바에서 자바스크립트를 이용하여 "javascript:store.getList('3')"와 같이 페이지를 호출하고 있음을 알려 주고 있습니다.

---

6) http://www.goobne.co.kr/store/search_store.jsp

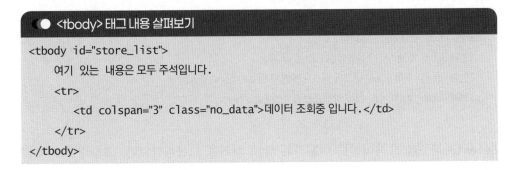

굽네 치킨 매장 찾기 웹 페이지

HTML 문서를 분석하기 위해 크롬에서 마우스 오른쪽 버튼을 클릭 후 [페이지 소스 보기] 메뉴를 클릭하여 <tbody id="store_list">을 검색합니다.

● ● <tbody> 태그 내용 살펴보기

```
<tbody id="store_list">
    여기  있는  내용은 모두 주석입니다.
    <tr>
        <td colspan="3" class="no_data">데이터 조회중 입니다.</td>
    </tr>
</tbody>
```

소스의 최종 결과가 있는 것이 아니고, 주석 형태로 되어 있습니다.

● 굽네 매장 1개의 <tr> 태그 내 <td> 목록

```
[
<td>효자중화산1호점<span></span></td>
<td class="store_phone">
    <a href="javascript:void(0);" onclick="store.teldt('063-232-8294')
;">063-232-8294</a>
</td>
<td class="t_left">
    <a href="javascript:void(0);">전라북도 전주시완산구  안행로  154</a>
    <p><i class="online on">온라인</i>  <i class="coupon on">e-쿠폰</i><i
class="card_dis">카드할인</i></p>
</td>
]
```

<tbody> 태그를 찾고, 내부의 모든 <tr> 태그를 찾은 다음, 다음 절차대로 코드를 작성하면 됩니다.

● 굽네 매장 1개의 <tr> 태그 내 <td> 목록

```
<tbody id="store_list"> 요소를 찾습니다.
발견된 요소 내의 모든 <tr> 태그들을 찾습니다.
for 문
   모든 <td> 태그들을 찾습니다.
   1번째 <td>의 텍스트가 상호명(store)입니다.
   2번째 <td> 아래 <a> 태그의 텍스트가 전화 번호(phone)입니다.
   3번째 <td> 아래 <a> 태그의 텍스트가 주소(address)입니다.
```

Selenium과 크롬드라이버를 이용하여 굽네 치킨을 크롤링합니다. 크롤링이 마무리되면, CSV 파일로 저장됩니다.

code: getGoobneStore.py

```
01   from itertools import count
02   from ChickenUtil import ChickenStore
03   #######################################
04   brandName = 'goobne'
05   base_url = 'http://www.goobne.co.kr/store/search_store.jsp'
06   #######################################
07   def getData():
08       savedData = []
09       chknStore = ChickenStore(brandName, base_url)
10
11       bEndPage = True
12
13       for page_idx in count():
14           print('%s번째 페이지가 호출됨' % str(page_idx + 1))
15           bEndPage = False
16
17           cmdJavaScript = "javascript:store.getList('%s')" % str(page_
     idx + 1)
18           soup = chknStore.getWebDriver(cmdJavaScript)
19           #print(soup)
20
21           store_list = soup.find('tbody', attrs = {'id':'store_list'})
22
23           mytrlists = store_list.findAll('tr')
24
25           for onestore in mytrlists :
26               mytdlists = onestore.findAll('td')
27
28               # print('a'*50)
29               # print(mytdlists)
30
31               if len(mytdlists) > 1 :
```

```
32              store = onestore.select_one('td:nth-of-type(1)').get_
        text(strip=True)
33              phone = onestore.select_one('td:nth-of-type(2)').
        a.string
34              address = onestore.select_one('td:nth-of-type(3)').
        a.string
35              imsi = str(address).split(' ')
36              sido = imsi[0]
37              gungu = imsi[1]
38              #print([brandName, store, sido, gungu, address])
39              #print('a' * 40)
40
41              savedData.append([brandName, store, sido, gungu,
        address, phone])
42
43          else : # 마지막 페이지는 <td> 태그가 1개다.
44              bEndPage = True
45              break
46
47      if bEndPage == True :
48          break
49      # end inner for
50  # end outer for
51
52  chknStore.save2Csv(savedData)
53 ##################################################
54 print(brandName + ' 매장 크롤링 시작')
55 getData()
56 print(brandName + ' 매장 크롤링 끝')
```

5.2 프로젝트 : 치킨 매장 주소의 시각화를 위한 데이터 전처리

데이터를 수집한 후 분석하면, 데이터들이 가공하기 힘든 형태 또는 잘못된 형식으로 데이터가 수집되는 경우가 많습니다. 수집되는 과정에서 이것을 최소화하기 위하여 여러 방법이 동원되기도 합니다. 이번 장에서는 수집된 치킨 데이터에 대하여 어떠한 오류들이 존재하는지 확인하고, 이것을 교정하는 방법을 알아보겠습니다.

앞 절에서 몇몇 치킨 브랜드 홈페이지별로 매장 정보를 수집하였습니다. 파일이 여러 개로 나누어져 있어 분석을 하기가 조금 불편합니다. 이번 절에서는 브랜드별 매장들의 파일을 하나로 합쳐보겠습니다. 우선 판다스의 데이터프레임을 가로로 합치거나 세로로 합치는 방법에 대하여 우선 살펴보겠습니다.

5.2.1 데이터 병합하기

2개 이상의 데이터프레임에 대하여 데이터를 행의 방향으로 합치거나, 열의 방향으로 데이터를 합쳐야 하는 경우가 많이 발생합니다. 판다스에서는 merge() 함수를 사용하여 열의 방향으로 concat() 함수를 사용하여 행의 방향으로 데이터프레임을 합칠 수 있습니다.

우선 concat() 함수부터 살펴보도록 합니다. 이 함수를 사용하면 두 개 이상의 데이터프레임에 대하여 행을 합칠 수 있는 기능을 제공합니다. 예를 들어 아래 그림은 concat() 함수를 사용한 예제입니다. 치킨 매장들의 정보를 하나의 파일에 통합하기 전에 판다스의 concat() 함수에 대한 사용법을 우선 다뤄보겠습니다.

concat() 함수 사용하기

concat() 함수는 데이터프레임 객체를 수직 방향으로 합쳐 주는 역할을 합니다. 아래 그림처럼 스마트폰 고객 정보를 담고 있는 CSV 파일 2개(android.csv, iphone.csv) 의 데이터를 병합해 데이터프레임을 만들어보겠습니다. 파일들을 읽어 들여서, 데이 터프레임으로 만들고 병합한 후 파생 컬럼 phone을 만들어보겠습니다.

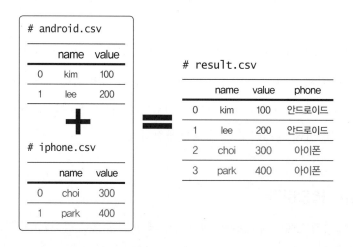

● **구현 순서**

• CSV 파일을 읽어 와서, phone 컬럼을 추가합니다.
• concat() 함수를 이용하여 데이터를 합칩니다.
• 다른 이름으로 CSV 파일로 저장합니다.

두 개의 CSV 파일을 불러온 후 데이터를 구분하기 위하여 구분자 컬럼을 추가합니다. 'header=0'은 0번째 행을 행 머리글로 사용함을 의미합니다.

code: concatTest.py

```
01   import pandas as pd
02
03   afile = 'android.csv'
04   bfile = 'iphone.csv'
05
06   atable = pd.read_csv(afile, index_col=0, header=0, encoding='utf-8')
07   btable = pd.read_csv(bfile, index_col=0, header=0, encoding='utf-8')
08
09   print(atable)
10   print('-' * 40)
11
12   print(btable)
13
14   atable['phone'] = '안드로이드'
15   btable['phone'] = '아이폰'
16
17   mylist = []
18   mylist.append(atable)
19   mylist.append(btable)
20
21   result = pd.concat(objs=mylist, axis=0, ignore_index=True)
22
23   filename = 'result.csv'
24   result.to_csv(filename, encoding='utf-8')
25   print(filename + ' 저장 완료')
```

양쪽 데이터프레임을 구분하기 위하여 **'phone'** 컬럼을 생성합니다. 2개의 데이터프레임을 리스트(mylist)에 추가합니다. atable['phone'] = '안드로이드'라고 명시하면 atable 데이터프레임에 신규 컬럼 **'phone'**을 생성하면서 값 **'안드로이드'**라는 데이터를 채워 줍니다.

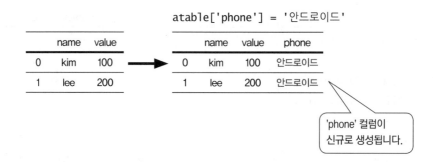

```
14   atable['phone'] = '안드로이드'
15   btable['phone'] = '아이폰'
16
17   mylist = []
18   mylist.append(atable)
19   mylist.append(btable)
```

이제 concat에 대해 알아보겠습니다. concat의 사전적 의미는 연결(concatenation)
이라는 의미입니다. concat() 함수[7]는 하나의 축을 따라 객체를 이어 붙이는 기능을
말하며, 판다스에서 시리즈나 데이터프레임 등의 자료구조를 병합시키는 주는 역할
을 합니다. 데이터베이스의 Union과 유사한 개념으로 이해하면 좋습니다.

예제에서 사용될 concat() 함수의 매개변수 목록은 다음과 같습니다.

항목	설명
axis	• 0이면 새로운 시리즈를, 1이면 새로운 데이터프레임을 생성합니다. • 0은 행 기준으로, 행의 개수가 늘어난다고 보면 됩니다.
objs	concat()을 적용할 대상 객체를 지정합니다.
ignore_index	• ignore_index=True면 row 색인을 무시합니다. • 이미 존재하는 축의 색인은 무시되고, range(total_length)를 새로운 색인으로 생성합니다.

---

7) https://pandas.pydata.org/pandas-docs/stable/reference/api/pandas.concat.html

concat() 함수를 이용하여 데이터를 합친 후, CSV 파일('result.csv')로 저장합니다. 'ignore_index=True'면 해당 데이터들이 기존에 보유하고 있던 색인을 무시하고, 새로운 색인을 다시 생성합니다. 'axis=0' 매개변수는 수직 방향으로 데이터를 합치므로, 결과는 행의 개수가 늘어납니다.

```
21   result = pd.concat(objs=mylist, axis=0, ignore_index=True)
22
23   filename = 'result.csv'
24   result.to_csv(filename, encoding='utf-8')
25   print(filename + ' 저장 완료')
```

merge() 함수 사용하기(CSV 파일 2개)

merge() 함수는 양쪽 두 개의 데이터프레임에 대하여 공통된 컬럼을 이용하여 column(열)을 합치는 기능을 합니다.

마산, 창원, 진해 이른바 마창진은 2010년 창원시로 통합이 되었습니다. 그런데 통합 이후 모든 치킨 매장이 주소지를 변경하였다면 우리는 데이터 보정 작업을 할 필요가 없습니다. 하지만 실제로는 주소지가 변경되지 않고 이전 주소지를 사용하는 경우가 많습니다. 우리는 이러한 문제들을 해결해야 합니다.

아래 그림을 살펴봅시다. 왼쪽 파일은 특정 매장에 대한 CSV 파일이고, 오른쪽 파일은 전국 행정 구역에 대한 표준 행정 구역 테이블 파일입니다. 왼쪽 파일의 '진해점'은 주소지가 '경상남도 진해시'입니다. 하지만 오른쪽 파일의 표준 행정 구역에 보면 '진해시'는 존재하지 않습니다. 즉, 보정되어야 하는 내용입니다. 동일한 논리로 '신여주점'도 보정해야 할 대상입니다.

\# 매장 테이블(`store.csv`)

색인	store	sido	gungu	address
0	진해점	경상남도	진해시	진해시진해동
1	창원점	경상남도	창원시	창원시팔용동
2	여주점	경기도	여주시	여주시행복동
3	신여주점	경기도	여주군	여주시망원동

\# 표준 행정 구역 테이블(`districtmini.csv`)

색인	sido	gungu
0	경상남도	창원시
1	경기도	여주시

행정 구역 정리가 아직 되지 않아서, '진해점'과 '신여주점'의 주소는 표준 행정 구역 테이블에 존재하지 않습니다. 이러한 데이터는 보정되어야 합니다.

데이터의 수가 적으면 눈으로 확인할 수 있지만, 몇천 건의 데이터는 처리하기가 좀 힘듭니다. 이러한 보정 처리를 위하여 merge() 함수를 사용하면 이 문제를 해결할 수 있습니다. 아래 그림은 합쳐진 최종 결과입니다.

\# 머지된 결과

색인	store	sido	gungu	address	_merge
0	진해점	경상남도	진해시	진해시진해동	left_only
1	창원점	경상남도	창원시	창원시팔용동	both
2	여주점	경기도	여주시	여주시행복동	both
3	신여주점	경기도	여주군	여주시망원동	left_only

2개 파일(gungufile.txt, store.csv)을 사용하여 merge() 함수를 사용해 보겠습니다. 우선 왼쪽 DataFrame으로 사용할 파일과 표준 행정 구역 정보 파일을 읽어 와서 데이터프레임을 만듭니다.

```
01   import pandas as pd
02
03   mystorefile = 'store.csv'
04   mystore = pd.read_csv(mystorefile, encoding='utf-8', index_col=0,
     header=0)
05   print('매장 테이블')
06   print(mystore)
07
08   districtfile = 'districtmini.csv'
09   district = pd.read_csv(districtfile, encoding='utf-8', header=0)
10   print('행정 구역 테이블')
11   print(district)
```

이제 merge() 함수를 사용하여 데이터프레임을 합쳐 봅니다. merge() 함수는 SQL이
나 다른 관계형 데이터베이스의 join 연산과 유사하고, 사용 가능한 매개변수는 다음
과 같은 항목들이 존재합니다.

항목	설명
left	병합하려는 데이터프레임 중 왼쪽에 위치한 데이터프레임입니다.
right	병합하려는 데이터프레임 중 오른쪽에 위치한 데이터프레임입니다.
how	join의 방법을 지정합니다. inner(기본값), outer, left, right
on	양쪽 데이터프레임에 모두 공존하는 join하려는 컬럼 이름을 의미합니다.
suffixes	두 데이터프레임에 동일한 이름의 컬럼이 있는 경우 각각의 컬럼 뒤에 붙일 문자열의 접미사를 지정하는 옵션으로 기본값은 ('_x', '_y')입니다. 예) suffixes=['', '_'] # 왼쪽 컬럼은 현재 상태로, 오른쪽 컬럼은 _를 붙여서 보여 줍니다.
indicator	해당 값이 True면 데이터가 왼쪽, 오른쪽 중 어느 방향에 있는지를 문자열 형태로 알려 줍니다.

이제 본격적으로 merge() 함수를 사용해보겠습니다. 양쪽 데이터프레임을 살펴
보면 모두 'sido', 'gungu'라는 컬럼이 존재합니다. on 매개변수를 이용하여 양
쪽 데이터를 합칩니다. 동일한 이름의 컬럼이 존재하므로 suffixes 매개변수를,
indicator=True 매개변수를 사용하면 데이터가 양쪽에 모두 존재하는지, 아니면 왼
쪽이나 오른쪽에만 존재하는지 알 수 있습니다. _merge 컬럼에 확인되는 데, 'left_
only'는 왼쪽 데이터프레임에만 존재함을 의미합니다.

머지된 결과

색인	store	sido	gungu	address	_merge
0	진해점	경상남도	진해시	진해시진해동	left_only
1	창원점	경상남도	창원시	창원시팔용동	both
2	여주점	경기도	여주시	여주시행복동	both
3	신여주점	경기도	여주군	여주시망원동	left_only

```
13  # 양쪽 모두 'sido', 'gungu' 컬럼이 존재합니다.
14  result = pd.merge(mystore, district, on=['sido', 'gungu'],
15  how='outer', suffixes=['', '_'], indicator=True)
16
17  print('\n머지된 결과')
18  print(result)
```

_merge 컬럼이 "left_only"인 항목들을 조회하기 위해서는 query() 함수를 사용하
면 됩니다.

좌측에만 있는 행

색인	store	sido	gungu	address	_merge
0	진해점	경상남도	진해시	진해시진해동	left_only
3	신여주점	경기도	여주군	여주시망원동	left_only

```
19    # _merge 컬럼이 "left_only"인 항목들을 조회합니다.
20    m_result = result.query('_merge == "left_only"')
21    print('\n좌측에만 있는 행')
22    print(m_result)
```

아래 코드들은 전처리에 필요한 군구 보정 파일을 읽어 와서 딕셔너리 형식으로 만드는
예제입니다. 딕셔너리의 실행 결과는 '진해시': '창원시', '마산시': '창원시', '여주군':
'여주시'입니다. 이 딕셔너리로 '진해시'와 '마산시'는 '창원시'로 변경을 수행할 것
이고, '여주군'은 '여주시'로 변경할 예정입니다.

● **gungufile.txt 파일의 내용**

진해시:창원시

마산시:창원시

여주군:여주시

```
24    # 전처리에 필요한 군구 보정 파일
25    gungufile = open('gungufile.txt', encoding='utf-8')
26    gungu_lists = gungufile.readlines()
27
28    gungu_dict = {}   # 군구 정보 사전
29    for onegu in gungu_lists :
30        mydata = onegu.replace('\n', '').split(':')
31        gungu_dict[mydata[0]] = mydata[1]
32
33    print('\n군구 사전의 내용')
34    print(gungu_dict)
```

람다 함수를 사용하여 데이터를 보정합니다. 최종적으로 수정된 결과는 다음과 같습
니다.

수정된 가게 정보 출력

색인	store	sido	gungu	address
0	진해점	경상남도	창원시	진해시진해동
1	창원점	경상남도	창원시	창원시팔용동
2	여주점	경기도	여주시	여주시행복동
3	신여주점	경기도	여주시	여주시망원동

```
36    # 람다 함수를 사용합니다.
37    mystore.gungu = mystore.gungu.apply(lambda data : gungu_dict.get(data,
      data))
38
39    print('\n수정된 가게 정보 출력')
40    print(mystore)
```

작은 양의 데이터로 concat() 함수와 merge() 함수의 사용법을 살펴보았습니다. 이
제 치킨 매장들을 합치고 전처리 작업을 수행해 보겠습니다.

5.2.2 치킨 매장 데이터 합치기

이전에 수집했던 매장들의 정보를 하나의 파일에 통합하도록 합니다. 이때 concat()
함수를 사용하도록 하겠습니다. 변수 chickenList는 각 매장의 파일 이름을 리스트
형식으로 저장하고 있습니다. 모든 데이터를 합칠 데이터프레임 변수 newframe를 정
의합니다.

code: chickenConcat.py

```
01   import pandas as pd
02   from pandas import DataFrame
03
04   myencoding='utf-8'
05   # chickenList=['cheogajip', 'goobne', 'kyochon', 'nene', 'pelicana',
     'bbq']
06   chickenList=['cheogajip', 'goobne', 'nene', 'pelicana']
07
08   newframe=DataFrame()
09   print(newframe)
```

반복문을 사용하여 각 매장의 파일을 읽어 와서 newframe에 데이터를 누적할 때,
concat() 함수를 사용합니다. 그리고 색인을 다시 생성하기 위하여 ignore_index =
True로 지정합니다.

```
12   for onestore in chickenList :
13       filename=onestore + '.csv'
14       myframe=pd.read_csv(filename, index_col=0, encoding=myencoding)
15       newframe=pd.concat([newframe, myframe], axis=0, ignore_index=True)
16
17       print(myframe.head())
```

잘 만들어졌는지 데이터 일부를 확인해 봅니다. head() 함수는 앞 5개의 행만 추출해
주는 함수입니다. 판다스는 데이터 출력 시 컬럼의 개수가 많거나 보여줄 컬럼의 데
이터 양이 많으면 전부 보여주지 않습니다. 대신 옵션 매개변수를 사용하여 보여질
컬럼의 수를 조정할 수 있습니다. 'pd.options.display.max_columns = 10'은 보여
질 최대 컬럼의 수를 10으로 지정하는 옵션입니다.

```
21    pd.options.display.max_columns = 10
22    print(newframe.head())
```

'allstore.csv'라는 이름으로 통합 파일을 저장합니다. 파일이 잘 생성되었는지 확인합니다.

```
26    newframe.to_csv(totalfile, encoding='utf-8')
27    newframe.info()
28    print(totalfile + ' 파일 저장 완료')
```

5.2.3 치킨 매장 데이터 전처리

매장별 시도 컬럼이나 군구 컬럼에 사용자가 직접 입력했거나 개발 중 잠시 테스트할 용도로 입력한 데이터들은 확인 후 보정할 필요가 있습니다.

전처리를 위한 클래스 파일을 다음과 같이 생성하도록 합니다. 다음은 함수 각각에 대한 간단한 설명입니다.

함수/생성자	내용
생성자	• workfile # 실습을 진행할 CSV 파일 이름 • myframe # 작업 중인 브랜드의 데이터프레임 • correctionSido(), self.correctionGungu(), self.showMergeResult() 함수를 각각 호출하고 'allStoreModified.csv'라는 이름으로 최종 수정된 파일을 저장합니다.
correctionSido()	'sido_correction.txt' 파일을 이용하여 시도 컬럼에 대한 보정 처리를 하는 함수입니다.
correctionGungu()	'gungu_correction.txt' 파일을 이용하여 군구 컬럼에 대한 보정 처리를 하는 함수입니다.
ShowMergeResult()	표준화된 행정 구역 데이터('district.csv')와 비교하여 보정 작업이 필요한 행들의 정보를 알려 줍니다.
correctionAddress()	주소지 정보를 보정합니다.

시도 보정 절차

다음은 시도를 보정하는 절차이며 소스 코드에서 관련된 함수는 correctionSido()
함수입니다. 우선 페리카나 치킨 매장 중에 'store' 컬럼이 'CNTTEST'인 행과,
'sido' 컬럼이 '테스트'인 행이 있습니다. 아마도 이것은 개발자가 테스트 용도로 만
들어 두고 삭제하지 않는 것으로 보입니다. 다음 문장을 이용하여 삭제합니다.

```
# 제거할 데이터
self.myframe = self.myframe[self.myframe['store'] != 'CNTTEST']   # pelicana
매장
self.myframe = self.myframe[self.myframe['sido'] != '테스트']   # pelicana 매장
```

다음은 'allstore.csv' 파일의 컬럼 'sido'에 들어 있는 중복되지 않는 시도의 정보
들을 표현하고 있습니다.

```
before sido
['강원' '강원도' '경기' '경기도' '경남' '경북' '경상남도' '경상북도' '광주' '광주
광역시' '김포시' '대구' '대구광역시' '대구시' '대전' '대전광역시' '대전광역시광역
시' '대전광영시' '대전시' '동작구' '밀양시' '부산' '부산광역시' '서귀포시' '서울'
'서울시' '서울특별시' '세종' '세종시' '세종특별자치시' '양산시' '울산' '울산광역시'
 '인천' '인천광역시' '인천시' '전남' '전라남도' '전라북도' '전북' '전주시' '제주'
'제주도' '제주시' '제주특별자치도' '창원시' '충남' '충북' '충청남도' '충청북도']
```

'강원도'에 대한 표현이 '강원'과 '강원도' 두 가지가 존재합니다. 이것은 모두 '강
원도'로 보정해야 합니다. 동일한 조건으로 '창원시'는 '경상남도', '김포시'는 '경기
도' 등으로 보정이 되어야 합니다. 이러한 보정 정보를 저장하고 있는 파일이 'sido_
correction.txt'입니다. 만약 'sido_correction.txt' 파일에 보정할 내용이 없다
면 개별적으로 추가하면 됩니다. 이 파일을 읽어 와서, 딕셔너리 정보로 변환한 다음,
보정할 값들을 모두 치환하는 과정을 거칩니다. 다음은 보정 후의 데이터를 출력한

결과입니다. '강원'은 사라지고 '강원도'만 보입니다.

● after sido

```
['강원도' '경기도' '경상남도' '경상북도' '광주광역시' '대구광역시' '대전광역시' '대
전광영시' '부산광역시' '서울특별시' '세종특별자치시' '양산시' '울산광역시' '인천광역
시' '전라남도' '전라북도' '제주특별자치도' '충청남도' '충청북도']
```

군구 보정 절차

다음은 군구를 보정하는 절차이며 소스 코드에서 관련된 함수는 correctionGungu()
와 showMergeResult() 함수입니다. 아래는 'allstore.csv' 파일의 컬럼 'gungu'
에 들어 있는 중복되지 않는 군구들의 정보들을 표현하고 있습니다. 너무 많은 관계
로 일부만 출력합니다.

● before gungu

```
['장성군' '은평구' '광진구' '성북구' '송파구' '밀양시' '창녕군' '강서구' ...중략... '
새롬북로' '창원시마산합포구']
```

● after gungu

```
['장성군' '은평구' '광진구' '성북구' '송파구' '밀양시' '창녕군' '강서구' '김해시'
...중략... 속초시' '정선군' '강릉시' '함평군' '군위군' '장수군' '청양군']
```

결과에서 보듯이 군구는 너무 많은 관계로 육안으로 찾기가 힘듭니다. 이때 사용할
수 있는 함수가 merge() 함수입니다. 두 개의 데이터프레임을 사용하여 merge()를
수행한 다음 보정 작업을 해야 합니다.

관련된 함수는 showMergeResult()입니다. 'district.csv' 파일은 전국의 '시도'
와 '군구'의 표준화된 행정 구역 이름을 저장하고 있는 파일입니다. 이 표준화된 행정

구역 데이터와 비교하여 비표준 이름들은 다시 표준화된 이름으로 변경을 해야 하는데, 어떠한 항목들이 존재하는지를 확인해주는 함수가 바로 showMergeResult()입니다.

다음 예제에서 '안양'은 '안양시', '강서'는 '강서구', '강남'은 '강남구' 등으로 변경이 되어야 하는 행입니다. 수정 작업은 개발자가 결과를 확인 후 직접 보정해야 합니다.

● 비표준 예제			
3701	경기도	안양	경기도 안양 동안 비산 1102 관악타운 상가122
3749	서울특별시	강서	서울 강서 가양 1475 강변아파트상가 203
3750	서울특별시	강남	서울시 강남 일원 682-7 1층
3751	서울특별시	송파	서울시 송파 삼전 167-17
3752	서울특별시	송파	서울시 송파 잠실 185-9
3777	서울특별시	동작	서울 동작 상도 373-72번지

이러한 내용을 'gungu_correction.txt' 파일에 다음과 같이 추가하면 됩니다.

● 'gungu_correction.txt' 파일에 추가할 내용
기존 내용
...
안양:안양시
강서:강서구
강남:강남구
송파:송파구
동작:동작구

주소지 보정 절차

district.csv 파일을 사용해 주소지를 보정해보겠습니다. sido와 gungu 보정은 되었지만 주소지(address)에 대한 보정은 아직 해결되지 않았습니다. 이에 대한 보정 작업은 다음과 같습니다. addrress 컬럼을 우선 split() 함수로 분리합니다. 그리고

sido 컬럼과 gungu 컬럼, 그리고 분리된 주소지를 2번째 요소부터 끝까지 슬라이싱
한 결과를 결합시킵니다.

before : 주소지 보정하기

sido	gungu	address
서울특별시	노원구	서울시 노원구 공릉로58길 176, 상가동101호(하계동, 우방아파트)
서울특별시	광진구	서울시 광진구 광나루로545, 상강 제A동 1층 2호
서울특별시	동대문구	서울시 동대문구 고산자로56길 20

after : 주소지 보정하기

sido	gungu	address
서울특별시	노원구	서울특별시 노원구 공릉로58길 176, 상가동101호(하계동, 우방아파트)
서울특별시	광진구	서울특별시 광진구 광나루로545, 상강 제A동 1층 2호
서울특별시	동대문구	서울특별시 동대문구 고산자로56길 20

```
신규 주소지 = sido + gungu + address.split(' ')[2:]
```

데이터 전처리를 위한 아래처럼 클래스를 정의합니다.

code: ChickenCorrection.py

```
01  import pandas as pd
02
03  pd.options.display.max_columns = 1000
04  pd.options.display.max_rows = 100
05
06  class ChickenCorrection():
07      myencoding = 'utf-8'
08
09      def __init__(self, workfile):
10          self.workfile = workfile
11          self.myframe = pd.read_csv(self.workfile, encoding = self.
    myencoding, \
```

```
12                                        index_col = 0)
13              # print(self.myframe.info())
14              self.correctionSido()
15              self.correctionGungu()
16              self.showMergeResult()
17              self.correctionAddress()
18
19              self.myframe.to_csv('allStoreModified.csv', encoding='utf-8')
20
21          def correctionAddress(self):   # 주소지 보정하기
22              try:
23                  for idx in range(len(self.myframe)):
24                      # print(self.myframe.iloc[idx])
25                      imsiseries = self.myframe.iloc[idx]
26                      addrSplit = imsiseries['address'].split(' ')[2:]
27                      imsiAddress = [imsiseries['sido'], imsiseries['gungu']]
28                      imsiAddress = imsiAddress + addrSplit
29                      self.myframe.iloc[idx]['address'] =
    ' '.join(imsiAddress)
30              except TypeError as err:
31                  pass
32
33          def showMergeResult(self):
34              # 표준화된 행정 구역 데이터와 비교
35              district = pd.read_csv('district.csv', encoding='utf-8')
36
37              mergedData = pd.merge(self.myframe, district, on=['sido',
    'gungu'], \
38                                    how='outer', suffixes=['', '_'],
    indicator = True)
39              result = mergedData.query('_merge == "left_only"')
40              # print('좌측에만 있는 데이터')
41              # print(result[['sido', 'gungu', 'address']])
```

```
42   #          print('[' + result[['gungu']] + ']')
43
44      def correctionSido(self):   # 시도 보정하기
45          # 제거할 데이터
46          self.myframe = self.myframe[self.myframe['store'] !=
     'CNTTEST']   # pelicana 매장
47          self.myframe = self.myframe[self.myframe['sido'] != '테스트']
     # pelicana 매장
48
49          # print('before sido')
50          # print(np.sort(self.myframe['sido'].unique()))
51          # print('-' * 40)
52
53          sidofile = open('sido_correction.txt', 'r', encoding='utf-8')
54          linelists = sidofile.readlines()
55
56   #        print(linelists)
57
58          sido_dict = {}   # 시도 보정을 위한 사전
59          for oneline in linelists :
60              mydata = oneline.replace('', '').split(':')
61   #            print(mydata[1])
62              sido_dict[mydata[0]] = mydata[1]
63
64          self.myframe.sido = \
65              self.myframe.sido.apply(lambda data : sido_dict.get(data,
     data))
66
67          # print('after sido')
68          # print( np.sort(self.myframe['sido'].unique()))
69          # print('-' * 40)
70
71      def correctionGungu(self):
```

```
72              # print('before gungu')
73              # print( self.myframe['gungu'].unique())
74              # print('-' * 40)
75
76              gungufile = open('gungu_correction.txt', 'r',
        encoding='utf-8')
77              linelists = gungufile.readlines()
78
79      #          print(linelists)
80
81              gungu_dict = {}
82              for oneline in linelists :
83                  mydata = oneline.replace('', '').split(':')
84      #              print(mydata[1])
85                  gungu_dict[mydata[0]] = mydata[1]
86
87              self.myframe.gungu = \
88                  self.myframe.gungu.apply(lambda data : gungu_dict.
        get(data, data))
89
90              # print('after gungu')
91              # print( self.myframe['gungu'].unique())
92              # print('-' * 40)
93      # end class
94
95      filename = 'allstore.csv'
96
97      chknStore = ChickenCorrection(filename)
```

최종 결과물인 'allStoreModified.csv' 파일이 생성되었습니다.

allStoreModified.csv 파일의 일부 내용

	brand	store	saido	gungu	address	phone
0	cheogajip	장성점	전라남도	장성군	전라남도 장성군 장성읍 영천로133-2	061-393-9289
1	cheogajip	신사점	서울특별시	은평구	서울특별시 은평구 신사동 40-6	02-304-7770
2	cheogajip	중곡역점	서울특별시	광진구	서울특별시 광진구 긴고랑로 5, 1층 (중곡동)	02-3409-8292
3	cheogajip	응암점	서울특별시	은평구	서울특별시 은평구 백련산로36, 상가동106호	02-303-8295
4	cheogajip	돈암점	서울특별시	성북구	서울특별시 성북구 아리랑로6길 4, 1층(동선동5가)	02-6489-0101
5	cheogajip	거여점	서울특별시	송파구	서울특별시 송파구 거마로7길 3, 1층 101호(거여동)	02-3402-1511
6	cheogajip	밀양내이점	경상남도	밀양시	경상남도 밀양시 북성로4길 16	055-356-9989
7	cheogajip	남지점	경상남도	창녕군	경상남도 창녕군 남지읍 남지중앙로90	055-536-7333
8	cheogajip	신호동점	부산광역시	강서구	부산광역시 강서구 신호산단3로 66 1층 101호	051-831-0318
9	cheogajip	율하2지구점	경상남도	김해시	경상남도 김해시 율하로479-1, 331동 1층 104호	055-327-1811

요점정리

• **concat()** **함수**는 2개의 데이터프레임 객체를 수직 방향으로 합쳐 주는 역할을 합니다.

• **merge()** **함수**는 양쪽 두 개의 데이터프레임에 대하여 공통된 컬럼을 이용하여 column(열)을 합치는 기능을 합니다.

• 다음은 concat() 함수의 매개변수 목록입니다.

항목	설명
axis	• 0이면 새로운 시리즈를, 1이면 새로운 데이터프레임을 생성합니다. • 0은 행 기준으로, 행의 개수가 늘어난다고 보면 됩니다.
objs	concat()을 적용할 대상 객체를 지정합니다.
ignore_index	• ignore_index=True면 row 색인을 무시합니다. • 이미 존재하는 축의 색인은 무시되고, range(total_length)를 새로운 색인으로 생성합니다.

• 다음은 merge() 함수의 매개변수 목록입니다.

항목	설명
left	병합하려는 데이터프레임 중 왼쪽에 위치한 데이터프레임입니다.
right	병합하려는 데이터프레임 중 오른쪽에 위치한 데이터프레임입니다.
how	join의 방법을 지정합니다. inner(기본값), outer, left, right
on	양쪽 데이터프레임에 모두 공존하는 join하려는 컬럼 이름을 의미합니다.
suffixes	두 데이터프레임에 동일한 이름의 컬럼이 있는 경우 각각의 컬럼 뒤에 붙일 문자열의 접미사를 지정하는 옵션으로 기본값은 ('_x', '_y')입니다.
indicator	해당 값이 True면 데이터가 왼쪽, 오른쪽 중 어느 방향에 있는지를 문자열 형태로 알려 줍니다.

연습문제

01 다음과 같이 2개의 파일(data03.csv, data04.csv)을 병합하여 새로운 CSV 파일을 생성해 보세요.

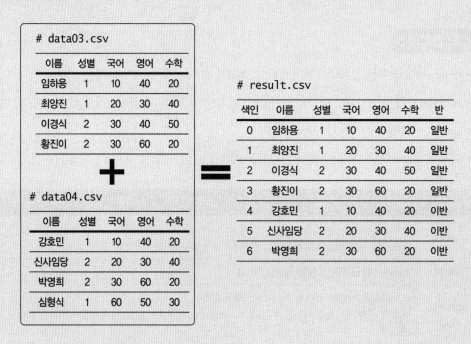

02 다음 자료를 사용하여 데이터프레임을 생성하세요. 두 개의 데이터프레임을 합쳐서 새로운 데이터프레임을 생성해 보세요.

데이터프레임 출력 01

색인	name	korean
0	김유신	60
1	김유신	50
2	이순신	40
3	박영효	80
4	이순신	30
5	이순신	55
6	김유신	45

데이터프레임 출력 02

색인	name	english
0	이순신	60
1	김유신	55
2	신사임당	80

힌트

merge() 함수 사용 시 how 매개변수를 사용하면 양쪽 데이터프레임에 공통으로 존재하지 않는 항목이라도 추출할 수 있습니다.

---

merge() 메소드의 on="name"을 이용하여 데이터 합치기

색인	name	korean	english
0	김유신	60	55
1	김유신	50	55
2	김유신	45	55
3	이순신	40	60
4	이순신	30	60
5	이순신	55	60

merge() 메소드의 on="name"을 이용하여 데이터 합치기

색인	name	korean	english
0	김유신	60	55
1	김유신	50	55
2	김유신	45	55
3	이순신	40	60
4	이순신	30	60
5	이순신	55	60
6	박영효	80	NaN
7	신사임당	NaN	80

5.3 프로젝트 : 치킨 매장 위치를 지도에 표시하기

이제 모든 치킨 매장 정보에 대한 전처리 작업이 완료되었습니다. 생성된 파일을 이용하여 특정 지역에 존재하는 매장 정보를 지도에 그려보겠습니다. 파이썬에서 포리움(folium)[8]은 지도 데이터에 위치 정보를 시각화하기 위한 라이브러리입니다. 위도와 경도를 입력하면, 지도 상에 위치를 표시합니다.

5.3.1 데이터 시각화

지리 정보를 이용하여 데이터 시각화를 수행하려면 파이썬에서 다음과 같이 `folium`을 설치해야 합니다.

포리움의 설치 및 활용

먼저 아래 명령어처럼 포리움을 설치합니다.

● 포리움 설치

```
pip install folium
```

정상적으로 설치되었다면 `import folium` 문장을 이용하여 모듈을 `import`하면 됩니다. 포리움을 이용하여 지도를 그리려면 `Map`, `Marker` 객체에 대한 이해가 필요합니다. `Map` 객체는 말 그대로 지도를 그려주는 객체이고, 지도에 특정 위치를 표시하려면 `Marker` 객체를 사용하면 됩니다. `Map` 객체를 생성하려면 `Map` 클래스를 사용하면 됩니다. 반환되는 타입은 `<class 'folium.folium.Map'>` 입니다. 해당 객체를 저장하려면 save(파일_이름) 함수를 사용하면 됩니다.

---

8) http://python-visualization.github.io/folium/

항목	설명
사용 형식	`map_osm = folium.Map(location=[latitude, longitude], \` `                      zoom_start=17, tiles='Stamen Terrain')`
location	위도와 경도 정보를 리스트 형식으로 입력합니다. 예) `map_osm = folium.Map(location=[37.566345, 126.977893])`
zoom_ start	• 초기 화면의 크기를 지정합니다. • 숫자가 커질수록 Zoom-In입니다. 예) `map_osm = folium.Map(zoom_start=17)`
tiles	지도의 유형을 설정할 때 사용합니다. 예) `'Stamen Terrain', 'Stamen Toner', 'Mapbox'`
API_Key	발급받은 API 키를 사용하는 경우 설정합니다.

포리움은 지도 상의 위치를 표시하는 마커를 다양한 형태로 지정할 수 있고, 마커를 클릭하면 세부 정보를 나타내는 팝업창을 지정할 수 있습니다. **Marker** 메소드는 지도 상에 위치를 표시해주는 마커를 만들어야 합니다. 마커를 클릭하면 세부 정보를 나타내는 팝업창을 지정할 수 있습니다. 생성된 포리움 객체에 **add_to** 메소드를 이용하여 추가하면 됩니다.

항목	설명
사용 형식	`folium.Marker(location = [latitude, longitude], popup='서울 특별시청', \` `icon=folium.Icon(color='red', icon='info-sign')).add_to(map_osm)`
location	위도와 경도를 리스트 형식으로 입력해야 합니다.
popup	마커를 클릭할 시 보여줄 팝업창의 메시지 내용을 설정합니다.
icon	아이콘의 색상 및 모양 등을 설정합니다.

포리움 마커는 부트스트랩(bootstrap)을 이용하여 아이콘의 타입을 설정할 수 있으며, 범위를 설정하기 위하여 circle 속성을 줄 수 있습니다. 부트스트랩은 웹 사이트를 쉽게 만들 수 있게 도와주는 HTML, CSS, JS 프레임워크를 의미합니다. 부트스트랩은 HTML 문서를 만들면 자동으로 import됩니다.

아래 코드는 원형 마커를 생성하기 위한 문법에 대한 설명입니다.

항목	설명
사용 형식	`folium.CircleMarker([37.5658859, 126.9754788], radius=150, color='#3186cc', \` `fill_color='#3186cc', fill=True, popup='덕수궁').add_to(map_osm)`
location	위도와 경도를 리스트 형식으로 입력해야 합니다.
popup	마커를 클릭할 시 보여줄 팝업창의 메시지 내용을 설정합니다. 예) `folium.Marker([latitude, longitude], popup='서울 특별시청').add_to(map_osm)`
icon	아이콘의 색상 및 모양 등을 설정합니다.
radius	원형 마커의 반지름을 설정합니다.
color	원형 마커의 테두리 색상을 설정합니다.
fill_color	원형 마커의 내부 색상을 설정합니다.
fill	True인 경우에만 `fill_color` 매개변수가 의미 있습니다.

포리움을 이용한 지도 그리기

포리움을 사용하여 서울 시청을 중심으로 한 지도를 그려보겠습니다. 컴퓨터의 C 드라이브에 imsi 폴더를 생성합니다. imsi 폴더는 지도 관련 결과물 파일을 저장하기 위한 폴더입니다. 아래 그림은 map5.html 파일의 실행 결과입니다. 즉, Marker 객체와 CircleMarker 객체를 이용하여 지도에 표시한 내용입니다.

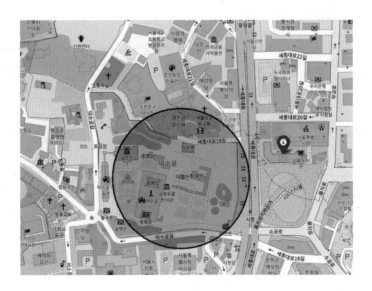

다양한 방식으로 지도를 그려 봅니다. 변수 latitude와 longitude는 각각 위도와 경도를 의미합니다.

code: foliumTest.py

```
01  import folium
02
03  latitude = 37.566345
04  longitude = 126.977893
05
06  map_osm = folium.Map(location=[latitude, longitude])
07  map_osm.save('c:/imsi/map1.html')
08  print(type(map_osm)) # <class 'folium.folium.Map'> 객체
09
10  map_osm = folium.Map(location=[latitude, longitude], \
11                       zoom_start=16)
12  map_osm.save('c:/imsi/map2.html')
13
14  map_osm = folium.Map(location=[latitude, longitude], \
15              zoom_start=17, tiles='Stamen Terrain') #'Stamen Terrain'
```

```
16   map_osm.save('c:/imsi/map3.html')
17
18   map_osm = folium.Map(location=[latitude, longitude])
19   folium.Marker([latitude, longitude], \
20                 popup='서울특별시청').add_to(map_osm)
21   map_osm.save('c:/imsi/map4.html')
22
23   map_osm = folium.Map(location=[latitude, longitude], zoom_start=17)
24   folium.Marker([latitude, longitude], popup='서울 특별시청', \
25                 icon=folium.Icon(color='red', icon='info-sign')).add_
     to(map_osm)
26
27   folium.CircleMarker([37.5658859, 126.9754788], radius=150,
     color='blue', \
28                 fill_color='red', fill=False, popup='덕수궁').add_to(map_
     osm)
29
30   map_osm.save('c:/imsi/map5.html')
31
32   print('파일 저장 완료')
```

지오 코딩

지오 코딩(geocoding)이란 주소나 산·호수의 이름 등 고유 명칭을 가지고 위도와 경도의 좌푯값를 얻는 것을 말합니다. 개발자가 직접 구현하기보다는 네이버나 카카오 API 등을 사용하면 손쉽게 구할 수 있습니다. 우리는 카카오 API를 사용하여 지오 코딩과 관련된 API 키를 취득해보겠습니다. 구현 절차는 다음과 같습니다.

● 구현 절차

- 카카오 개발자 사이트에 접속합니다.
- 개발자 등록 및 앱을 생성합니다.
- API 키를 확인합니다.

카카오 개발자 사이트[9]에 접속하여 우측 상단의 [내 애플리케이션] 메뉴를 클릭합니다.

아이디와 비밀번호를 입력한 후 로그인합니다.

9) https://developers.kakao.com/

개인정보 입력창이 보이고 입력하면 다시 초기화면으로 돌아갑니다. 여기서 다시 우
측 상단의 [내 애플리케이션] 메뉴를 클릭합니다. 아래 그림처럼 파란색 십자가 모양
의 [애플리케이션 추가하기] 메뉴를 클릭하면 애플리케이션을 추가할 수 있습니다. 앱
이름과 사업자명을 적절히 입력하고 [저장] 버튼을 클릭합니다.

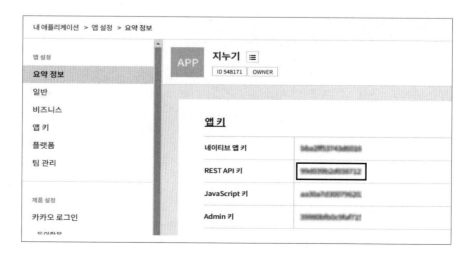

생성된 앱 이름을 클릭하게 되면 다음과 같이 요약 정보 화면이 보입니다. 오른쪽의
[앱 키] 항목의 REST API 키가 우리가 사용할 API 키가 됩니다. 이후 예제에서 사용할
예제입니다.

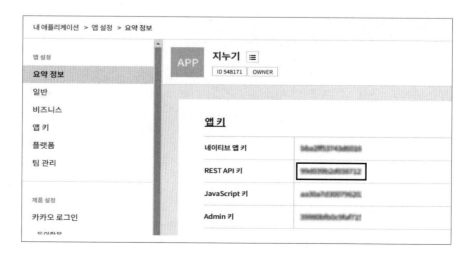

특정 매장 1개의 주소 정보에 대한 위도와 경도를 이용하여 지도를 그려보는 실습을 하도록 하겠습니다. 소스 코드에서 address 변수에는 해당 주소지의 정보를 입력합니다. url 변수는 카카오에서 제공해주는 항목이므로 수정하면 안 됩니다. api_key 변수는 이전에 얻었던 개발자 API를 입력합니다. 결과물로 출력되는 변수 latitude는 위도가 되고, longitude는 경도가 됩니다. 이를 이용하여 지도를 그려줍니다.

code: getGeocoderApi03.py

```
01   import folium, requests
02
03   address = '서울 마포구 신수동 451번지 세양청마루아파트 상가 101호'
04   url = 'https://dapi.kakao.com/v2/local/search/address.json?query=' +
     address
05
06   api_key = '인증키 입력'
07   header = {'Authorization': 'KakaoAK ' + api_key}
08
09   def getGoocoder(address):
```

```
10      result = ""
11      r = requests.get(url, headers=header)
12
13      if r.status_code == 200:
14          try:
15              result_address = r.json()["documents"][0]["address"]
16              result = result_address["y"], result_address["x"]
17          except Exception as err:
18              return None
19      else:
20          result = "ERROR[" + str(r.status_code) + "]"
21
22      return result
23
24  address_latlng = getGoocoder(address)
25  latitude = address_latlng[0]
26  longitude = address_latlng[1]
27
28  print('주소지 :', address)
29  print('위도 :', latitude)
30  print('경도 :', longitude)
31
32  shopinfo = '교촌 신수점'
33  foli_map = folium.Map(location=[latitude, longitude], zoom_start=17)
34  myicon = folium.Icon(color='red', icon='info-sign')
35  folium.Marker([latitude, longitude], popup=shopinfo, \
36              icon=myicon).add_to(foli_map)
37
38  folium.CircleMarker([latitude, longitude], radius=300, color='blue', \
39          fill_color='red', fill=False, popup=shopinfo).add_to(foli_
    map)
40
41  foli_map.save('c:/imsi/my_map_graph.html')
42  print('파일 저장 완료')
```

📋 **실행 결과**

주소지 : 서울 마포구 신수동 451번지 세양청마루아파트 상가 101호

위도 : 37.5477899311394

경도 : 126.936715861657

파일 저장 완료

아래 그림은 `'c:/imsi/my_map_graph.html'`에 저장된 HTML 문서입니다.

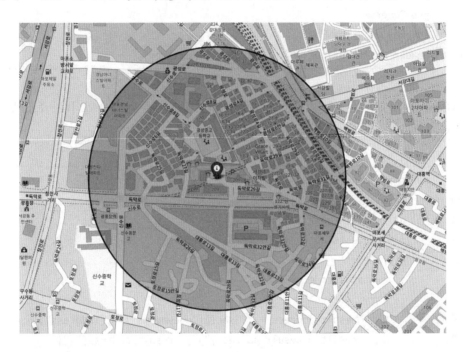

치킨 매장 지도 그리기

이전에 수집하였던 치킨 매장 정보 파일에서 특정 지역의 특정 매장의 위도와 경도를
구하고 지도를 그려보겠습니다.

관련 라이브러리를 import하고, 취득한 인증 키 정보를 변수에 지정합니다.

code: getGeocoderApi02.py

```
01   import folium
02   import requests
03   import pandas as pd
04
05   url_header = 'https://dapi.kakao.com/v2/local/search/address.
     json?query='
06   api_key = '인증키 입력'
07   header = {Authorization': 'KakaoAK ' + api_key}
```

getGeoCoder() 함수는 특정 주소의 위도와 경도를 구해주는 함수입니다. 주소에 대한 위도와 경도 정보를 tuple 형태로 반환합니다.

```
09   def getGeoCoder(address):
10       result = ""
11       url = url_header + address
12       r = requests.get(url, headers=header)
13       # print(r)
14       if r.status_code == 200:
15           try:
16               result_address = r.json()["documents"][0]["address"]
17               result = result_address["y"], result_address["x"]
18           except Exception as err:
19               return None
20       else:
21           result = "ERROR[" + str(r.status_code) + "]"
22
23       return result
```

해당 매장의 브랜드 이름(brand)과 상호(store) 및 위도 경도 튜플(geoInfo)을 이용하여 지도를 만들어 줍니다.

```
25    def makeMap(brand, store, geoInfo):
26        # 브랜드 이름(brand), 상호명(store), 위도 경도 튜플(geoInfo)
27        shopinfo = store + '(' + brand_dict[brand] + ')' # 가게이름(브랜드)
28        mycolor = brand_color[brand]
29        latitude, longitude = float(geoInfo[0]), float(geoInfo[1])
30        # print(longitude, geoInfo[1], shopinfo)
31
32        marker = folium.Marker([latitude, longitude], popup=shopinfo, \
33                    icon=folium.Icon(color=mycolor, icon='info-sign')).add_
      to(mapObject)
```

지도의 기준점 위도와 경도를 이용하여 지도 객체 **mapObject**를 정의합니다.

```
37    mylatitude = 37.56
38    mylongitude = 126.92
39    mapObject = folium.Map(location=[mylatitude, mylongitude], zoom_
      start=13)
```

brand_dict 딕셔너리는 영문으로 되어 있는 브랜드 이름을 한글로 변경하기 위한 딕셔너리입니다. **brand_color** 딕셔너리는 브랜드별로 지도에 표현할 색상을 지정하고 있습니다. 지도를 그리기 위한 매장 정보인 CSV 파일을 변수 **myframe**에 저장합니다. '서대문구'의 처가집과 네네 치킨에 대한 매장의 정보만 추출하여 **mapData** 변수에 지정합니다.

```
41   brand_dict = {'cheogajip':'처가집', 'goobne':'굽네', 'kyochon':'교촌',
     'pelicana':'페리카나', 'nene':'네네'}
42   brand_color = {'cheogajip':'red', 'goobne':'green', 'kyochon':'pink',
     'pelicana':'yellow', 'nene':'blue'}
43
44   csv_flle = 'allStoreModified.csv'
45   myframe = pd.read_csv(csv_flle, index_col=0, encoding='utf-8')
46
47   # print(myframe['brand'].unique())
48   # print(myframe.head())
49   # print('-' * 40)
50
51   where = '서대문구'
52   brandName = 'cheogajip'
53   condition1 = myframe['gungu'] == where
54   condition2 = myframe['brand'] == brandName
55   mapData01 = myframe.loc[condition1 & condition2]
56
57   brandName = 'nene'
58   condition1 = myframe['gungu'] == where
59   condition2 = myframe['brand'] == brandName
60   mapData02 = myframe.loc[condition1 & condition2]
61
62   mylist = []
63   mylist.append(mapData01)
64   mylist.append(mapData02)
65
66   import pandas as pd
67   mapData = pd.concat(mylist, axis=0)
```

for 문을 이용하여 매장들의 브랜드, 가게명, 주소 정보를 추출하고, 주소지 정보를 getGeoCoder() 함수의 매개변수로 넘겨서 위도와 경도를 구해 냅니다. 위도와 경도

가 제대로 반환된 주소들은 makeMap() 함수를 호출하고, 지도 객체를 HTML 파일 형식
으로 저장하도록 합니다.

```
78    ok = 0
79    notok = 0
80    for idx in range(len(mapData.index)):
81        brand = mapData.iloc[idx]['brand']
82        store = mapData.iloc[idx]['store']
83        address = mapData.iloc[idx]['address']
84        geoInfo = getGeoCoder(address)
85
86        if geoInfo == None:
87            print('낫오케이 : ' + address)
88            notok += 1
89        else :
90            # print(geoInfo)
91            print('오케이 : ' + brand + ' ' + address)
92            ok += 1
93            makeMap(brand, store, geoInfo)
94        print('%'*30)
95    # end for
96
97    # # 지도의 기준점
98    # mylatitude = 37.56
99    # mylongitude = 126.92
100   # folium.Map(location=[mylatitude, mylongitude], zoom_start=14)
101
102   total = ok + notok
103   print('ok :', ok)
104   print('notok :', notok)
105   print('total :', total)
106
107   filename = 'c:/imsi/mapresult.html'
```

```
108   mapObject.save(filename)
109
110   print('파일 저장 완료')
```

최종 결과물입니다. 서대문구에 있는 '처가집' 치킨과 '네네 치킨'의 매장 정보를 각
각 출력하고 있습니다. 처가집 연희점을 마우스로 클릭하면 다음과 같이 팝업 형태로
보여집니다.

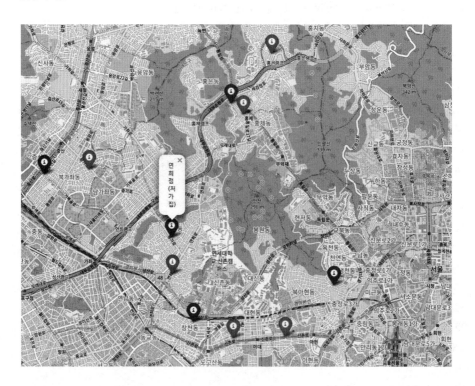

5.3.2 데이터 그룹화

이번 예제에서는 데이터를 그룹화하는 방법을 알아보겠습니다. 그룹화 동작은 객체
를 분리하고, 함수를 적용하여 최종 결과를 조합하는 과정으로 큰 용량의 그룹 데이터

에 사용될 수 있습니다. 기본적인 개념을 살펴보고, 이후 치킨 매장별 매장의 개수를 구하는 데 그룹화 개념을 적용해 보겠습니다.

지역별 치킨 브랜드의 매장 개수 정보를 담고 있는 다음과 같은 데이터를 살펴봅니다. 각 브랜드마다 매장 개수의 총합을 구하려 한다면 우리는 다음과 같이 처리할 겁니다. 우선 데이터를 브랜드별로 분할(split)합니다. 즉, '페리카나', '처가집', '굽네' 치킨 매장별 데이터로 나눈 다음, 브랜드별 매장 개수의 총합을 구하고 다시 이들을 결합(combine)시키는 과정을 거치게 됩니다. 이러한 '분할-반영-결합'이라는 기법은 오래전부터 분산 컴퓨팅 분야에서 빅데이터를 처리하기 위하여 많이 사용해 오던 방법입니다. 이전에 데이터베이스를 공부한 적이 있다면 SQL의 group by 구문과 유사하다고 이해해도 좋습니다.

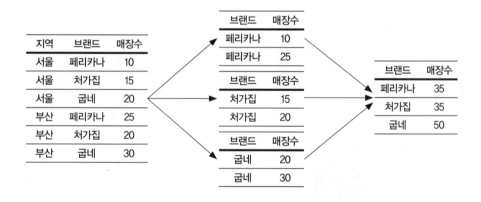

이와 같이 그룹 연산은 데이터 집합을 분류하고 그룹별로 집계나 어떤 변형 같은 함수를 적용할 수 있습니다. 또한, 그룹 연산을 이용하여 큰 용량의 데이터를 손쉽게 처리할 수 있습니다. groupby() 함수를 이용하여 구한 객체를 그룹 오브젝트라고 합니다. 그룹 오브젝트는 또한 반복문을 이용하여 데이터 처리를 할 수 있습니다.

그룹핑 관련 함수

groupby 객체에 사용 가능한 함수 목록은 다음과 같습니다.

속성/함수	설명
agg	groupby 객체에 사용 가능한 함수 목록은 다음과 같은 것들이 있습니다. 예) min, max, median, mean, sum, count, std, var, size, describe
count()	누락된 데이터를 배제하고, 그룹 내에 개수를 구합니다.
mean()	누락된 데이터를 배제하고, 평균값을 구합니다.
median()	누락된 데이터를 배제하고, 산술 중간값을 구합니다.
min(), max()	누락된 데이터를 배제하고, 최솟값과 최댓값을 구합니다.
size()	누락된 데이터를 포함하여 그룹별 자료의 개수를 구합니다.
sum()	누락된 데이터를 배제하고, 총합을 구합니다.

치킨 브랜드별 매장 개수 파악하기

지역별 브랜드별 치킨 매장의 개수가 저장된 chicken.csv 파일을 이용하여 브랜드별 매장의 합계를 그래프로 그려주는 프로그램을 작성해보겠습니다.

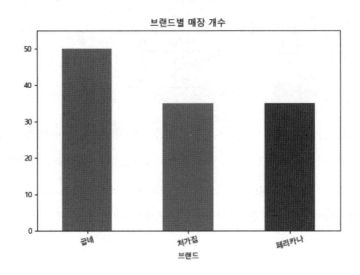

code: chickentest.py

```
01  import pandas as pd
02  import matplotlib.pyplot as plt
03  plt.rcParams['font.family'] = 'Malgun Gothic'
04
05  chickenfile = 'chicken.csv'
06  colnames = ['지역', '브랜드', '매장수']
07  myframe = pd.read_csv(chickenfile, names=colnames, header=None)
08  print(myframe)
09  print('-' * 30)
10
11  mygrouping = myframe.groupby('브랜드')['매장수']
12  meanSeries = mygrouping.sum()
13  meanSeries.index.name= '브랜드'
14  print(meanSeries)
15  print('-' * 30)
16
17  mycolor = ['red', 'green', 'blue']
18  mytitle = '브랜드별 매장 개수'
19  myylim = [0, meanSeries.max() + 5]
20  myalpha = 0.7
21
22  meanSeries.plot(kind='bar',  color = mycolor, title= mytitle, legend =
    False, \
23                  rot = 15, ylim = myylim, grid=False, alpha = myalpha)
24
25  filename = 'example06.png'
26  plt.savefig(filename, dpi=400, bbox_inches='tight')
27  plt.show()
28
29  print('finished')
```

1~3번째 줄에서 관련 모듈들을 import합니다. 5~9번째 줄에서 read_csv() 함수를 해당 파일을 읽어 들입니다. 컬럼에 대한 헤더가 존재하지 않아서 names, header 매개변수를 사용합니다. 11~15번째 줄에서 '브랜드' 컬럼으로 그룹화를 수행한 다음 '매장수'에 대한 그룹화를 수행합니다. 12번째 줄에서 sum() 함수를 사용하여 매장 총합 정보를 시리즈로 저장합니다. 17~20번째 줄에서 그래프를 그리기 위한 사전 데이터들을 정의합니다. 22~27번째 줄까지 그래프를 그리고 이것을 이미지 파일 형식으로 저장합니다.

최종 실행 결과는 다음과 같습니다.

```
📄 실행 결과
    지역  브랜드  매장수
0  서울  페리카나  10
1  서울  처가집  15
2  서울  굽네  20
3  부산  페리카나  25
4  부산  처가집  20
5  부산  굽네  30
--------------------------------
브랜드
굽네    50
처가집   35
페리카나  35
Name: 매장수, dtype: int64
--------------------------------
finished
```

5.3.3 그래프 그리기

치킨 매장 정보를 사용하여 그래프를 몇 가지 그려보겠습니다.

모든 매장의 정보를 담고 있는 'allStoreModified.csv' 파일을 읽습니다. 실행 결과를 보면 총 4개의 매장 정보가 들어 있음을 알 수 있습니다.

code: makeChickenGraph.py

```
01  import matplotlib.pyplot as plt
02  import pandas as pd
03
04  plt.rcParams['font.family'] = 'Malgun Gothic'
05
06  csv_flle = 'allStoreModified.csv'
07  myframe = pd.read_csv(csv_flle, index_col=0, encoding='utf-8')
```

그래프를 위한 색상 변수 mycolor를 설정하고, 영문 브랜드 이름에 따른 한글 이름을 위하여 딕셔너리 brand_dict 변수를 정의합니다.

```
12  mycolor = ['r', 'g', 'b', 'm']
13  brand_dict = {'cheogajip':'처가집', 'goobne':'굽네', 'kyochon':'교촌',
    'pelicana':'페리카나', 'nene':'네네'}
```

브랜드별로 그룹화를 한 다음, 각 브랜드의 매장 개수를 확인합니다.

```
15  mygrouping=myframe.groupby(['brand'])['brand']
16  chartData=mygrouping.count()
17
18  newindex=[brand_dict[idx] for idx in chartData.index]
19  chartData.index=newindex
20  print(chartData)
```

브랜드별 매장 개수

브랜드	개수
처가집	1204
굽네	1066
네네	1125
페리카나	1098

파이 그래프 그리기

구한 chartData를 사용하여 파이 그래프를 다음과 같이 그립니다.

```
22   plt.figure()
23   chartData.plot(kind='pie', legend=False, autopct='%1.2f%%',
     colors=mycolor)
24   filename='makeChickenGraph01.png'
25   plt.savefig(filename, dpi=400, bbox_inches='tight')
26   print(filename + ' 파일이 저장되었습니다.')
```

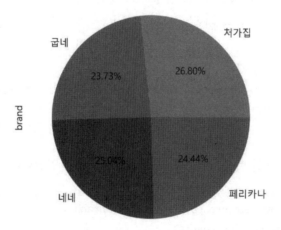

막대 그래프 그리기

다음과 같이 막대 그래프를 그려 봅니다.

```
28   plt.figure()
29
30   chartData.plot(kind='barh', rot=0, title='브랜드별 총 매장 개수',
     legend=False, color=mycolor)
31   filename='makeChickenGraph02.png'
32   plt.savefig(filename, dpi=400, bbox_inches='tight')
33   print(filename + ' 파일이 저장되었습니다.')
```

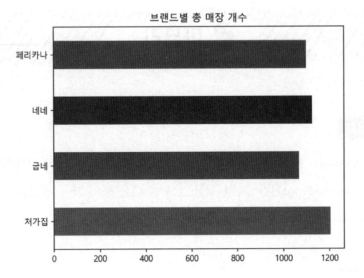

요점정리

- **포리움(folium)**은 지도 데이터에 위치 정보를 시각화하기 위한 라이브러리입니다.
- **지오 코딩(geocoding)**이란 주소나 산·호수의 이름 등의 고유 명칭을 가지고 위도 와 경도의 좌푯값을 얻는 것을 말합니다.

연습문제

01 getGeocoderApi02.py 파일을 수정하여 제주도의 모든 매장에 대한 지도를 그려 보세요.

02 'allStoreModified.csv' 파일을 이용하여 '서울특별시'와 '경기도'의 매장별
점포 개수를 그래프로 그려보세요.

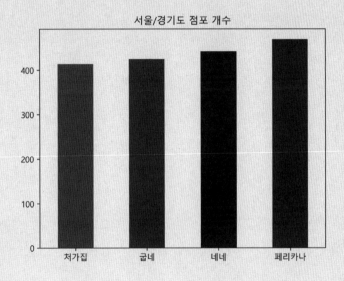

Data Analysis

CHAPTER

6

자연어 처리

CHAPTER
6

자연어 처리

워드 클라우드란 여러 개의 단어 목록 중에서 '핵심적인 단어'들을 시각적으로 보여주는 기법입니다. 문서의 핵심적인 키워드를 시각적으로 돋보이게 하는 기술입니다. 텍스트 마이닝이란 정리되어 있지 않은 문자열로 되어 있는 데이터에서 어떤 가치가 있는 정보를 추출하여 분석해 보는 기법을 의미합니다. 그렇게 사용하려면 문장을 구성하는 어절들이 어떠한 품사로 되어 있는지 파악해야 하는데, 이것을 '형태소 분석'이라고 합니다. 이번 장에서는 워드 클라우드와 텍스트 마이닝을 알아보겠습니다.

6.1 워드 클라우드

워드 클라우드란 문서의 핵심 키워드, 개념 등을 직관적으로 파악할 수 있도록 핵심적인 단어들을 돋보이게 시각적으로 보여주는 기법입니다. 예를 들면 많이 언급된 단어들을 크게 표현하여 한눈에 들어올 수 있도록 하는 기법입니다. 일반적으로 방대한 양의 정보를 다루고자 하는 빅데이터를 분석할 때 데이터의 특징을 도출하기 위하여 사용됩니다. 다음은 영화 〈남산의 부장들〉에 대한 감상평을 분석하여 생성한 워드 클라우드입니다.

워드 클라우드[1]를 사용하려면 다음과 같이 cmd 창에서 wordcloud 모듈을 반드시 설치해야 합니다. 만약 설치가 안된다면 별도의 사이트[2]에서 직접 다운로드하여 설치하면 됩니다.

● 워드 클라우드 모듈 설치 명령어

```
pip install wordcloud
```

WordCloud 클래스

이 클래스는 워드 클라우드 객체를 만들어 주는 클래스입니다. 반환 타입은 <class 'wordcloud.wordcloud.WordCloud'>입니다.

---

1) 참고 사이트 : https://amueller.github.io/word_cloud/generated/wordcloud.WordCloud.html#wordcloud.WordCloud
2) https://www.lfd.uci.edu/~gohlke/pythonlibs/#wordcloud

생성자 매개변수	설명
background_color	배경색을 지정합니다.
font_path	사용하려는 기본 글꼴 파일의 경로를 지정합니다. 예) font_path='c:/Windows/Fonts/malgun.ttf'
height	모니터 해상도의 세로 크기를 지정합니다.
mask	• 배경 이미지를 지정합니다. • 넘파이의 ndarray 형식으로 생성된 객체입니다.
max_font_size	빈도 수가 가장 큰 단어의 글꼴 크기를 지정합니다.
max_words	보여주고자 하는 단어의 최대 수를 지정합니다.
random_state	랜덤 함수에 사용하기 위하여 임의의 랜덤 값을 생성합니다.
relative_scaling	• 상대적인 단어의 크기를 지정합니다. • 레퍼런스에서는 값 0.5가 보기에 좋다고 권장하고 있습니다.
scale	보고서용 또는 인쇄용으로는 사용하려면 최소 2, 3배는 크게 지정해야 합니다.
stopwords	데이터 처리에 불필요한 불용어(stopword)에 사용할 변수를 지정합니다.
width	모니터 해상도의 가로 크기를 지정합니다.

WordCloud 객체와 관련된 속성/메소드

다음과 같은 속성 및 메소드를 사용할 수 있습니다.

속성/메소드	설명
generate(text)	text라는 문자열 정보를 이용하여 워드 클라우드 객체를 생성합니다.
generate_from_frequencies(frequencies, max_font_size)	• 단어와 빈도 수를 저장하고 있는 객체를 이용하여 워드 클라우드 객체를 만들어 줍니다. • 파이썬의 딕셔너리를 매개변수로 넣어주면 객체를 자동 생성합니다.
recolor(random_state=None, color_func=None, colormap=None)	• 워드 클라우드를 그릴 새로운 색상을 적용합니다. • color_func는 새로운 색상을 적용하려는 함수를 의미하는 데, ImageColorGenerator 클래스를 이용하여 만들면 됩니다.

속성/메소드	설명
to_array()	배열 형태로 변경해 줍니다.
words_	가장 빈도가 많은 단어를 1.0으로 하여, 나머지 단어들의 비율을 딕셔너리 형식으로 보여줍니다. 예) got hohoho find got got got {'got': 1.0, 'hohoho': 0.25, 'find': 0.25}

● 컬러 이미지에 워드 클라우드를 적용하는 패턴

```
from wordcloud import ImageColorGenerator

alice_color_file = 'alice_color.png'
alice_coloring = np.array(Image.open(alice_color_file))

image_colors = ImageColorGenerator(alice_coloring)

wc = WordCloud(mask=alice_coloring)
wc = wc.generate(text)

newwc = wc.recolor(color_func=image_colors, random_state=42)
plt.imshow(newwc, interpolation='bilinear')
```

스티브 잡스의 연설문(워드 클라우드)

아래의 steve.txt 파일은 스티브 잡스의 연설문의 일부 내용입니다. 이 파일을 이용하여 워드 클라우드 및 가장 많이 사용된 단어 10개에 대한 빈도 비율을 그래프로 그려 봅니다. Top 10 빈도 그래프는 가장 빈도 수가 많은 항목을 1.0으로 보고, 나머지 항목들에 대한 상대적인 비율을 의미합니다.

● 스티브 잡스의 연설문 일부(파일 : steve.txt)

'You've got to find what you love,' Jobs says
This is the text of the Commencement address by Steve Jobs, CEO of Apple
Computer and of Pixar Animation Studios, delivered on June 12, 2005.
I am honored to be with you today at your commencement from one of the
finest universities in the world. I never graduated from college. Truth
be told, this is the closest I've ever gotten to a college graduation.
Today I want to tell you three stories from my life. That's it. No big
deal. Just three stories. …

워드 클라우드에 사용될 텍스트 파일 'steve.txt'을 읽어 옵니다. generate 함수는 해당 텍스트 문자열을 사용하여 워드 클라우드 객체를 생성해주는 역할을 합니다.

code: wordCloudEx01.py

```
01  import matplotlib.pyplot as plt
02  from wordcloud import WordCloud
03
04  plt.rc('font', family='Malgun Gothic')
05
06  filename = 'steve.txt'
07  myfile = open(filename, 'rt', encoding='utf-8')
08
09  text = myfile.read()
10
11  wordcloud = WordCloud()
12  wordcloud = wordcloud.generate(text)
13  print(type(wordcloud))  # <class 'wordcloud.wordcloud.WordCloud'>
```

words_ 속성은 가장 빈도가 많은 단어를 1.0으로 하여, 나머지 단어들의 비율을 딕셔너리(dict) 형식으로 보여주는 속성입니다. 빈도를 나타내는 딕셔너리 bindo를 빈도수의 역순으로 정렬해 봅니다. 결과를 보면 'life'라는 단어가 가장 많이 나왔으므로 비율이 1.0입니다. 'college'라는 단어가, 약 0.82352 정도입니다.

```
16   bindo = wordcloud.words_
17   print(type(bindo))  # <class 'dict'>
…    …
21   sortedData = sorted(bindo.items(), key=lambda x : x[1], reverse=True)
22   print(sortedData)
```

실행 결과
```
[('life', 1.0),
('college', 0.8235294117647058),
('deal', 0.058823529411764705), … (후략)
```

슬라이싱 sortedData[0:10]을 사용하여 상위 10개만 추려내어 수직 막대 그래프를 그려 봅니다. mycolor 변수는 사용자 정의 색상을 지정하는 역할을 합니다.

```
24   chartData = sortedData[0:10]
25   print(chartData)
26   print('-'*20)
27
28   xtick = []
29   chart = []
30   for item in chartData :
31       xtick.append(item[0])
32       chart.append(item[1])
33
34   mycolor = ['r', 'g', 'b', 'y', 'm', 'c', '#FFF0F0', '#CCFFBB',
     '#05CCFF', '#11CCFF']
35   plt.bar(xtick, chart, color=mycolor)
36   plt.title('상위 빈도 Top 10')
```

```
37   filename = 'wordCloudEx01_01.png'
38   plt.savefig(filename, dpi=400, bbox_inches='tight')
39   print(filename + ' 파일이 저장되었습니다.')
```

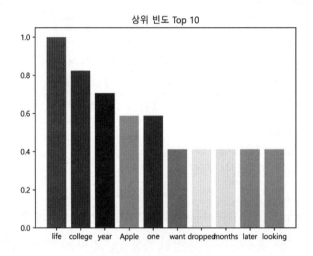

워드 클라우드 객체에 대한 이미지를 'wordCloudEx01_02.png' 파일로 저장합니다.

```
41   plt.figure(figsize=(12, 12))
42   plt.imshow(wordcloud)
43   plt.axis('off')
44
45   filename = 'wordCloudEx01_02.png'
46   plt.savefig(filename, dpi=400, bbox_inches='tight')
47   print(filename + ' 파일이 저장되었습니다.')
48   # plt.show()
```

Pillow 라이브러리

사용자 지정 이미지를 이용하여 워드 클라우드를 실습하기 전에 Pillow 라이브러리를 먼저 살펴보겠습니다. 이 라이브러리는 파이썬에서 이미지를 처리해주는 라이브러리입니다.

관련 속성 메소드

Pillow와 관련된 속성과 메소드는 다음과 같은 항목들이 있습니다.

속성/메소드	설명
open(fname)	• jpg, gif, png, bmp 등의 이미지 데이터를 열어 이미지 객체를 구합니다. • 반환되는 타입은 `<class 'PIL.PngImagePlugin.PngImageFile'>` 입니다.
Image.ANTIALIAS	이미지에 대한 안티 알리아싱을 설정합니다.

이미지 객체

이미지 객체란 open 메소드를 이용하여 구한 객체를 말합니다.

항목	설명
img.convert('L')	• 'L' : 그레이 스케일로 변환합니다. • '1' : 이진화됩니다. • 'RGB', 'RGBA', 'CMYK' 등의 컬러 모드를 지원합니다.
img.resize((size, size), Image.ANTIALIAS)	이미지를 리사이징(resizing)합니다.
img.getdata()	이미지 픽셀 데이터 정보를 추출합니다.

◐ 외부 이미지 파일을 그림으로 출력하기

• Image.open() 메소드를 이용하여 Image 객체를 구합니다.
• 구한 이미지 객체에 np.array() 메소드를 이용하여 배열 객체를 생성합니다.
• plt.imshow() 메소드를 이용하여 출력하거나 파일로 저장하도록 합니다.

불용어(STOPWORDS) 라이브러리

관사(a, an, the), 전치사(of, on, for), 대명사(it, he, her) 등의 단어들은 문장에서는 자주 등장하지만, 실제 의미 분석을 하는데 필요하지 않습니다. 이처럼 자연어 처리를 하면서 개별 단어 단위로 처리되지 않는 일반적인 단어들을 불용어라고 합니다. 불용어로 처리할 단어 목록은 내장되어 있습니다.

◐ 불용어 라이브러리 설치 명령어

```
pip install STOPWORDS
```

불용어와 관련된 메소드는 다음과 같은 항목들이 있습니다.

속성/메소드	설명
add()	불용어를 추가할 때 사용합니다.
update()	여러 불용어를 동시에 추가할 때 사용합니다.

불용어를 사용하기 위해서는 아래 첫 번째 문장을 이용하여 import해야 합니다. 코딩
패턴은 아래와 같습니다.

> ● 불용어 관련 코딩 패턴

```
from wordcloud import STOPWORDS

mystopwords = set(STOPWORDS)
mystopwords.add('said')
mystopwords.update(['hohoho', 'hahaha'])

wc = WordCloud(stopwords=mystopwords)
```

사용자 지정한 이미지에 워드 클라우드

사용자가 지정한 이미지에서 워드 클라우드를 생성할 수 있습니다. 'alice.png' 파
일과 스티브 잡스의 연설문을 사용하여 워드 클라우드를 그려보겠습니다.

> ● 이미지를 파일로 저장하기
>
> • 이미지 파일을 읽어 들입니다.
> • ndarray 형태로 변형합니다.
> • plt의 imshow()와 savefig() 함수를 이용하여 파일로 저장합니다.

앞으로 구현하려는 내용은 다음과 같습니다.

항목	설명
graph01.png	'alice.png' 파일을 'graph01.png' 파일로 저장합니다.
graph02.png	• 'steve.txt' 파일에 대한 빈도를 워드 클라우드로 만들어 'alice.png' 파일에 표현합니다. • 특정 이미지에 워드 클라우드를 그리는 절차 　1) 불용어 목록을 작성합니다. 　2) WordCloud() 생성자의 **stopwords** 매개변수에 초기화합니다. 　3) **generate()** 함수를 이용하여 text 문자열에 대한 객체를 생성합니다. 　4) plt의 imshow()와 savefig() 함수를 이용하여 파일로 저장합니다.

항목	설명
graph03.png	'steve.txt' 파일에 대한 빈도를 워드 클라우드로 만들어 'alice_color.png' 파일에 표현합니다.
graph04.png	'alice_color.png' 파일을 'graph04.png' 파일로 저장합니다.
graph05.png	• 'steve.txt' 파일에 대한 빈도를 워드 클라우드로 만들어 'alice_color.png' 파일에 표현합니다. 단, 색상은 'alice_color.png' 파일의 이미지 톤에 색상을 맞춥니다. • 특정 이미지에 워드 클라우드를 그리는 절차 1) 이미지 파일을 이용하여 넘파이 배열을 만듭니다. 2) WordCloud() 생성자에 mask 매개변수에 넘파일 배열을 대입합니다. 3) generate() 함수를 이용하여 text 문자열에 대한 객체를 생성합니다. 4) ImageColorGenerator() 생성자에 넘파이 배열을 대입합니다. 5) WordCloud 객체의 recolor() 함수의 color_func 매개변수에 대입합니다. 6) plt의 imshow()와 savefig() 함수를 이용하여 파일로 저장합니다.

graph01.png

graph02.png

graph03.png

graph04.png

graph05.png

워드 클라우드 및 이미지 처리를 위한 모듈들을 import하고 실습에 사용할 이미지를 불러와 넘파이의 ndarray 형태로 변환합니다.

code: aliceSteve.py

```
01  import numpy as np
02  import matplotlib.pyplot as plt
03
04  from PIL import Image   # PIL 모듈 공부합시다.
05  from wordcloud import STOPWORDS
06  from wordcloud import WordCloud
07  from wordcloud import ImageColorGenerator
08
09  image_file = 'alice.png'
10
11  img_file = Image.open(image_file)
12  # <class 'PIL.PngImagePlugin.PngImageFile'>
13  print(type(img_file))
14  print('-' * 40)
15
16  alice_mask = np.array(img_file)
17
18  # print(alice_mask)
19  # print('-' * 40)
20
21  print(type(alice_mask))   # <class 'numpy.ndarray'>
```

넘파이의 배열 정보와 `plt.imshow()` 함수와 `plt.savefig()` 함수들을 이용하여 이미지를 파일로 저장합니다.

```
24   plt.figure(figsize=(8, 8))  # 그림 영역 설정
25
26   plt.imshow(alice_mask, interpolation='bilinear')
27   plt.axis('off')  # 축 선과 라벨 없애기
28
29   filename = 'graph01.png'
30   plt.savefig(filename, dpi=400, bbox_inches='tight')
31   print(filename + ' 파일이 저장되었습니다.')
```

STOPWORDS 불용어는 `wordcloud` 모듈에 들어 있는 기본 불용어 정보입니다. 집합 형식으로 만들고, 필요하다면 추가로 사용자 정의 불용어를 추가하도록 합니다. `len()` 함수를 이용하여 전체 불용어 개수를 출력합니다.

```
33   mystopwords = set(STOPWORDS)
34   mystopwords.add('said')
35   mystopwords.update(['hohoho', 'hahaha'])
36
37   print(len(mystopwords))
38   print(mystopwords)
```

워드 클라우드를 생성합니다. 배경 색상과 최대 단어수 및 워드 클라우드를 적용
할 이미지 정보 및 불용어 파일까지 생성자에 입력해 주고 있습니다. 텍스트 파일
'steve.txt'을 읽어와 해당 워드 클라우드에 적용합니다.

```
40   wc = WordCloud(background_color='white', max_words=2000, mask=alice_
     mask, \
41                  stopwords=mystopwords)
42
43   stevefile = 'steve.txt'
44   text = open(stevefile, 'rt', encoding='utf-8')
45   text = text.read()
46
47   wc = wc.generate(text)
48   print(wc.words_)
```

📋 **실행 결과**

```
{'life': 1.0,
 'college': 0.823529411...
(이하 생략)
```

'steve.txt' 파일에 대한 빈도를 워드 클라우드로 만들어 'alice.png' 이미지에 표
현해 봅니다.

```
50   plt.figure(figsize=(12, 12))
51   plt.imshow(wc, interpolation='bilinear')
52   plt.axis('off')
53
54   filename = 'graph02.png'
55   plt.savefig(filename, dpi=400, bbox_inches='tight')
56   print(filename + ' 파일이 저장되었습니다.')
```

'steve.txt' 파일에 대한 빈도를 워드 클라우드로 만들어 'alice_color.png' 이미지에 표현합니다.

```
58   alice_color_file = 'alice_color.png'
59   alice_color_mask = np.array(Image.open(alice_color_file))
60
61   wc = WordCloud(background_color='white', max_words=2000, mask=alice_
     color_mask, \
62                  stopwords=mystopwords, max_font_size=40, random_
     state=42)
63   wc = wc.generate(text)
64
65   plt.figure(figsize=(12, 12))
66   plt.imshow(wc, interpolation='bilinear')
67   plt.axis('off')
68
69   filename = 'graph03.png'
70   plt.savefig(filename, dpi=400, bbox_inches='tight')
71   print(filename + ' 파일이 저장되었습니다.')
```

'alice_color.png' 이미지를 'graph04.png'으로 저장합니다.

```
73   plt.figure(figsize=(12, 12))
74   plt.imshow(alice_color_mask, interpolation='bilinear')
75   plt.axis('off')
76
77   filename = 'graph04.png'
78   plt.savefig(filename, dpi=400, bbox_inches='tight')
79   print(filename + ' 파일이 저장되었습니다.')
```

'steve.txt' 파일에 대한 빈도를 워드 클라우드로 만들어 'alice_color.png' 이미지에 표현합니다. 색상은 'alice_color.png' 이미지 톤에 색상을 맞춥니다.

```python
81    image_colors = ImageColorGenerator(alice_color_mask)
82
83    plt.figure(figsize=(12, 12))
84    newwc = wc.recolor(color_func=image_colors, random_state=42)
85    plt.imshow(newwc, interpolation='bilinear')
86    plt.axis('off')
87
88    filename = 'graph05.png'
89    plt.savefig(filename, dpi=400, bbox_inches='tight')
90    print(filename + ' 파일이 저장되었습니다.')
91
92    # plt.show()
93    print('작업 종료')
```

요점정리

- **워드 클라우드**는 단어 목록 중에서 '핵심적인 단어'들을 시각적으로 보여주는 기법입니다.
- **wordcloud**는 워드 클라우드를 사용하기 위한 모듈입니다.
- **Pillow** 는 파이썬에서 이미지를 처리해주는 라이브러리입니다.
- **불용어**는 관사, 전치사, 대명사와 같이 자연어 처리를 하면서 개별 단어 단위로 처리되지 않는 일반적인 단어들을 의미합니다.

연습문제

01 첨부 파일('heart-of-darkness.txt')을 이용하여 다음과 같이 워드 클라우드와 막대 그래프를 그려보세요.

워드 클라우드

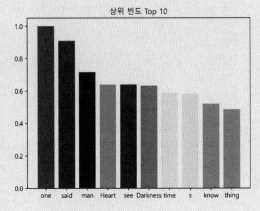

상위 10개에 대한 막대 그래프

02 첨부 파일('heart-of-darkness.txt', 'alice.png')을 이용하여 다음과 같이 워드 클라우드를 그려보세요.

6.2 텍스트 마이닝

인터넷을 통한 정보들이 범람하고 있는 현재 우리는 수많은 데이터를 접하고 있습니다. 너무 많은 데이터를 모두 확인한다는 것은 현실적으로 불가능해보입니다. 하지만 가장 이슈가 되는 용어들이 어떠한 것들이 있는지 파악하려면 의미 있는 데이터들을 추출하고 분해하고 정제하는 작업이 필요합니다. 이러한 기술을 '텍스트 마이닝'이라고 합니다.

> ● **텍스트 마이닝**
>
> 자연어 처리 기술을 활용하여 반정형/비정형 텍스트 데이터를 정형화하고, 특징을 추출하기 위한 기술과 추출된 특징으로부터 의미 있는 정보를 발견할 수 있도록 하는 기술입니다.

이러한 작업들을 수행하기 위해서는 형태소 분석과 품사 태깅이라는 기술들이 필요합니다.

6.2.1 형태소 분석과 품사 태깅

'형태소'란 더 이상 분리를 할 수 없는 의미를 갖는 최소 단어를 의미합니다. 예를 들어 '사랑'이라는 단어는 '사'와 '랑'이라는 글자를 분리하여 이해할 수 없습니다.

형태소 분석

형태소 분석이란 형태소를 비롯하여, 어근, 접두사/접미사, 품사(Part of Speech, POS) 등 다양한 언어적 속성의 구조를 파악하는 것입니다. 즉, 사람이 말하는 자연 언어의 문장을 '형태소'라는 의미를 갖는 최소 단위로 분할하고, 품사를 판별하는 작업을 말합니다. 이러한 형태소 분석은 서로 다른 언어간의 번역을 하는 '기계 번역', '텍스트 마이닝' 등의 여러 분야에서 많이 사용되고 있습니다. 기계 번역은 이를 테면 '영어' 문장을 '독일어' 문장으로 번역하기 위하여 기술을 말합니다.

최근에는 한국어에 대한 형태소 분석 라이브러리도 많이 오픈 소스로 배포되고 있습니다. 이러한 라이브러리를 이용하면 직접 딕셔너리를 준비하고, 형태소 분석 알고리즘을 구현하지 않아도 형태소 분석을 할 수 있습니다.

품사 태깅

'품사 태깅'이란 형태소의 뜻과 문맥을 고려하여 그것에 마크업을 하는 일입니다. 예를 들어 '가방에들어가신다'라는 문장은 다음과 같이 분리됩니다.

가방에들어가신다

단어	품사 태그	설명
가방	NNG	일반 명사
에	JKM	부사격 조사
들어가	VV	동사
시	EPH	존칭 선어말 어미
ㄴ다	EFN	평서형 종결 어미

좀 더 상세한 품사 태깅은 한국어 품사 태그 비교표[3](Korean POS tags comparison chart)를 참조하길 바랍니다.

6.2.2 KoNLPy

한글과 관련된 형태소 분석과 품사 태킹을 위한 분석기는 KoNLPy(코엔엘파이)[4]라는 분석기가 많이 사용됩니다. KoNLPy는 한국어 형태소 분석을 위한 오픈 소스 프로젝트 중의 하나이며, 한나눔, 꼬꼬마, Komoran, 트위터(Okt) 등의 형태소 분석기를 쉽게 사용할 수 있도록 클래스를 지원하고 있습니다.

KoNLPy 설치

KoNLPy를 설치하려면 다음과 같은 순서대로 진행하면 됩니다.

● **KoNLPy 설치 순서**

1. Java 1.7 이상 설치
2. JAVA_HOME Path 설정
3. JPype1()>=0.5.7) 설치
4. KoNLPy 설치

Step 01 Java 1.7 이상 설치

KoNLPy를 사용하려면 우선 자바 JDK 1.7 버전 이상이 설치되어 있어야 합니다. 오라클(Oracle)[5] 사이트에서 해당 OS에 맞는 JDK(Java Developement Kit) 버전을 설치하도록 합니다.

---

3) https://docs.google.com/spreadsheets/d/1OGAjUvalBuX-oZvZ_-9tEfYD2gQe7hTGsgUpiiBSXI8/edit#gid=0
4) http://konlpy.org/ko/latest
5) http://www.oracle.com/technetwork/java/javase/downloads/index.html

Step 02 JAVA_HOME Path 설정

JDK가 정상적으로 동작하기 위하여 JAVA_HOME 경로를 설정해야 합니다.

Step 03 JPype1()>=0.5.7) 설치

KoNLPy 사용 시 내부적으로 Java로 작성된 모듈을 로딩해야 합니다. 이 역할을 수행하는 라이브러리가 JPype이며 0.5.7 이상의 버전이 설치되어 있어야 합니다. 일반적으로 Eclipse(이클립스)나 파이참 등의 GUI 툴로는 잘 설치되지 않는 경우가 많습니다. 개인적으로 cmd 창을 이용하여 많이 설치하고 있습니다. 다음과 같이 진행하면 됩니다.

● cmd 창에서 JPype1 설치

1. cd 파이썬설치경로엔터
2. python --version 명령으로 버전을 확인합니다.
3. 사이트(http://www.lfd.uci.edu/~gohlke/pythonlibs/#jpype)에서 파이썬 버전에 맞는 버전의 jpype 파일을 다운로드합니다. 파이썬설치경로폴더에 복사해 둡니다.
4. pip install jpype 파일이름 [Enter↵]

저자의 파이썬 버전은 3.10.1이고, 64비트 윈도우를 사용하고 있으므로 아래 그림과 같이 파일 이름의 중간에 'cp310', 'amd64'인 파일 'JPype1-1.3.0-cp310-cp310-win_amd64.whl'을 다운로드하면 됩니다.

JPype: allows full access to Java class libraries.

JPype1-1.3.0-cp310-cp310-win_amd64.whl
JPype1-1.3.0-cp310-cp310-win32.whl
JPype1-1.3.0-cp39-cp39-win_amd64.whl
JPype1-1.3.0-cp39-cp39-win32.whl
JPype1-1.3.0-cp38-cp38-win_amd64.whl
JPype1-1.3.0-cp38-cp38-win32.whl
JPype1-1.3.0-cp37-cp37m-win_amd64.whl

Step 04　KoNLPy 설치

KoNLPy를 설치하도록 합니다. 간혹 넘파이 때문에 진행이 안 되는 경우가 발생하면 넘파이를 제거 후 다시 설치합니다.

tag 라이브러리

KoNLPy는 다음과 같은 다양한 형태소 분석, 태깅 라이브러리를 파이썬에서 쉽게 사용할 수 있도록 모아 놓았습니다. KoNLPy의 하위 라이브러리 tag 라이브러리에는 다음과 같은 클래스들이 포함되어 있습니다.

항목	설명
Hannanum[6] (한나눔)	• KAIST 말뭉치를 이용해 생성된 딕셔너리입니다. • KAIST Semantic Web Research Center(SWRC)에서 개발
Kkma[7] (꼬꼬마)	• 세종 말뭉치를 이용해 생성된 딕셔너리입니다. • 서울대학교 IDS(Intelligent Data Systems) 연구실에서 개발
Mecab[8] (메카브)	• 일본어용 형태소 분석기를 한국어를 사용할 수 있도록 수정한 것입니다. • 세종 말뭉치로 만들어진 CSV형태의 딕셔너리입니다.
Komoran[9] (코모란)	• Java로 제작된 오픈 소스 한글 형태소 분석기입니다. • Shineware 사에서 개발
Twitter[10] (Okt)	과거 트위터 형태소 분석기로서, 오픈 소스 한글 형태소 분석기입니다.

---

6)　http://semanticweb.kaist.ac.kr/hannanum/

7)　http://kkma.snu.ac.kr/

8)　https://bitbucket.org/eunjeon/mecab-ko

9)　https://github.com/shin285/KOMORAN

10)　https://github.com/open-korean-text/open-korean-text

그리고 이러한 클래스들은 다음과 같은 메소드를 공통으로 제공하고 있습니다.

항목	설명
nouns	명사를 추출합니다.
morphs	형태소를 추출합니다.
pos	품사 부착에 사용됩니다.

KoNLPy 테스트하기

우리는 Komoran(KOrean MORphological ANalyzer, 코모란)을 사용하여 테스트를 진행하도록 합니다. Komoran 이외에도 다양한 라이브러리가 있습니다. 유사하게 동작하지만, 각각의 tag 라이브러리마다 조금씩 차이가 있습니다. Komoran은 자바로 구현된 한국어 형태소 분석기입니다.

다음 문장은 실습을 위한 구문입니다. 이 문장과 코모란을 사용하여 형태소 분석을 해보겠습니다.

```
sentence = '코로나 바이러스 태블릿 PC, 설진욱, 가나다라'
```

Komoran은 외부 텍스트 파일을 이용하여 사용자 정의 단어를 만들 수 있습니다. 예를 들어, '설진욱'은 딕셔너리에 등록된 단어가 아닙니다. 이 단어를 인식할 수 있도록 하려면 '사용자 정의 단어'를 파일 형식으로 만들어서 사용하면 됩니다. 하단의 user_dic.txt 파일이 사용자 정의 딕셔너리입니다. 각 단어를 명시하고, 탭키를 누른 다음 NNP를 작성해 두면 됩니다. 품사 태깅 표에 의하면 NNP는 고유 명사를 의미합니다.

사용자 정의 딕셔너리를 다음과 같이 정의하고, 코딩을 진행하면 됩니다. 필요한 단어는 사용자 정의 딕셔너리에 추가하면 됩니다.

● user_dic.txt 파일의 내용

```
가나다라  NNP
코로나 바이러스      NNP
설진욱      NNP
```

code: konlpy_test.py

```
01   from konlpy.tag import Komoran
02
03   sentence = '코로나 바이러스 태블릿 PC, 설진욱, 가나다라'
04   print('# before user dic')
05   komo = Komoran()
06   print(komo.pos(sentence))
07   print('-'*20)
08
09   komo = Komoran(userdic='user_dic.txt')
10   print('# after user dic')
11   print(komo.pos(sentence))
12   print('-'*20)
13
14   print('# komo.nouns')
15   result = komo.nouns(sentence)
16   print(result)
17   print('-'*20)
18
19   print('# komo.morphs')
20   result = komo.morphs(sentence)
21   print(result)
```

```
📋 실행 결과
# before user dic
[('코로나', 'NNP'), ('바이러스', 'NNP'), ('태블릿 PC', 'NNP'), (',', 'SP'), ('
설', 'NNB'), ('진', 'NNP'), ('욱', 'NA'), (',', 'SP'), ('가나', 'NNP'), ('다
라', 'NNP')]
--------------------
# after user dic
[('코로나 바이러스', 'NNP'), ('태블릿 PC', 'NNP'), (',', 'SP'), ('설진욱',
'NNP'), (',', 'SP'), ('가나다라', 'NNP')]
--------------------
# komo.nouns
['코로나 바이러스', '태블릿 PC', '설진욱', '가나다라']
--------------------
# komo.morphs
['코로나 바이러스', '태블릿 PC', ',', '설진욱', ',', '가나다라']
```

05~06번째 줄에서 Komoran() 클래스를 이용하여 komo 객체를 생성하고, pos() 함수를 사용하고 있습니다. 실행 결과는 '형태소'와 '품사'를 튜플 형식으로 가지는 자료 구조입니다. 품사에 대한 세부 내용은 앞에서 말한 '한국어 품사 태그 비교표' 사이트[11]를 참조하면 됩니다. 09~12번째 줄에서는 사용자 정의 딕셔너리를 이용합니다. 딕셔너리는 메모장 등으로 미리 구현해 두면 됩니다. 생성한 텍스트 파일은 userdic 매개변수를 이용하여 사용자 정의 딕셔너리로 등록할 수 있습니다. 이전 실행 결과와 다르게 '코로나 바이러스', '설진욱', '가나다라'라는 단어들은 사용자 정의 딕셔너리에 등록이 되어 있으므로 명사로 출력되고 있습니다. 14~17번째 줄에서 nouns 함수를 이용하여 명사만 추출합니다. 19~22번째 줄에서 morphs 함수를 이용하여 형태소만 추출합니다.

---

11) https://docs.google.com/spreadsheets/d/1OGAjUvalBuX-oZvZ_-9tEfYD2gQe7hTGsgUpiiBSXI8/edit#gid=0

요점정리

- **텍스트 마이닝**이란 용량이 큰 텍스트 데이터를 의미 있는 데이터로 추출하고 분해하고 정제하는 작업을 의미합니다.
- **형태소**란 더 이상 분리를 할 수 없는 의미를 갖는 최소 단어를 의미합니다.
- **품사 태깅**이란 형태소의 뜻과 문맥을 고려하여 그것으로 품사를 구분 짓는 일을 의미합니다.
- **KoNLPy 분석기**는 한글과 관련된 형태소 분석과 품사 태킹을 위하여 가장 많이 사용되는 분석기입니다.
- KoNLPy에는 **한나눔, 꼬꼬마, Komoran, 트위터(Okt)** 등의 형태소 분석기 클래스가 포함되어 있습니다.

연습문제

01 애국가(가사).txt 파일을 이용하여 아래 그림과 같이 워드 클라우드를 그려보세요.

02 박근혜대통령취임사_2013.txt 파일을 이용하여 다음과 같이 워드 클라우드와 막대 그래프를 그려보세요. 단, '국민'이라는 단어는 불용어로 처리하도록 하세요.

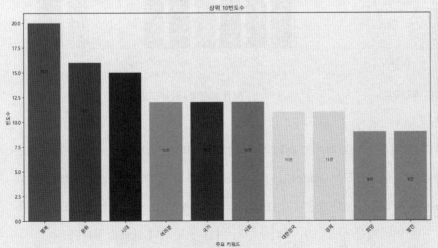

6.3 프로젝트 : 대통령 취임사를 워드 클라우드로 시각화하기

대통령 연설문(문재인대통령신년사.txt 파일)을 사용하여 언급된 단어들의 출현 빈도
에 대하여 분석해보겠습니다.

> ● **처리할 내용**
>
> • 형태소 분석 결과 중에서 언급된 빈도수가 1 이상이고, 2글자 이상으로 구성된 명사들만 추출합니다.
> • 텍스트들을 1줄 단위로 출력합니다.
> • 상위 10개(개수는 임의의 수)만 막대 그래프로 그려 봅니다.
> • 워드 클라우드로 시각화를 수행합니다.
> • 불용어는 별도의 텍스트 파일을 이용하여 처리합니다.

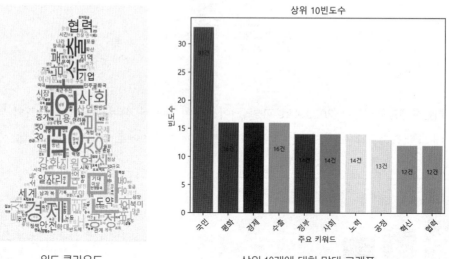

워드 클라우드   상위 10개에 대한 막대 그래프

자연어 처리를 위한 nltk 라이브러리와 시각화를 위한 맷플롯립, 워드 클라우드,
konlpy 관련 모듈들을 모두 import합니다. 그리고 한글 형태소에 대한 분석을 위하
여 Komoran 클래스를 사용하겠습니다. ImageColorGenerator 클래스는 워드 클라우
드 형태를 기존 이미지를 사용하여 처리해주기 위한 유틸리티 클래스입니다.

code: presidentFrequency.py

```
02    import nltk
03    import matplotlib.pyplot as plt
04    import numpy as np
05
06    from wordcloud import WordCloud
07    from PIL import Image
08    from konlpy.tag import Komoran
09    from wordcloud import ImageColorGenerator
10
11    plt.rc('font', family='Malgun Gothic')
```

가장 먼저 시각화를 처리해주는 Visualization 클래스를 정의하겠습니다. Visualization 클래스에 정의된 생성자와 함수들이 각각 맡은 역할은 다음과 같습니다.

항목	설명
생성자	wordlist 변수(워드 클라우드를 그리기 위한 리스트)
makeWordCloud()	• 워드 클라우드를 그려주는 함수입니다. • 'myWordCloud.png'라는 이름으로 이미지를 저장합니다.
makeBarChart()	• 상위 Top10을 이용하여 막대 그래프를 그려줍니다. • 'myBarChart.png'라는 이름으로 이미지를 저장합니다.

가장 먼저 생성자를 정의합니다. 매개변수 wordList를 입력받아 내부 변수에 저장하고, 워드 클라우드에 사용하기 위하여 별도의 사전 변수 wordDict에 대입하도록 합니다.

```
13    class Visualization:
14        def __init__(self, wordList):
15            self.wordList = wordList
16            self.wordDict = dict(wordList)  # list를 사전으로 변경
```

makeWordCloud(self) 함수는 워드 클라우드를 그려주는 함수로서 그리는 과정은
다음과 같습니다.

```
19        def makeWordCloud(self):  # 워드 클라우드
20            alice_color_file = 'alice_color.png'
21            # alice_color_file = 'slice_pizza.jpg'
22            alice_coloring = np.array(Image.open(alice_color_file))
23
24            fontpath = 'malgun.ttf'
25            wordcloud = WordCloud(font_path=fontpath, mask=alice_coloring, \
26                                  relative_scaling=0.2, background_color='lightyellow')
27            print(self.wordDict)
28            wordcloud = wordcloud.generate_from_frequencies(self.wordDict)
29
30            image_colors = ImageColorGenerator(alice_coloring)
31
32            # newwc = wordcloud.recolor(color_func=image_colors, random_state=42)
```

```
33
34          plt.imshow(wordcloud)
35          plt.axis('off')
36
37          filename = 'myWordCloud.png'
38          plt.savefig(filename, dpi=400, bbox_inches='tight')
39          print(filename + ' 파일이 저장되었습니다.')
40          plt.figure(figsize=(16, 8))
41          # plt.show()
42      # end def makeWordCloud(wordlist)
```

makeBarChart(self) 함수는 막대 그래프를 그려주는 함수로서 그리는 과정은 다음
과 같습니다.

```
44      def makeBarChart(self):  # 막대 그래프 그리기
45          barcount = 10   # 막대 개수 : 10개만 그리겠다.
46          xlow, xhigh = - 0.5, barcount - 0.5
47
48          result = self.wordList[:barcount]
49          chartdata = []  # 차트 수치
50          xdata = []  # 글씨
51          mycolor = ['r', 'g', 'b', 'y', 'm', 'c', '#FFF0F0', '#CCFFBB',
    '#05CCFF', '#11CCFF']
```

```
52
53          for idx in range(len(result)):
54              chartdata.append(result[idx][1])
55              xdata.append(result[idx][0])
56
57              value = str(chartdata[idx]) + '건'  # 예시 : 60건
58              # 그래프의 위에 "건수" 표시
59              plt.text(x=idx, y=chartdata[idx] - 5, s=value, fontsize=8,
        horizontalalignment='center')
60
61          plt.xticks(range(barcount), xdata, rotation=45)
62          plt.bar(range(barcount), chartdata, align='center',
        color=mycolor)
63
64          plt.title('상위 ' + str(barcount) + '빈도수')
65          plt.xlim([xlow, xhigh])
66          plt.xlabel('주요 키워드')
67          plt.ylabel('빈도수')
68
69          filename = 'myBarChart.png'
70          plt.savefig(filename, dpi=400, bbox_inches='tight')
71          print(filename + ' 파일이 저장되었습니다.')
72          # plt.show()
73      # end def makeBarChart(wordlist):
74  # end class Visualization
```

대통령의 신년사 파일을 읽어 와서 명사들만 추출합니다. 이때 정의한 사용자 정의 단어 파일을 같이 사용합니다.

```
76   filename = '문재인대통령신년사.txt'
77   ko_con_text = open(filename, encoding='utf-8').read()
78   print(type(ko_con_text)) # str
79   print('-' * 40)
80
81   # print(ko_con_text)
82   # print('-' * 40)
83
84   komo = Komoran(userdic='user_dic.txt')
85
86   tokens_ko = komo.nouns(ko_con_text)
```

불용어 목록을 저장하고 있는 파일 'stopword.txt'을 이용하여 불용어들을 제거합
니다. nltk 라이브러리를 이용하여, 튜플(단어, 빈도수) 형태의 리스트 데이터를 만
듭니다. 변수 data에는 빈도수 상위 500개의 데이터 정보가 들어 있습니다. most_
common() 함수에 적절한 숫자를 입력하고 튜닝하면 됩니다.

```
90    stop_word_file = 'stopword.txt'
91    stop_file = open(stop_word_file, 'rt', encoding='utf-8')
92    stop_words = [ word.strip() for word in stop_file.readlines()]
...   ...
96    tokens_ko = [each_word for each_word in tokens_ko if each_word not in
      stop_words]
...   ...
101   ko = nltk.Text(tokens=tokens_ko)
102
103   print(type(ko)) # <class 'nltk.text.Text'>
104   print(type(ko.vocab())) # <class 'nltk.probability.FreqDist'>
105   print(type(ko.vocab().most_common(50))) # <class 'list'>
...   ...
110   data = ko.vocab().most_common(500)
```

언급된 단어의 빈도 수가 1개 이상이고, 단어의 길이가 2자리 이상인 항목들만 추려 내려고 합니다. 어디까지나 이건 개인적인 기준입니다. 여러분은 많은 명사가 있다고 가정하고 빈도수와 단어의 길이를 적절히 조정하여 사용해 보셔야 합니다.

for 문을 이용하여 데이터를 정리한 다음, Visualization(wordlist) 클래스에 대한 객체 visual을 생성합니다. 이 객체를 이용하여 워드 클라우드 그리기 함수인 makeWordCloud()와 막대 그래프 그리기 함수인 makeBarChart() 함수를 호출하여 데이터를 처리합니다.

```
112  wordlist = list() # 튜플(단어, 빈도수)을 저장할 리스트
113
114  for word, count in data :
115      # count는 빈도수를 의미하고, len(word)는 단어의 길이를 의미합니다.
116      if (count >= 1 and len(word) >= 2) :
117          wordlist.append((word, count))
118
119  print(wordlist)
120  visual = Visualization(wordlist)
121  visual.makeWordCloud()
122  visual.makeBarChart()
```

CHAPTER 7

데이터의 유형에 따른
데이터 분석

CHAPTER 7 데이터의 유형에 따른 데이터 분석

일반적으로 데이터는 정형화 정도에 따라서 크게 3가지로 구분이 됩니다. 정형 데이터는 고정된 필드에 저장된 데이터, 반정형 데이터는 태그를 포함하는 웹 문서 형태를 띱니다. 비정형 데이터는 고정된 필드에 저장된 데이터 형태를 보입니다. 이번 장에서는 정형 데이터 형식인 데이터베이스의 테이블을 다뤄 봅니다. 그리고 반정형 데이터 형식인 xml, json에 대해 살펴보겠습니다.

7.1 데이터베이스에 저장된 정형 데이터 분석

오라클 데이터베이스를 사용하여 테이블을 생성하고, 이 데이터들을 사용하여 데이터들을 시각화해보겠습니다. 이 과정에서 기본적인 SQL에 대한 이해도가 있다는 전제하에서 진행하도록 하겠습니다. SQL에 대한 지식이 부족하다고 판단되는 독자분들은 다른 책을 통해 SQL 구문을 별도로 숙지하고 진행하길 바랍니다.

7.1.1 정형&반정형&비정형 데이터 개요

데이터베이스를 다루기 전에 데이터는 다음과 같이 정형/반정형/비정형으로 분류할 수 있습니다. 이전에 스프레드시트인 CSV 파일은 이미 다루어 보았습니다. 그리고 비정형 데이터는 '6장 자연어 처리'에서 이미 살펴보았습니다.

항목	설명
정형	RDB(오라클, mysql, mariadb), 스프레드시트 등
반정형	xml, html, json 등
비정형	소셜 데이터, 문서(워드, 한글), 이미지, 오디오, 비디오 등

7.1.2 오라클을 이용한 정형 데이터 분석

정형 데이터인 데이터베이스 중에서 오라클을 이용하도록 하겠습니다. 실습에 사용할 데이터는 전 세계 지역별 테러 데이터 정보를 가지고 있는 CSV 파일입니다. 이 파일을 벌크 로딩(bulk-loading)이라는 기법을 사용하여 데이터베이스의 테이블에 데이터를 추가할 예정입니다. 이를 토대로 다양한 시각화 작업을 수행해보겠습니다.

◖◯ 구현하고자 하는 내용

- 테러 데이터를 벌크 로딩
- 각각 상황에 맞는 SQL 구문 작성
- 테이블에 대한 시각화 작업

Oracle 접속 테스트

파이썬에서 오라클 데이터베이스에 접속하려면 다음과 같이 작업을 수행하면 됩니다. 우리는 오라클 설치 경로를 C:\oraclexe\라고 가정하고 시작하도록 하겠습니다.

◖◯ 테스트 절차

Step01. cx-Oracle를 우선 설치합니다.
Step02. instant-client를 설치합니다.
Step03. 환경 변수를 설정합니다.
Step04. 접속 테스트를 수행합니다.

Step 01　　pip 프로그램을 이용하여 cx-Oracle를 설치합니다.

● 오라클 관련 라이브러리 설치 명령어

```
pip install cx-Oracle
```

Step 02　　아래 사이트에서 instant-client를 다운로드받아 압축을 해제합니다.

https://www.oracle.com/database/technologies/instant-client/downloads.html

압축 해제된 파일을 C:\oraclexe\ 폴더에 모두 복사합니다.

Step 03　　환경 변수를 설정합니다.

cmd 창에서 sysdm.cpl을 입력하여 시스템 속성 창을 띄웁니다.

항목 설정 시 **cx-Oracle** 관련 종속 파일을 먼저 찾을 수 있도록, `instantclient` 경로를 먼저 명시하도록 합니다. 이후 오라클 경로를 바로 뒤에 명시하도록 합니다.

Step 04　　다음 코드를 작성하고 오라클 접속 테스트를 수행합니다. 코드에 대해서는 나중에 설명하겠습니다.

code: oracleConnTest.py

```python
01  import cx_Oracle
02
03  conn = None   # 접속 객체
04  cur = None   # 커서 객체
05
06  try :
07      #              아이디/비번@hostname:port_number/sid
08      loginfo = 'oraman/oracle@localhost:1521/xe'
09      conn = cx_Oracle.connect(loginfo)
10      print(type(conn))
11
12      cur = conn.cursor()
13      print(type(cur))
14
15      sql = 'select power(2, 10) from dual'
16      cur.execute(sql)
17
18      for item in cur :
19          print(item)
20
21  except Exception as err :
22      print(err)
23
24  finally :
25      if cur != None :
26          cur.close()
27
28      if conn != None :
29          conn.close()
```

📋 실행 결과

```
<class 'cx_Oracle.Connection'>
<class 'cx_Oracle.Cursor'>
(1024,)
```

간단하게 오라클 테스트를 수행해 보았습니다. 이제 세부적인 코드를 살펴보겠습니다. 01번째 줄에서 오라클을 사용하기 위하여 cx_Oracle 라이브러리를 import하고 있습니다. 가장 먼저 해야 할 일은 데이터베이스 접속을 위한 conn 객체를 구해야 합니다. 09번째 줄이 여기에 해당하는 데 connect() 함수에 로그인 정보를 입력해 주어야 합니다. 로그인 정보는 loginfo 변수에 정의되어 있습니다. '사용자아이디/사용자비밀번호@컴퓨터이름:포트번호/DB이름'의 형식으로 작성하여야 합니다.

다음은 이번 실습에 사용한 로그인 정보입니다.

항목	설명
사용자 ID	실습 사용자의 아이디를 입력합니다.
사용자 비밀번호	실습 사용자의 비밀번호를 입력합니다.
컴퓨터 이름	개인 PC에 설치하였으므로 'localhost'라고 명시하면 됩니다.
포트 번호	오라클은 기본값으로 '1521'번을 사용합니다.
DB이름	오라클 expression edition을 설치하였으므로, 'xe'가 됩니다.

커서(Cursor)란 SQL 구문을 실행시키는 실행자 역할을 합니다. 12번째 줄에서 커서 객체를 구하고 있습니다. 구해진 cur 변수의 execute(sql) 함수를 사용하여 SQL 구문을 실행할 수 있습니다. 예제에서 사용한 sql = 'select power(2, 10) from dual' 구문은 2의 10승, 즉 1,024를 구하기 위한 구문입니다. 최종 결과물은 파이썬의 튜플 형식으로 반환이 됩니다. (1024,) 즉 2의 10승은 1,024라는 의미입니다. 중간에 예외가 발생할 것을 대비하여 try… except 구문으로 처리합니다. finally 절에서는 이전에 사용했던 커서 객체와 접속 객체를 닫아 주는 작업을 수행합니다.

벌크 로딩(csv --> table)

벌크(bulk)의 사전적 의미는 '매우', '큰' 같은 의미를 담고 있는 단어이고, '벌크 로딩'
은 많은 양의 데이터를 읽어 들인다는 의미입니다. `sqlldr`이라는 오라클에서 제공하
는 유틸리티를 사용하면 많은 양의 데이터를 저장하고 있는 엑셀 파일에 대하여 이용
하여 벌크 로딩을 수행할 수 있습니다.

일반적으로 벌크 로딩은 다음과 같이 3가지 작업을 수행해야 합니다.

파일/테이블 이름	설명
`myterror.csv`	테러에 대한 정보를 담고 있는 엑셀 파일입니다.
`myterror.ctl`	엑셀 파일을 어떤 방식으로 테이블에 넣을 것인가를 명시해 둔 관리 장부 파일입니다.
`myterror` 테이블	테러 정보들을 저장할 테이블 이름입니다.

`myterror_table.txt`, `myterror.ctl`, `myterror.csv`을 이용해 실습을 진행하기 전에
우선 테러 관련 파일인 `myterror.csv` 파일을 먼저 살펴보겠습니다. 다음은 테러 데
이터 파일의 일부를 출력한 것입니다. 발생일(연월일)과 국가 및 지역의 이름, 그리고
위도와 경도의 정보가 출력되고 있습니다. 총 57,197행*12열로 구성되어 있습니다.

\# 테러 데이터 파일의 일부 내용

eventid	iyear	imonth	iday	country	country_txt	region	region_txt	provstate	city	latitude	longitude
2.01301E+11	2013	1	1	153	Pakistan	6	South Asia	Khyber	Bannu	32.988889	70.605556
2.01301E+11	2013	1	1	95	Iraq	10	Middle East	Saladin	Tuz Khormato	34.886283	44.629025
2.01301E+11	2013	1	1	95	Iraq	10		Saladin	Tuz Khormato	34.886283	44.629025
2.01301E+11	2013	1	1	95	Iraq	10	Middle East	Kirkuk	Kirkuk	35.471855	44.391518
2.01301E+11	2013	1	1	153	Pakistan	6	South Asia	Sindh	Karachi	24.949833	66.966097
2.01301E+11	2013	1	1	153	Pakistan	6	South Asia	Sindh	Karachi	24.871216	67.338419
2.01301E+11	2013	1	1	153	Pakistan	6	South Asia	Balochistan	Besima	27.909573	65.87397

가장 먼저 컨트롤 파일을 작성합니다. 컨트롤 파일[1]이란 **sqlldr**을 사용하고자 할 때 데이터베이스의 테이블에 어떻게 데이터를 추가할 것인가를 명시해 놓은 일종의 작업 내역 리스트를 적어둔 파일이라고 이해하면 됩니다. 확장자가 **ctl**이라고 해서 특수한 형태의 파일은 아니고, 단순 텍스트 파일이므로 메모장에서 작성이 가능합니다.

아래의 컨트롤 파일을 다음과 같이 해석됩니다. 'myterror.csv'라는 CSV 파일을 콤마로 구분하여 myterror 테이블에 벌크 로딩해 주세요.

◦● 이름) myterror.ctl

```
load data
infile 'myterror.csv'
insert into table myterror
fields terminated by ','
trailing nullcols(
   eventid, iyear, imonth, iday, country, country_txt, region, region_txt,
   provstate, city, latitude, longitude
)
```

---

1) 컨트롤 파일에 대한 세부적인 내용은 오라클 관련 도서를 참조하세요.

다음은 실습용 테이블을 생성합니다. sql developer나 sql 사용을 위한 command 창
에서 다음과 같이 테이블을 생성하도록 합니다.

● 테이블 생성하기

```
create table myterror(
  eventid number,
  iyear number,
  imonth number,
  iday number,
  country number,
  country_txt varchar2(255),
  region number,
  region_txt varchar2(255),
  provstate varchar2(255),
  city varchar2(255),
  latitude number,
  longitude number
);
```

마지막으로 sqlldr 유틸리티를 사용하여 벌크 로딩을 수행하면 됩니다. 내 컴퓨터를
사용하여 'temp'라는 임시용 폴더를 하나 생성합니다. 그리고 오라클 설치 경로를 확
인하고, cmd 창을 오픈하고, 다음과 같이 실행합니다.

● 벌크 로딩 실행하기

```
c:
cd \temp
# 방법) 오라클설치경로\sqlldr.exe userid=사용자아이디/사용자비밀번호 control=컨트롤파
일 이름.ctl
C:\oraclexe\app\oracle\product\11.2.0\server\bin\sqlldr.exe
userid=oraman/oracle control=myterror.ctl
```

그러면 다음과 같이 SQL*Loader가 실행되고 있음을 알리며, 진행됩니다.

```
SQL*Loader: Release 11.2.0.2.0 - Production on 화 3월 2 15:17:51 2021

Copyright (c) 1982, 2009, Oracle and/or its affiliates.  All rights
reserved.

Commit point reached - logical record count 64
Commit point reached - logical record count 128
... (중략)
Commit point reached - logical record count 57166
Commit point reached - logical record count 57197
```

마지막으로 데이터베이스에 다음 문장을 실행하면, 57,196개의 행이 조회되어야 합니다.

● 데이터 결과 확인하기

```
-- 추가된 행의 수를 다음 문장으로 확인합니다.
select count(*) from myterror ;

-- 결과 : 57196
```

범죄 빈도 상위 Top 10 국가(막대 그래프)

범죄 빈도수가 많은 Top 10 국가에 대한 데이터를 생성하기 위하여 다음 sql 구문을
실습합니다. 국가별 테러 발생 건수를 구한 다음 상위 10개만 생성합니다.

● Top 10 국가를 위한 테이블 생성

```
create table country_summary as
select country_txt, count(*) as cnt  from myterror
group by country_txt  order by cnt desc ;


select * from country_summary ;


create table country_summary_top_10 as
select country_txt, cnt
from (
  select country_txt, cnt, rank() over(order by cnt desc) as ranking
  from country_summary
)
where ranking between 1 and 10 ;


select * from country_summary_top_10 ;
```

\# select * from country_summary_top_10 ;

COUNTRY_TXT	CNT
Iraq	12875
Afghanistan	6804
Pakistan	6461
India	3456
Philippines	2600
Yemen	2364
Nigeria	2226
Somalia	2194
Libya	1978
Egypt	1609

그러면 테이블 country_summary_top_10을 이용하여 막대 그래프를 그려보도록 합
니다.

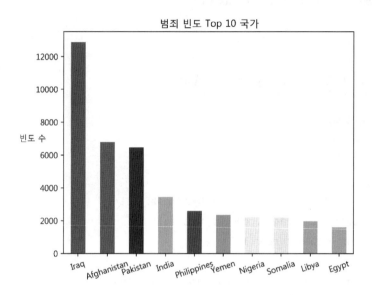

실제 그래프를 그리기 위하여 숫자형 데이터를 data 리스트에 추가합니다. 축에 놓일
국가 이름은 리스트 country에 추가하도록 합니다. 차트를 그릴 데이터를 Series()
로 만듭니다. 그래프는 'oracleChart01.png'이라는 파일 이름으로 하드 디스크에
저장하도록 합니다. pd.read_sql() 함수를 사용하면, 데이터베이스에 직접 접속하여
데이터프레임으로 반환 받을 수 있습니다. read_sql(sql_문장, 접속_객체)의 형식
으로 사용하면 됩니다. 마지막으로 finally 절에서는 이전에 사용했던 커서 객체와
접속 객체를 닫아 주는 작업을 수행합니다.

code: oracleTest01.py

```
01  import cx_Oracle
02  import matplotlib.pyplot as plt
03
04  from pandas import Series
05
06  plt.rc('font', family='Malgun Gothic')
07
08  conn = None
09  cur = None
10
11  try :
12      loginfo = 'oraman/oracle@localhost:1521/xe'
13      conn = cx_Oracle.connect(loginfo)
14      cur = conn.cursor()
15
16      sql = 'select * from country_summary_top_10'
17      cur.execute(sql)
18
19      data = [] # 숫자형 데이터를 저장할 리스트
20      country = [] # 축에 놓일 국가 이름
21
22      for result in cur:
23          data.append(result[1])
24          country.append(result[0])
25
26      mycolor = ['r', 'g', 'b', 'y', 'm', 'c', '#FFF0F0', '#CCFFBB',
    '#05CCFF', '#11CCFF']
27
28      chartData = Series(data, index=country)
29      chartData.plot(kind='bar', rot=18, grid=False, title='범죄 빈도 Top
    10 국가', color=mycolor, alpha=0.7)
30
```

```
31          plt.ylabel('빈도 수', rotation=0)
32
33          filename = 'oracleChart01.png'
34          plt.savefig(filename, dpi=400, bbox_inches='tight')
35          print(filename + ' 파일이 저장되었습니다.')
36
37          plt.show()
38
39          import pandas as pd
40          myframe = pd.read_sql(sql, conn, index_col='COUNTRY_TXT')
41          print(type(myframe))
42          print(myframe)
43
44     except Exception as err :
45          print(err)
46
47     finally :
48          if cur != None :
49              cur.close()
50
51          if conn != None :
52              conn.close()
53
54     print('finished')
```

3개국에 대한 막대 그래프

2013년부터 2016년까지의 3개국('Iraq', 'Pakistan', 'Afghanistan')에 대한 정
보를 이용하여 막대 그래프를 그려보는 예제입니다. 우선 다음과 같이 데이터를 준
비합니다.

● 3개국을 위한 데이터 준비

```
create or replace view three_country
as
select country_txt, iyear, count(*) as cnt
from myterror
where country_txt in('Iraq', 'Pakistan', 'Afghanistan')
group by country_txt, iyear
order by country_txt desc, iyear asc ;


select * from three_country ;
```

select * from three_country ;

COUNTRY_TXT	IYEAR
Pakistan	2013
Pakistan	2014
Pakistan	2015
Pakistan	2016
Iraq	2013
Iraq	2014
Iraq	2015
Iraq	2016
Afghanistan	2013
Afghanistan	2014
Afghanistan	2015
Afghanistan	2016

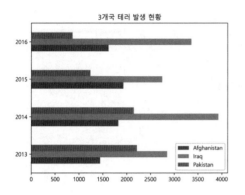
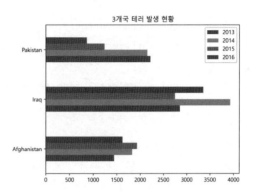

반복문을 사용하여 국가의 이름은 name 변수, 테러 발생 연도는 year 변수, 테러 발생 빈도는 bindo 변수에 각각 데이터를 저장합니다. 발생 빈도 수를 Series()로 변형합니다. 3개국 테러 발생 현황을 '국가별/연도별', 그리고 '연도별/국가별' 형식으로 각각 데이터프레임을 만들어서 가로 막대 그래프를 만듭니다. 각각 'oracleChart02_01.png' 파일과 'oracleChart02_02.png' 파일로 저장합니다.

code: oracleTest02.py

```
01  import cx_Oracle
02  import matplotlib.pyplot as plt
03  from pandas import Series
04
05  plt.rc('font', family='Malgun Gothic')
06
07  conn = None  # 접속 객체
08  cur = None  # 커서 객체
09
10  try:
11      loginfo = 'oraman/oracle@localhost:1521/xe'
12      conn = cx_Oracle.connect(loginfo)
13      # print(type(conn))
14
```

```
15      cur = conn.cursor()
16      # print(type(cur))
17
18      sql = 'select * from three_country'
19      cur.execute(sql)
20
21      name = []   # 국가 이름
22      year = []   # 테러 발생 년도
23      bindo = []   # 테러 발생 빈도
24
25      for result in cur:
26          name.append(result[0])
27          year.append(result[1])
28          bindo.append(result[2])
29
30      myseries = Series(bindo, index=[name, year])
31      print(myseries)
32
33      for idx in range(0, 2):
34          myframe = myseries.unstack(idx)
35          print(myframe)
36          myframe.plot(kind='barh', rot = 0)
37          plt.title('3개국 테러 발생 현황')
38
39          filename = 'oracleChart02_0' + str(idx+1) + '.png'
40          plt.savefig(filename, dpi=400, bbox_inches='tight')
41          print(filename + ' 파일이 저장되었습니다.')
42
43          plt.show()
44
45  except Exception as err:
46      print(err)
47
```

```
48   finally:
49       if cur != None:
50           cur.close()
51
52       if conn != None:
53           conn.close()
54
55   print('finished')
```

요점정리

- 일반적으로 데이터는 정형화 정도에 따라서 **정형**, **비정형**, **반정형** 데이터로 구분이 됩니다.
- 벌크 로딩을 위해서 필요한 3가지 요소는 **(외부 파일)**, **(컨트롤 파일)**, **(테이블)**이 존재해야 합니다.
- sqlldr은 오라클에서 제공하는 벌크 로딩을 위한 유틸리티입니다.

연습문제

01 다음 표는 데이터의 유형에 대한 요약 표입니다. 빈칸에 적절한 용어를 채워 넣으세요.

항목	설명
( )	RDB(오라클, mysql, mariadb), 스프레드시트 등
( )	xml, html, json 등
( )	소셜 데이터, 문서(워드, 한글), 이미지, 오디오, 비디오 등

02 다음 SQL 문장은 분기별 테러 빈도 수를 위한 테이블 생성 구문입니다. bungitable 테이블을 사용하여 Pie Chart를 그리는 프로그램을 작성해 보세요.

● 분기 테이블 생성하기

```sql
-- 분기별 국가 집계
create table bungi
as
select
case imonth
    when 1 then '일사분기'
    when 2 then '일사분기'
    when 3 then '일사분기'
    when 4 then '이사분기'
    when 5 then '이사분기'
    when 6 then '이사분기'
    when 7 then '삼사분기'
    when 8 then '삼사분기'
    when 9 then '삼사분기'
    when 10 then '사사분기'
    when 11 then '사사분기'
    when 12 then '사사분기'
end as result
from myterror ;

select * from bungi ;
select distinct result from bungi ;

create table bungitable
as
select result as bungi, count(*) as mycount, 0 as ordering
from bungi
group by result ;

update bungitable set ordering=1 where bungi='일사분기' ;
update bungitable set ordering=2 where bungi='이사분기' ;
update bungitable set ordering=3 where bungi='삼사분기' ;
```

```
update bungitable set ordering=4 where bungi='사사분기' ;

commit ;

select bungi, mycount from bungitable order by ordering ;
```

select bungi, mycount from bungitable order by ordering ;

BUNGI	MYCOUNT
일사분기	14023
이사분기	14781
삼사분기	14458
사사분기	13934

분기별 범죄 빈도

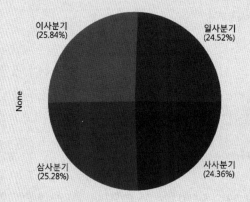

03 지역별 범죄 발생 빈도에서 상위 5~8위까지의 데이터와 아래의 SQL 구문을 사용
하여 수평 막대 그래프와 파이 그래프를 그려보세요.

● 테이블 만들기

```
create table region_summary
as
select region_txt, count(*) as cnt
from myterror
group by region_txt
order by cnt desc ;

-- 랭킹 5위부터 8위까지 조회하기
create table region_summary_ranking
as
select region_txt, cnt
from (
    select region_txt, cnt, rank() over(order by cnt desc) as ranking
    from region_summary
)
where ranking between 5 and 8 ;

select * from region_summary_ranking ;
```

select * from region_summary_ranking ;

REGION.TXT	CNT
Eastern Europe	1946
Western Europe	1073
South America	769
North America	201

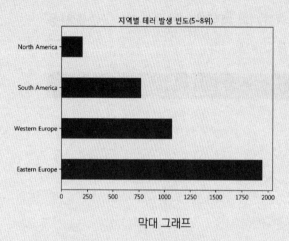

막대 그래프

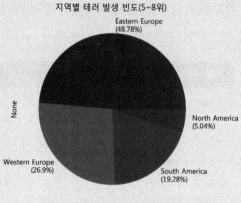

파이 그래프

7.2 XML 문서로 저장된 반정형 데이터 분석

XML 문서는 클라이언트와 서버가 통신할 때 요청/응답 시의 자료로 많이 사용되고 있는 데이터 구조입니다. XML 문서는 구조적인 형식으로 자료를 저장할 수 있습니다. 그리고 이 문서들을 이용하여 분석이나 다른 분야에 응용하여 재사용할 수 있습니다.

7.2.1 파이썬과 XML

파이썬에서 XML 데이터를 다룰 때 `ElementTree` 라이브러리를 많이 사용합니다. 이 라이브러리는 Tkinter으로 유명한 프레드릭 런트(Fredrik Lundh)가 만든 XML 제너레이터 & 파서입니다.

XML 개요

다음과 같은 데이터를 살펴봅시다. 한 사람의 정보를 이름과 나이와 주소지 정보로 표현하고 있습니다. 이때 <human>으로 시작하는 항목은 엘리먼트(Element)라고 합니다. 당연한 이야기지만 이름과 나이와 주소지도 동일하게 엘리먼트라고 부릅니다. 상하위 개념으로 보았을 때 하위 엘리먼트라고 하는 것입니다. 엘리먼트에 대한 부가 설명은 속성이라는 것을 사용합니다. 예제에서 생일을 의미하는 `birth`가 바로 속성입니다.

```
<human birth="19701225">          <엘리먼트 속성="19701225">
    <name>홍길동</name>              <하위엘리먼트>홍길동</하위엘리먼트>
    <age>30</age>                   <age>30</age>
    <address>용산구 도원동</address>    <address>용산구 도원동</address>
</human>                           </엘리먼트>
```

XML 문서를 만드는 규칙은 다음과 같습니다. 완전히 숙지해야 하는 것은 아니지만 어떠한 규칙을 가졌는지는 확인해 볼 필요가 있습니다.

> ● **XML 문서 작성법**
>
> • 루트 엘리먼트(가장 바깥에 있는 엘리먼트)는 반드시 1개이어야 합니다.
> • 종료 엘리먼트에는 슬래시(/)를 붙이도록 합니다.
> • 내용이 비어 있는 엘리먼트의 경우 여는(open) 엘리먼트의 끝에 /를 붙여서 종료시킬 수 있습니다.
> • 대소문자를 구분합니다.
> • 엘리먼트의 중첩에 유의해야 합니다.

XML 문서 읽어 오기

다음과 같이 가족에 대한 정보를 담고 있는 xmlEx_03.xml 파일을 읽어와 엘리먼트의 값을 출력하는 프로그램을 작성하세요. 우리는 모든 가족의 이름을 출력하려고 합니다. 예를 들어 첫 번째 가족은 김정수, 이순자, 김철식입니다. 두 번째 가족은 심준식, 김미정, 심형준입니다.

> ● **xmlEx_03.xml 파일의 내용**

```xml
<?xml version="1.0" encoding="UTF-8"?>
<가족들 설명="김씨 가족">
    <가족>
        <아버지>
            <이름>김정수</이름>
            <나이>60</나이>
        </아버지>
        <어머니>
            <이름 정보="순악질">이순자</이름>
            <나이>55</나이>
            <blood>A형</blood>
        </어머니>
        <나 이름="김철식" 나이="30" />
```

```
    </가족>
    <가족>
        <아버지>
            <이름>심준식</이름>
            <나이>38</나이>
        </아버지>
        <어머니>
            <이름 정보="abcd">김미정</이름>
            <나이>35</나이>
            <blood>A형</blood>
        </어머니>
        <나 이름="심형준" 나이="3" />
    </가족>
</가족들>
```

실행 결과는 다음과 같습니다.

📄 실행 결과

```
김정수
이순자
김철식
----------------------------------------
심준식
김미정
심형준
```

실습하기 전에 XML 문서를 파싱(parsing)하는 방법을 알아보겠습니다. 파싱이란, 우리말로 구문 분석이라고 하며 문장을 성분으로 분해하고 그들 사이의 관계를 분석하는데 지장이 없는지를 파악하는 행위입니다. 이미 생성이 되어 있는 XML 문서를 파싱하고 검색하는 방법에는 다음과 같은 것들이 있습니다.

항목	설명	예시
parse	ElementTree에 들어 있는 XML 문서를 구문 분석해주는 함수입니다.	`tree = parse('xmlEx_03.xml')`
getroot()	최상위 엘리먼트를 구합니다.	`myroot = tree.getroot()`
속성값 읽기	get() 메소드는 attribute의 값을 읽어 들입니다.	`myroot.get("설명")`
	get() 메소드는 찾고자 하는 항목이 없을 때 기본값을 설정할 수 있습니다.	`myroot.get("foo", '미존재시기본값')`
	모든 attribute의 키 값을 list형식으로 반환합니다. 예) ['설명', '코멘트']	`myroot.keys()`
	모든 속성들에 대하여 (key, value)의 쌍을 가지는 튜플을 원소로 하는 list형식으로 반환합니다. 예) [('설명', '호호호'), ('코멘트', '여러 가족들')]	`myroot.items()`
태그 접근하기	findall는 일치하는 모든 태그를 리스트로 반환합니다.	`family1 = myroot.findall('가족')`
	findtext는 일치하는 1번째 태그의 텍스트 값을 반환합니다.	`family2 = myroot.findtext('가족')`
	find는 일치하는 1번째 태그를 리턴합니다.	`family = myroot.find('가족')`
	특정 태그의 모든 하위 엘리먼트를 순차적으로 처리하고자 할 때 사용합니다.	`childs = family.getiterator()`
	특정 태그의 직계 하위 엘리먼트를 순차적으로 처리하고자 할 때 사용합니다.	`childs = family.getchildren()`
text	텍스트의 값을 읽어 옵니다.	`item.text == '이순자'`
attrib	attribute의 값을 읽어 옵니다.	`item.attrib['정보']`

XML 문서를 이용한 코딩은 다음과 같습니다.

code: xmlEx_03_getName.py

```
01  from xml.etree.ElementTree import parse
02
03  tree = parse('xmlEx_03.xml')
04  myroot = tree.getroot()
05  print(type(myroot))
06  print('-' * 40)
07
08  families = myroot.findall('가족')
09  print(type(families))
10  print('-' * 40)
11
12  for onefamily in families :
13      for onesaram in onefamily :
14          if len(onesaram) >= 1 :  # 하위 태그가 하나라도 있으면
15              print(onesaram[0].text)
16          else :
17              print(onesaram.attrib['이름'])
18      print('-' * 40)
19
20  print('finished')
```

03번째 줄에서 문자열 'xmlEx_03.xml'에 대하여 구문 분석을 진행합니다. 최상위 엘리먼트인 <가족들> 엘리먼트를 구합니다. 08번째 줄에서 하위 엘리먼트인 '가족'은 findall() 함수를 이용하여 구합니다. 이 항목들은 파이썬의 list 항목으로 반환되는 데, 12~17번째 줄에서 for 문을 사용하여 확인합니다. <아버지>와 <어머니> 엘리먼트는 바로 아래의 엘리먼트가 <이름>이므로, if 문을 실행합니다. <나> 엘리먼트는 속성 형태로 이름이 존재하므로 else 구문을 실행합니다.

xml 파일과 데이터베이스

oraman 사용자의 shops 테이블에, xmlEx_04_total.xml의 모든 내용을 테이블에 저장하는 프로그램을 만들어보세요. 먼저 다음과 같이 테이블을 생성해야 합니다.

● **shops 테이블 만들기**

```
create table shops(
    aname1 varchar2(255),
    aname2 varchar2(255),
    aname3 varchar2(255),
    aname4 varchar2(255),
    aname5 varchar2(255),
    aname6 varchar2(255),
    aname7 varchar2(255),
    aname8 varchar2(255)
);
```

오라클과 xml을 사용하기 위하여 cx_Oracle, xml 라이브러리를 import합니다. 'xmlEx_04_total.xml' 파일을 읽어 들여서 최상위 엘리먼트를 myroot 객체 변수에 저장합니다.

code: oracleShops.py

```
01   import cx_Oracle
02
03   from xml.etree.ElementTree import parse
04
05   conn = None
06   cur = None
07
08   tree = parse('xmlEx_04_total.xml')
09   myroot = tree.getroot()
```

오라클 접속을 위한 계정 정보를 loginfo 변수에 저장합니다. xml 문서 내의 'item'
엘리먼트를 모두 찾아서 items 변수에 저장합니다. for 문과 SQL의 insert 구문을
이용하여 데이터를 모두 추가합니다. 작업이 완료되면 반드시 commit() 함수를 이용
하여 데이터베이스 커밋을 수행합니다. finally 구문에서 작업에 사용했던 모든 객
체들(cur, conn)을 닫고 프로그램을 종료합니다.

```
11   try :
12       loginfo = 'oraman/oracle@localhost:1521/xe'
13       conn = cx_Oracle.connect(loginfo, encoding='utf-8')
14       print(type(conn))
15
16       mycursor = conn.cursor()
17       print(type(mycursor))
18
19       items = myroot.findall('item')
20
21       for oneitem in items :
22           sql = " insert into shops"
23           sql += " values('"
24           sql += oneitem[0].text + "', '"
```

```
25          sql += oneitem[1].text + "', '"
26          sql += oneitem[2].text + "', '"
27          sql += oneitem[3].text + "', '"
28          sql += oneitem[4].text + "', '"
29          sql += oneitem[5].text + "', '"
30          sql += oneitem[6].text + "', '"
31          sql += oneitem[7].text + "' "
32          sql += " )"
33
34 #          print(sql)
35          mycursor.execute(sql)
36
37      conn.commit()
38  except Exception as err :
39      if conn != None :
40          conn.rollback()
41      print(err)
42
43  finally :
44      if cur != None :
45          cur.close()
46
47      if conn != None :
48          conn.close()
49
50  print('finished')
```

요점정리

- **XML 문서**는 클라이언트와 서버가 통신할 때 요청/응답 시의 자료로 많이 사용되고 있는 데이터 구조입니다.
- **ElementTree 라이브러리**는 XML 제너레이터 & 파서입니다.
- **파싱**이란, 우리 말로 구문 분석이라고 하며 문장을 성분으로 분해하고 그들 사이의 관계를 분석하는 데 지장이 없는지를 파악하는 행위입니다.

연습문제

01 XML 문서(mystudent.xml)의 내용을 읽어서 오라클 데이터베이스에 추가하는 프로그램을 작성해 보세요.

● xml 파일의 내용(mystudent.xml)

```xml
<?xml version="1.0" encoding="UTF-8"?>

<students>
    <student>
        <name>홍길동</name>
        <국어>50</국어>
        <영어>60</영어>
        <수학>70</수학>
    </student>
    <student>
        <name>김철수</name>
```

```
        <국어>55</국어>
        <영어>65</영어>
    <수학>75</수학>
    </student>
        <student>
        <name>박영희</name>
        <국어>60</국어>
        <영어>70</영어>
        <수학>80</수학>
    </student>
</students>
```

다음과 같이 먼저 테이블을 생성해야 합니다.

● 학생 테이블 만들기

```
create table students(
    name varchar2(255),
    kor number,
    eng number,
    math number,
    total number,
    average number
) ;
```

실제 데이터베이스에 들어간 데이터의 모습입니다.

students 테이블의 내용

name	kor	eng	math	total	average
홍길동	50	60	70	150	50
김철수	55	65	75	165	55
박영희	60	70	80	180	60

7.3 JSON 문서로 저장된 반정형 데이터 분석

JSON(JavaScript Object Notation)은 '키:값' 쌍으로 이루어진 데이터 오브젝트를 전달하기 위해 텍스트를 사용하는 기술입니다. 주로 XML 문서의 내용을 압축하기 위해 사용되며, JSON 문서는 클라이언트와 서버가 통신할 때 요청/응답 시의 비동기 통신(AJAX)을 위해 많이 사용되고 있는 데이터 구조입니다. JSON 문서를 구조적인 형식으로 자료를 저장해 둘 수 있습니다.

파이썬과 JSON

파이썬에서 JSON을 사용하려면 json 라이브러리를 import하면 됩니다.

● JSON 모듈 import

```
import json
```

JSON 개요

JSON의 공식 인터넷 미디어 타입은 application/json이며, JSON의 파일 확장자는 .json입니다. JSON의 특징은 다음과 같은 항목들이 있습니다.

● JSON의 특징

- 제이슨, 제이손 등으로 부르며, 기본적으로 자바스크립트 객체 리터럴입니다.
- 네트워크 상에서 데이터를 교환하거나 저장하기 위한 표기법입니다.
- 다른 프로그래밍 언어 간 데이터를 교환하기 위한 표기법입니다.
- XML에 대한 대안(alternative)이며 사용하기 쉽습니다.

다음은 2명에 대한 정보를 JSON으로 표현한 예제입니다.

```
● JSON 예제

[
    {
        "name": "제시카",
        "kor": "60.0",
        "eng": "70.0",
        "math": "80.0",
        "hello": "여러분 안녕~~",
        "gender": "F"
    },
    {
        "name": "강호민",
        "kor": "65.0",
        "eng": "75.0",
        "math": "85.0",
        "gender": "M"
    }
]
```

JSON 관련 함수

json.dumps() 함수

데이터를 읽어 들여 문자열(str) 형태로 반환합니다. json 형태의 자료는 파이썬의
dict 형태로 취급하면 됩니다.

항목	설명
사용 형식	json.dumps(data, indent = 4, sort_keys= True, ensure_ascii = False
data	덤핑할 데이터로서 파이썬의 딕셔너리 형식을 사용할 수 있습니다.
indent	들여쓰기할 간격을 설정합니다.
sort_keys	• True면 key를 이용하여 오름차순 정렬시켜 보여 줍니다(기본값 : False). • False면 정렬하지 않고, 순서대로 출력합니다.
ensure_ascii	False면 문장을 있는 그대로(as is) 보여 줍니다.

json.loads() 함수

데이터(문자열 자료)를 읽어 들여 딕셔너리 형태로 변환합니다.

항목	설명
사용 형식	json.loads(data, encoding)
data	문자열 형태의 데이터입니다.
encoding	인코딩 문자열을 지정합니다.

JSON 파일 읽어 오기

jumsu.json 파일에서 아래 데이터를 읽어 오는 프로그램을 작성해 보겠습니다. 읽어
올 데이터는 '이름, 국어, 영어, 수학, 총점, 성별, 메시지'입니다. 총점은 국어, 영어,
수학의 총합 점수를 의미합니다. 메시지는 'hello' 항목의 값을 의미합니다.

● jumsu.json 파일의 내용

```json
[
    {
        "name": "제시카",
        "kor": "60.0",
        "eng": "70.0",
        "math": "80.0",
        "hello": "여러분 안녕~~",
        "gender": "F"
    },
    {
        "name": "강호민",
        "kor": "65.0",
        "eng": "75.0",
        "math": "85.0",
        "gender": "M"
    }
]
```

'jumsu.json' 파일을 읽어 들여 문자열 형태로 만듭니다. open() 함수로 읽어 들인 파일을 read() 함수를 이용하면 문자열로 변경 가능합니다. json 라이브러리의 loads() 함수를 사용하여 jsonData 변수를 생성합니다. 반복문을 이용하여 이름, 국어, 영어, 수학, 성별, 메시지 등에 대한 정보들을 출력합니다. 국어, 영어, 수학 점수는 json이 문자열이므로, 실수형으로 형 변환을 해줘야 합니다. float() 함수를 이용하여 형 변환 처리합니다. 총점은 국어, 영어, 수학 점수의 총합을 구하면 됩니다. json 문서에 'hello'라는 키가 없는 사람도 존재합니다. oneitem 딕셔너리와 in 키워드를 이용하여 조건을 검사하여 존재하는 사람에 대해서만 출력합니다. 마지막으로 성별 항목을 출력합니다.

code: getJsonData.py

```
01   import json
02
03   def get_Json_Data():
04       filename = 'jumsu.json'
05       myfile = open(filename, 'rt', encoding='utf-8')
06       print(type(myfile))
07       print('-' * 40)
08
09       myfile = myfile.read()
10       print(type(myfile))
11       print('-' * 40)
12
13       # jsonData : list 구조(요소 각각은 사전)
14       jsonData = json.loads(myfile)
15       print(type(jsonData))
16       print('-' * 40)
17
18       for oneitem in jsonData :
19           # print(oneitem)
```

```
20          print(oneitem.keys())
21          print(oneitem.values())
22          print('이름 :', oneitem['name'])
23          kor = float(oneitem['kor'])
24          eng = float(oneitem['eng'])
25          math = float(oneitem['math'])
26          total = kor + eng + math
27
28          print('국어 :', kor)
29          print('영어 :', eng)
30          print('수학 :', math)
31
32          print('총점 :', total)
33
34          if 'hello' in oneitem.keys():
35              message = oneitem['hello']
36              print('메시지 :', message)
37
38          _gender = oneitem['gender'].upper()
39
40          if _gender == 'M' :
41              gender = '남자'
42              print('성별 :', gender)
43          elif _gender == 'F' :
44              gender = '여자'
45              print('성별 :', gender)
46          else :
47              print('미정')
48
49      print('a' * 40)
50
51  if __name__ == '__main__':
52      get_Json_Data()
```

딕셔너리 데이터 읽어 오기

파이썬의 딕셔너리형 자료를 읽어 들여서 JSON 형태로 문자열 형태로 출력해보겠습니다. 그리고 이 문자열을 다시 JSON 형태로 변화시켜 봅니다.

json 모듈을 import하고, 실습에 필요한 딕셔너리를 다음과 같이 생성합니다. 키 이름이 'broadcast'인 항목은 내부도 딕셔너리 형식으로 되어 있는 중첩 구조입니다.

code: jsonTest01.py

```
01   import json
02
03   data = {'age':30, 'name':'홍길동', 'address':'마포구 공덕동', \
04           'broadcast':{
05                'sbs':5, 'kbs':9, 'mbc':11
06              }
07          }
```

dumps() 함수는 딕셔너리 형식의 데이터를 문자열 형태로 만들어 줍니다. ensure_ascii=False이면 문장을 있는 그대로(as is) 보여 줍니다. 즉, 한글을 인코딩하지 않고 보여진 그대로를 보여 줍니다. indent=4 매개변수는 문서를 보기 좋게 들여쓰기를 수행합니다. sort_keys 매개변수는 키를 이용하여 오름차순으로 정렬합니다.

```
09   json_str = json.dumps(data, ensure_ascii=False, indent=4, sort_
     keys=True)
10   print(json_str)
11   print(type(json_str))
```

loads() 함수는 문자열 데이터 json_str를 json 형식의 데이터로 변경합니다.

```
14   json_data = json.loads(json_str)
15   print(json_data)
16   print(type(json_data))
```

필요한 정보는 대괄호를 이용하여 추출합니다.

```
19   print(json_data['name'])
20   print(json_data['age'])
21   print(json_data['broadcast']['kbs'])
```

중첩 형식의 json 파일 읽기

중첩 형식의 json 파일 딕셔너리형 자료를 읽어 들여서 JSON 형태로 문자열 형태로
출력합니다.

● some.json 파일의 내용

```
{
    "member" : {
        "name" : "심형식",
        "address" : "용산구 도원동",
        "phone" : "02-1234-5678"
    },
    "web" : {
        "cafename" : "cafe.naver.com/asdf1234",
        "id" : "badboy"
    }
}
```

json 파일을 다루기 위하여 json 모듈을 import합니다. 'some.json' 파일을 읽어 와
서 딕셔너리 형태의 데이터로 변경합니다.

code: jsonTest02.py

```
01   import json
02
03   filename = 'some.json'
04
05   # Unexpected UTF-8 BOM (decode using utf-8-sig):
06   myfile = open(filename, 'rt')
07   mystring = myfile.read()
08   jsondata = json.loads(mystring)
09   print(type(jsondata))
10   print(jsondata)
```

중첩되어 있으므로 대괄호 두 개를 연속으로 사용하여 데이터를 가져옵니다. 예를 들어 '이름'은 jsondata['member']['name'] 입니다. '이름'/'주소'/'전화 번호' 목록을 읽어 와서 출력합니다.

```
12   name = jsondata['member']['name']
13   address = jsondata['member']['address']
14   phone = jsondata['member']['phone']
15
16   print('이름 : ' + name)
17   print('주소 : ' + address)
18   print('전화 번호 : ' + phone)
```

웹 페이지와 관련된 정보도 다음과 같이 출력하면 됩니다.

```
21   cafename = jsondata['web']['cafename']
22   id = jsondata['web']['id']
23
24   print('cafename : ' + cafename)
25   print('아이디 : ' + id)
26   print('finished')
```

요점정리

- **JSON**은 '키:값' 쌍으로 이루어진 데이터 오브젝트를 전달하기 위해 텍스트를 사용하는 기술입니다.
- 파이썬에서 JSON을 사용하려면 **json 라이브러리**를 import하면 됩니다.
- json은 파이썬의 **딕셔너리형 자료구조**와 동일합니다.
- **json.dumps() 함수**는 데이터를 읽어 들여 문자열(str) 형태로 반환합니다.
- **json.loads() 함수**는 데이터(문자열 자료)를 읽어 들여 딕셔너리 형태로 변환합니다.

연습문제

01 김주혁_naver_news.json 파일을 사용하여 실행 결과와 동일하게 데이터를 출력
해주는 프로그램을 작성해 보세요.

최종 실행 결과는 다음과 같습니다.

> **📋 실행 결과**
>
> 타이틀 : [인터뷰] 흥부 정우 " 김주혁, 존재만으로도 큰 힘…닮고 싶었다"
> 설명 : 가장 믿고 의지했던 선배 배우인 김주혁이 그들의 곁을 떠나버린 …(중략)
>
> 타이틀 : 설연휴=한국영화.. 스크린 공식 깼다
> 설명 : 또 배우 김주혁의 유작으로 관심을 모았던 흥부는 …(중략)
>
> 타이틀 : 흥부 정우X정진영X정해인X천우희, 뜨거웠던 무대인사 현장
> 설명 : 배우 정우 김주혁 정진영 정해인 등 믿고 보는 배우들의 …(중략)
>
> 타이틀 : 당신의 이야기, 써도 괜찮습니까?
> 설명 : 즐겨 듣는 팟캐스트 이동진의 빨간책방에는 격주로 김주혁 작가가 진행하는 …(이
> 하 생략)

7.4 프로젝트 : 공공 데이터 다루기

공공 데이터는 데이터베이스, 전자화된 파일 등 공공 기관이 법령 등에서 정하는 목적을 위하여 생성하거나 취득하여 관리하고 광(光) 또는 전자적 방식으로 처리된 자료 또는 정보를 의미합니다. 공공 데이터 포털(Data Portal)이란 행정 안전부에서 운영하는 공공 데이터 통합 제공 시스템을 말합니다. 대한민국 정부가 보유한 다양한 공공 데이터를 개방하여 누구나 편리하고 손쉽게 활용할 수 있게 하는 것을 목적으로 하고 있습니다. 행정 안전부 공공 데이터 정책과에서 관련 정책을 추진하고 있습니다. 이번 절에서는 공공 데이터 정보를 수집하여 처리하는 과정을 살펴보겠습니다.

7.4.1 부산광역시 병원 현황을 JSON 형태로 저장해보기

공공 데이터를 활용하려면 우선 로그인이 필요합니다. 따라서 공공 데이터 포털 (https://www.data.go.kr/)에 접속하고, 우선 회원 가입을 해야 합니다. 이미 회원이라고 가정하고 진행하겠습니다.

개발 계정 신청하기

공공 데이터를 수집하기 위해서는 특정 항목에 대한 개발 계정 신청을 우선 진행하여야 합니다. 개발 계정 신청이란 특정한 서비스 항목에 대하여 사용 허가권을 취득하는 것이라고 이해하면 됩니다. 우리는 '부산광역시 병원 현황'에 대하여 개발 계정을 신청하고 어떤 종류의 공공 데이터가 제공되는지 살펴보겠습니다.

검색 창에서 '부산광역시병원현황'을 입력한 후 검색합니다. 아래처럼 3가지 유형의
검색 결과가 나옵니다.

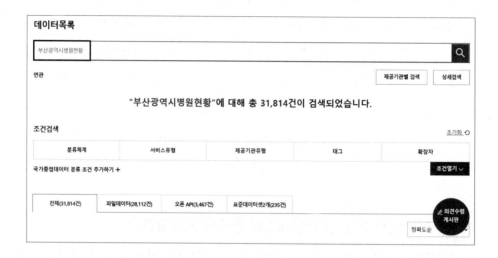

각각의 특징은 다음과 같습니다.

분류	설명
파일 데이터	• 엑셀, HWP 등 파일 형식으로 저장된 데이터입니다. • 파이썬에서 직접 엑셀 파일을 읽어서 편리하게 사용할 수 있습니다. • 실시간 데이터보다는 과거 데이터인 경우가 많습니다.
오픈 API	• REST API라는 기술을 이용하여 직접 데이터를 요청하고, 수신할 수 있습니다. • 주된 파일 형식은 XML, JSON입니다. • 주로 제공 기관들이 주기별로 업데이트하는 데이터가 제공됩니다.
표준 데이터	• 각 지자체나 단체에서 제공하는 데이터를 표준 형태로 재가공한 데이터입니다. • EndPoint(인터넷 주소)만 변경하면서 데이터를 가지고 오면 편리하게 프로그래밍할 수 있는 장점이 있습니다. • 위도와 경도 데이터를 포함하는 자료는 시각화에 유용하게 사용됩니다.

오픈 API 탭에서 '부산광역시_종합병원 현황' 항목을 확인하고, 우측 하단의 [활용 신청] 버튼을 클릭합니다.

'OpenAPI 개발계정 신청' 화면이 보입니다. 이 서비스를 제공하는 기관, 서비스의 유형, 처리 상태 등을 보여 줍니다.

OpenAPI 개발계정 신청

JSON+XML 부산광역시_종합병원 현황

제공기관	부산광역시	서비스유형	REST
심의여부	자동승인	신청유형	개발계정 | 활용신청
처리상태	신청	활용기간	승인일로부터 24개월 간 활용가능

이 서비스의 활용 목적을 기술하는 영역입니다. 사용 목적에 맞게 설정하면 됩니다. 우리는 '기타'를 클릭하고, 다음과 같이 입력하겠습니다.

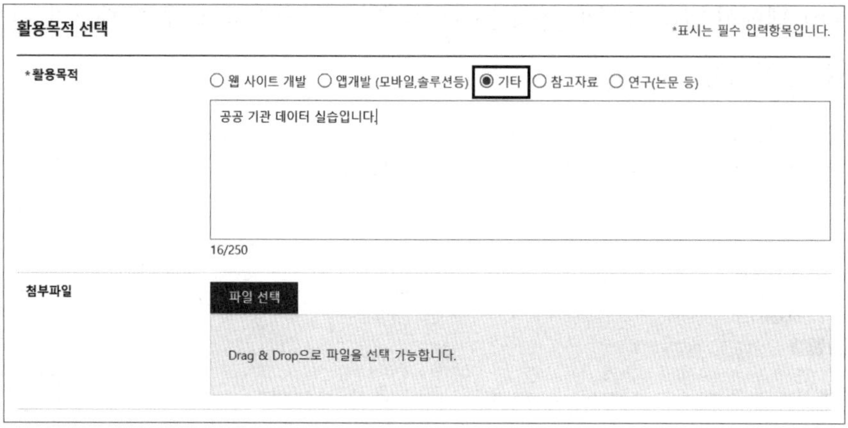

활용목적 선택　　　　　　　　　　　　　　　　　　　　　　　　*표시는 필수 입력항목입니다.

| *활용목적 | ○ 웹 사이트 개발　○ 앱개발 (모바일,솔루션등)　◉ 기타　○ 참고자료　○ 연구(논문 등) |

공공 기관 데이터 실습입니다.

16/250

| 첨부파일 | **파일 선택** |

Drag & Drop으로 파일을 선택 가능합니다.

서비스되는 시스템의 유형과 상세 기능 정보에 대한 화면입니다. 하단의 체크 박스 '동의합니다'를 on 상태로 변경하고, [활용 신청] 버튼을 클릭합니다.

시스템유형

| 시스템 유형 | ◉ 일반 |

상세기능정보 선택

☑	상세기능	설명	일일 트래픽
☑	의료기관/약국 운영시간 정보	부산시 의료기관/약국 운영시간 정보(기관명, 진료과목, 대표 전화, 요일별 운영시간 등)를 제공	10000

라이선스 표시

| *이용허락범위 | 이용허락범위 제한 없음
☑ 동의합니다. |

취소　　**활용신청**

활용 신청이 성공적으로 되고 나면 현재 사용하고 있는 개발 계정의 목록을 보여주는 [마이 페이지]로 이동합니다. 다음 그림은 현재 '활용 1건'을 신청한 상태이고, 아래에 방금 신청했던 '부산광역시_종합병원 현황' 항목이 보입니다.

개발 계정 상세 보기

개발 계정에 대한 상세 보기 기능을 살펴보겠습니다. 활용 신청한 '부산광역시_종합 병원 현황'을 클릭합니다. 그러면, 다음과 같은 화면이 보입니다. [기본 정보]를 보면 서비스 유형과 언제까지 사용 가능한지 등의 정보가 보입니다.

개발계정 상세보기

기본정보

데이터명	부산광역시_종합병원 현황 상세설명		
서비스유형	REST	심의여부	자동승인
신청유형	개발계정 | 활용신청	처리상태	승인
활용기간	2021-03-03 ~ 2023-03-03		

서비스정보

일반 인증키 (UTF-8)	3KGqgdUk5pDAmKdENbpn40rRa4V2pQeLslbCdrYyPXf8IM9W5%2FUNGRUigLpn23ZS6Uh D%3D
End Point	http://apis.data.go.kr/6260000/MedicInstitService
데이터포맷	JSON+XML
참고문서	부산 의료기관 약국 운영시간 정보 서비스.docx

[서비스 정보]를 살펴보면 '일반 인증키', 'End Point' 및 '데이터포맷' 항목을 확인할 수 있습니다. '데이터포맷'은 다운로드되는 데이터의 형식을 알려 주는데, xml과 json 형식이라고 되어 있습니다. 'End Point'는 해당 서비스와 관련된 데이터를 받을 수 있는 인터넷 주소를 말합니다. '일반 인증키'는 사용자마다 고유한 값을 가지고 있는 인증키 값으로 'End Point'와 문자열 결합을 하여 사용합니다. 마지막으로 참고문서는 서비스 사용을 돕기 위한 간단한 설명서인 'Open API 활용 가이드' 문서입니다.

사전 변수 준비하기

이제 코딩을 위한 관련 변수들을 생성해야 합니다. 'Open API 활용 가이드' 문서의 "다. 상세기능내역"을 살펴보면 다음과 같이 요청 변수(request parameter)에 대한 항목명, 샘플 데이터, 설명을 나타내는 표를 확인할 수 있습니다.

요청 변수에서 serviceKey, numOfRows, pageNo는 반드시 입력해 주어야 하는 사항입니다.

항목명(국문)	항목명(영문)	항목 크기	항목 구분	샘플데이터	항목설명
serviceKey	인증키	100	1	인증키 (URL Encode)	공공 데이터 포털에서 발급받은 인증키
numOfRows	한 페이지 결과 수	4	1	10	페이지별 결과 수
pageNo	페이지 번호	4	1	1	페이지 번호
resultType	JSON 방식 호출	4	0	json	JSON 방식으로 호출 시 파라미터 resultType=json 입력
instit_nm	기관명	100	0	동아대학교병원	의료기관명
instit_kind	기관분류	50	0	상급종합병원	기관분류

※ 항목구분 : 필수(1), 옵션(0), 1건 이상 복수건(1..n), 0건 또는 복수건(0..n)

앞의 표를 토대로 다음과 같이 구현하면 됩니다.

● **구현 절차**

step01. end_point 문자열을 생성합니다.
step02. 일반 인증 키를 확인합니다
step03. 요청을 하기 위한 url 변수를 만듭니다.

Step 01 end_point 문자열을 생성합니다.

● **end_point 문자열**

```
end_point = 'http://apis.data.go.kr/6260000/MedicInstitService/
MedicalInstitInfo'
```

Step 02 일반 인증 키를 확인합니다.
[서비스 정보]의 '일반 인증키'를 의미합니다.

● **일반 인증 키 문자열**

```
access_key = '여러분의 인증키 정보'
```

Step 03 요청을 하기 위한 url 변수를 만듭니다.
'end_point'와 '일반 인증키' 및 이미 언급한 '요청 변수' 목록을 문자열 결합하여 요청하기 위한 url 문자열을 다음과 같이 생성합니다. 매개변수 resultType=json을 사용하면 json 형식의 파일을 읽을 수 있습니다.

● 요청하기 위한 url 변수 만들기

```
parameters = ''
parameters += "?resultType=json"
parameters += "&serviceKey=" + access_key
parameters += "&pageNo=" + str(1) # 페이지 번호
parameters += "&numOfRows=" + str(100)   # 조회 최대 행수(레코드 수)
```

위에서 열거한 3가지 항목을 모두 합치면 다음과 같습니다.

● 요청하기 위한 url 변수 만들기

```
end_point = 'http://apis.data.go.kr/6260000/MedicInstitService/
MedicalInstitInfo'

# 일반 인증키
access_key = '여러분의 인증키 정보'

parameters = ''
parameters += "?resultType=json"
parameters += "&serviceKey=" + access_key
parameters += "&pageNo=" + str(11) # 페이지 번호
parameters += "&numOfRows=" + str(100) # 조회 최대 행수(레코드 수)

url = end_point + parameters
```

함수 명세

코딩을 위한 관련 변수들을 생성했습니다. 예제에서 사용할 함수 목록과 세부적인 설명을 작성해보겠습니다. getRequestUrl() 함수는 해당 url에 접속하여 데이터를 구해주는 함수이며, 사용 방법은 다음과 같습니다.

항목	설명
사용 형식	getRequestUrl(url)
url	데이터를 얻고자 하는 url 문자열을 의미합니다.

getHospitalData() 함수는 접속하기 위한 문자열 url을 작성하고, getRequestUrl() 함수를 호출합니다. 반환해주는 데이터는 json 형식의 파일입니다.

항목	설명
사용 형식	def getHospitalData(pageNo, numOfRows)
pageNo	페이지 번호
numOfRows	조회 레코드(행)의 최대 수

병원 현황 가져오기

다음은 부산광역시의 병원 현황 정보를 읽어 들이는 전체 소스 코드입니다.

code: pusanHospital.py

```
01   import json, urllib.request, datetime, math
02
03   def getRequestUrl(url):
04       req = urllib.request.Request(url)
05       try:
06           response = urllib.request.urlopen(req)
07           if response.getcode() == 200:
08               # print ("[%s] Url Request Success" % datetime.datetime.
     now())
09               return response.read().decode('utf-8')
10       except Exception as e:
11           # print(e)
12           print("[%s] Error for URL : %s" % (datetime.datetime.now(),
     url))
```

```
13          return None
14  # end def getRequestUrl
15
16  def getHospitalData(pageNo, numOfRows):
17      end_point = 'http://apis.data.go.kr/6260000/MedicInstitService/
    MedicalInstitInfo'
18      #
19      # 일반 인증키
20      access_key = '인증키 입력'
21
22      parameters = ''
23      parameters += "?resultType=json"
24      parameters += "&serviceKey=" + access_key
25      parameters += "&pageNo=" + str(pageNo)  # 페이지 번호
26      parameters += "&numOfRows=" + str(numOfRows)  # 조회 최대 행수(레코드
    수)
27      url = end_point + parameters
28
29      print('유알엘')
30      print(url)
31
32      result = getRequestUrl(url)
33      if (result == None):
34          return None
35      else:
36          return json.loads(result)
37  # end def getHospitalData
38
39  jsonResult = []
40
41  pageNo = 1  # 페이지 번호
42  numOfRows = 100  # 조회 레코드(행)의 최대 수
```

```
43    nPage = 0
44    while(True):
45        print('pageNo : %d, nPage : %d' % (pageNo, nPage))
46        jsonData = getHospitalData(pageNo, numOfRows)
47        print(jsonData)
48
49        if (jsonData['MedicalInstitInfo']['header']['code'] == '00'):
50            totalCount = jsonData['MedicalInstitInfo']['totalCount']
51            print('데이터 총 개수 : ', totalCount)  # 전체 조회된 결과 수
52
53            for item in jsonData['MedicalInstitInfo']['item']:
54                jsonResult.append(item)
55
56            if totalCount == 0:
57                break
58            nPage = math.ceil(totalCount / numOfRows)
59            if (pageNo == nPage):  # if (pageNo == nPage or pageNo == 10):
60                break  # 마지막 페이지에 도달했어요.
61
62            pageNo += 1
63        else :
64            break
65        # end while
66
67        savedFilename = '부산시 의료기관, 약국 운영시간 정보.json'
68        with open(savedFilename, 'w', encoding='utf8') as outfile:
69            retJson = json.dumps(jsonResult, indent=4, sort_keys=True,
      ensure_ascii=False)
70            outfile.write(retJson)
71
72        print(savedFilename + '이 저장되었습니다.')
```

03~13번째 줄은 getRequestUrl(url) 함수를 정의하고 있습니다. 지정한 url을 사용하여 데이터를 읽어 오는 영역입니다. 16~36번째 줄의 getHospitalData(pageNo, numOfRows) 함수입니다. '일반 인증키'와 'End Point' 및 '데이터포맷'을 사용하여 문자열을 만들고 getRequestUrl(url) 함수를 호출하여 json 형식의 데이터를 만들고 있습니다.

41번째 줄은 페이지 번호, 42번째 줄은 조회할 레코드(행)의 최대 수를 의미합니다. 네트워크 트래픽을 고려하여 크지 않게 100 정도 크기의 임의의 값을 지정하였습니다.

44~72번째 줄은 실제 데이터를 읽어 와서 변수 jsonResult에 추가하는 코드입니다. 변수 totalCount는 조회된 전체 데이터의 개수를 의미합니다. 예를 들어 totalCount = 2000이라고 가정하면, 우리는 조회할 레코드(행)의 최대 수를 100으로 지정하였으므로, 최대 페이지는 2000/100=20 페이지가 됩니다.

59번째 줄에서 마지막 페이지까지 도달하면 break 구문을 이용하여 종료하고 있습니다. 저자는 소스 코드에서 pageNo == 10 구문을 넣어 의도적으로 10페이지까지만 수집하도록 하였습니다.

67~70번째 줄에서 json 파일 형식으로 저장을 합니다.

다음은 생성된 json 파일의 1번째 항목을 출력한 것입니다.

실행 결과

```
[
    {
        "Friday": "10:00~21:00",
        "Monday": "10:00~21:00",
        "Saturday": "10:00~21:00",
        "Sunday": "10:00~21:00",
        "Thursday": "10:00~21:00",
        "Tuesday": "10:00~21:00",
        "Wednesday": "10:00~21:00",
        "exam_part": "",
        "holiday": "10:00~21:00",
        "instit_kind": "약국",
        "instit_nm": "트레이더스약국",
        "lat": "35.18408381",
        "lng": "129.0802078",
        "medical_instit_kind": "응급의료기관이외",
        "organ_loc": "이마트 트레이더스 내 위치",
        "regist_dt": "2021-02-10",
        "street_nm_addr": "부산광역시 연제구 좌수영로 241, 지하3층 (연산동)",
        "sunday_oper_week": "1 2 3 4 5",
        "tel": "051-505-2680",
        "update_dt": "2021-02-10",
        "zip_code": "47569"
    }
]
```

7.4.2 울산광역시 자전거 도로 목록을 XML 파일 형식으로 저장해보기

이번 절에서 살펴볼 내용은 울산광역시의 자전거 도로 현황을 살펴보겠습니다. 이번
에 사용할 데이터는 XML 데이터 형식입니다. '울산광역시자전거'로 검색한 후 오픈
API 탭으로 이동합니다.

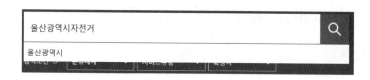

[활용 신청] 버튼을 클릭하여 서비스 신청을 진행합니다.

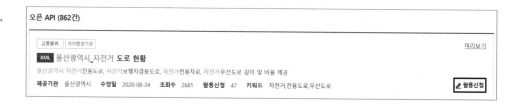

딕셔너리 변수 준비하기

동일한 방식으로 요청을 위한 url 변수를 다음과 같이 작성합니다. 이전 병원 현황과
다른 점은 파라미터가 serviceKey가 아니고 ServiceKey입니다. 서비스마다 다를 수
있으므로 유의합니다.

● 요청을 하기 위한 url 변수 만들기

```
end_point = 'http://data.ulsan.go.kr/rest/ulsanbicyclepath/
getUlsanbicyclepathList'
access_key = '여러분의 인증키 정보'

parameters = '?'
parameters += "ServiceKey=" + access_key
parameters += "&pageNo=" + str(pageNo)
parameters += "&numOfRows=" + str(numOfRows)
url = end_point + parameters
```

자전거 도로 목록 가져오기

다음은 울산광역시의 자전거 도로 현황 정보를 읽어 들이는 소스 코드입니다.

code: `ulsanBicycle.py`

```python
01    import urllib.request, datetime, math
02    import pandas as pd
03    import xml.etree.ElementTree as ET
04
05    def getRequestUrl(url):
06        req = urllib.request.Request(url)
07        try:
08            response = urllib.request.urlopen(req)
09            if response.getcode() == 200:
10                # print ("[%s] Url Request Success" % datetime.datetime.
   now())
11                return response.read().decode('utf-8')
12        except Exception as e:
13            # print(e)
14            print("[%s] Error for URL : %s" % (datetime.datetime.now(),
   url))
15            return None
16    # end def getRequestUrl
```

05~16번째 줄은 getRequestUrl(url) 함수를 정의하고 있습니다. 지정한 url을 사용하여 데이터를 읽어 오는 영역입니다. 이전 병원 현황의 코드와 동일합니다.

```
18   def getBicycleData(pageNo, numOfRows):
19       end_point = 'http://data.ulsan.go.kr/rest/ulsanbicyclepath/
     getUlsanbicyclepathList'
20       access_key = '인증키 입력'
21
22       parameters = '?'
23       parameters += "ServiceKey=" + access_key
24       parameters += "&pageNo=" + str(pageNo) # 페이지 번호
25       parameters += "&numOfRows=" + str(numOfRows) # 조회 최대 행수(레코드
     수)
26       url = end_point + parameters
27
28       print('유알엘')
29       print(url)
30
31       result = getRequestUrl(url)
32       if (result == None):
33           return None
34       else:
35           return result
36   # end def getBicycleData
37
```

18~35번째 줄은 getBicycleData() 함수를 정의하고 있습니다. 반환 결과는 XML 형식의 문자열입니다.

35번째 줄에서 반환되는 데이터 result를 그대로 반환하고 있습니다.

```
38    dataList = []
39
40    pageNo = 1 # 페이지 번호
41    numOfRows = 2 # 조회 레코드(행)의 최대 수
42    nPage = 0
43    while(True):
44        print('pageNo : %d, nPage : %d' % (pageNo, nPage))
45        xmlData = getBicycleData(pageNo, numOfRows)
46        print(xmlData)
47        xmlTree = ET.fromstring(xmlData)
48
49        if (xmlTree.find('header').find('resultMsg').text == 'success'):
50            totalCount = int(xmlTree.find('body').find('totalCount').text)
51            print('데이터 총 개수 : ', totalCount)  # 전체 조회된 결과 수
52
53            listTree = xmlTree.find('body').find('data').findall('list')
54            print(listTree)
55
56            for node in listTree:
57                bikeFirstLanes = node.find("bikeFirstLanes").text
58                bikeFirstLanesRatio = node.find("bikeFirstLanesRatio").
     text
59                bikeLanesRatio = node.find("bikeLanesRatio").text
60                bikeOnlyLanes = node.find("bikeOnlyLanes")
61                if bikeOnlyLanes == None :
62                    bikeOnlyLanes = ""
63                else :
64                    bikeOnlyLanes = bikeOnlyLanes.text
65                bikeOnlyLanesRatio = node.find("bikeOnlyLanesRatio").text
66                cycleRoute = node.find("cycleRoute").text
67                entId = node.find("entId").text
```

```
68              gugun = node.find("gugun").text
69              pedestrianBikeLanes = node.find("pedestrianBikeLanes").
   text
70              pedestrianBikeLanesRatio = node.find("pedestrianBikeLanesR
   atio").text
71
72              onedict = {'자전거우선도로':bikeFirstLanes, \
73                      '자전거우선도로비율':bikeFirstLanesRatio, '자전거전
   용도로비율':bikeLanesRatio, \
74                      '자전거전용차로':bikeOnlyLanes, '자전거전용차로비
   율':bikeOnlyLanesRatio, \
75                      '자전거전용도로':cycleRoute, '고유번호':entId, '군
   구':gugun, \
76                      '자전거보행자겸용도로':pedestrianBikeLanes, '자전거
   보행자겸용도로비율':pedestrianBikeLanesRatio}
77          dataList.append(onedict)
78
79      if totalCount == 0:
80          break
81      nPage = math.ceil(totalCount / numOfRows)
82      if (pageNo == nPage): # if (pageNo == nPage or pageNo == 10):
83          break # 마지막 페이지에 도달했어요.
84
85      pageNo += 1
86   else :
87      break
88   # end if
89 # end while
```

43번째 줄에서 while(True) 구문을 사용하여 무한 루프를 실행시킵니다. 읽어온 데이터는 XML 형식의 문자열입니다.

47번째 줄에서 XML의 트리 형식을 만들고, 응답 결과 'resultMsg'가 성공('success')
이면 반복문을 실행합니다.

56~77번째 줄에서 각각의 엘리먼트들에 대한 값들을 읽어서 딕셔너리 형식으로 만
들어 줍니다.

78번째 줄에서 목록을 저장하는 리스트 dataList에 데이터를 계속 추가합니다.

86~87번째 줄에서 마지막 페이지인지 확인한 다음 무한 while 문을 종료합니다.

```
91    savedFilename = 'ulsanByke.csv'
92
93    myframe = pd.DataFrame(dataList)
94    myframe.to_csv(savedFilename)
95
96    print(savedFilename + '이 저장되었습니다.')
```

📋 **실행 결과**

```
,자전거우선도로,자전거우선도로비율,자전거전용도로비율,자전거전용차로,자전거전용차로비율,자전
거전용도로,고유번호,군구,자전거보행자겸용도로,자전거보행자겸용도로비율
0,56.29,24.6,19.1,2.81,1.2,43.56,410328,울주군,125.82,55.1
1,17.65,8.3,22.2,14.63,6.8,47.4,410327,북구,134.02,62.7
2,11.37,21.1,2.1,1.67,3.1,1.11,410326,동구,39.82,73.78
3,1.25,0.7,9,,0,15.81,410325,남구,159.49,90.3
4,0.09,0.1,16.8,,0,16.39,410324,중구,80.81,83.1
```

저장할 파일 이름은 'ulsanByke.csv'입니다. 리스트 변수 dataList를 데이터프레
임으로 만들고, to_csv() 함수를 이용하여 CSV 파일을 생성합니다.

요점정리

- **공공 데이터**는 공공 기관이 법령 등에서 정하는 목적을 위하여 생성 또는 취득하여 관리하고 있는 자료 또는 정보를 의미합니다.
- 공공 데이터 3가지 유형의 특징은 다음과 같습니다.

분류	설명
파일 데이터	• 엑셀, HWP 등 파일 형식으로 저장된 데이터입니다. • 파이썬에서 직접 엑셀 파일을 읽어서 편리하게 사용할 수 있습니다. • 실시간 데이터보다는 과거 데이터인 경우가 많습니다.
오픈 API	• REST API라는 기술을 이용하여 직접 데이터를 요청하고, 수신할 수 있습니다. • 주된 파일 형식은 XML, JSON입니다. • 주로 제공 기관들이 주기별로 업데이트하는 데이터가 제공됩니다.
표준 데이터	• 각 지자체나 단체에서 제공하는 데이터를 표준 형태로 재가공한 데이터입니다. • EndPoint(인터넷 주소)만 변경하면서 데이터를 가지고 오면 편리하게 프로그래밍할 수 있는 장점이 있습니다. • 위도와 경도 데이터를 포함하는 자료는 시각화에 유용하게 사용됩니다.

연습문제

01 다음은 대전광역시 도시 철도 공사에서 제공하는 '문화 행사 정보'에 대한 개발 계정입니다. 이 서비스는 XML 파일을 제공해주고 있는 서비스입니다. 실행 결과와 같은 형태로 CSV 파일을 작성해보세요. 추가적인 정보는 이 서비스에 대한 'Open API 활용 가이드' 문서를 참조하세요.

교통물류 | 대전광역시도시철도공사

활용신청 **[승인] 역별 문화행사일정**

신청일 2020-09-08   만료예정일 2022-09-08

● url 관련 변수

```
end_point = 'http://www.djet.co.kr/OpenAPI/service/CultureScheduleSVC/
getCultureSchedule'
access_key = '여러분의 인증키 정보'
```

항목명(영문)	항목명(국문)	항목 크기	항목 구분	샘플데이터	항목설명
ServiceKey	인증키	100	1	인증키 (URL Encode)	공공 데이터 포털에서 발급받은 인증키
numOfRows	한 페이지 결과 수	4	1	10	페이지당 보여줄 결과 행수
pageNo	페이지 번호	4	1	1	페이지 번호
sdate	시작날짜	8	1	20210101	조회 시작날짜
edate	끝날짜	8	1	20211231	조회 끝날짜

● 다운로드받은 XML 파일의 예시

```
<response>
    <header>
        <resultCode>00</resultCode>
        <resultMsg>NORMAL SERVICE.</resultMsg>
    </header>
    <body>
        <items>
            <item>
                <content>아침 조기 운동(국학기공)</content>
```

```
                    <EDate>2020-03-31</EDate>
                    <ETime>07:00</ETime>
                    <place>111</place>
                    <SDate>2020-01-01</SDate>
                    <STime>06:00</STime>
                    <sponsor>남선동우회</sponsor>
                </item>
            </items>
        </body>
    </response>
```

실행 결과는 다음과 같습니다.

	행사명	종료일	종료시각	행사역	시작일	시작시간	행사주체
0	아침 조기 운동(국학기공)	2020-03-31	7:00	111	2020-01-01	6:00	남선동우회
1	2019 K-water 물사랑 공모전 수상작 전시회	2020-01-17		104	2020-01-06		한국수자원공사
2	2019 K-water 물사랑 공모전 수상작 전시회	2020-01-17		104	2020-01-06		한국수자원공사
3	2020년 아웃리치 홍보 캠페인	2020-01-20	15:00	101	2020-01-20	13:00	동대전장애인성폭력상담소
4	모닝&브런치 콘서트	2020-01-23	12:30	116	2020-01-22	8:30	권혁진&권한나
5	유성소방서 고향집 주택용 소방시설 선물하	2020-01-23	16:00	116	2020-01-23	14:00	대전 유성소방서
6	설맞이 청렴캠페인	2020-01-23	14:00	116	2020-01-23	12:00	국민건강보험공단 대전유성지사
7	도로명주소 사용 홍보	2020-01-23	15:00	112	2020-01-23	14:00	서구청
8	도로명주소 홍보 캠페인	2020-01-23	16:00	105	2020-01-23	14:00	중구청 지적과
9	고향집, 주택용 소방시설 선물하기 캠페인	2020-01-23	17:00	111	2020-01-23	14:00	둔산소방서
10	문예마을 작가 시화전시회	2020-02-29	18:00	104	2020-02-01	9:00	문예마을